# THE INNER VOICE
## THE MAKING OF A SINGER

# 内 心 的 声 音
一 位 歌 唱 家 的 成 长

[美] 芮妮·弗莱明_著

丁  玎_译

广西师范大学出版社
· 桂林 ·

# 致　谢

衷心感谢：

安·帕契特(Ann Patchett),她在纸上默默耕耘的作品好比最丰富多彩的鸟鸣声。若非她的情谊与帮助,我不会有勇气撰写这本书。

理查·科特(Richard Kot),我的编辑,耐心、友善,更幸甚他在歌剧方面亦有渊博的知识。他对细节一丝不苟的关注贯穿了本书的每一个段落。

达雷尔·帕内希尔(Darrell Panethiere),一如既往地作为我积极正面的缪斯、灵感的源泉、亲爱的朋友,以及一切事关音乐问题的顾问。在撰写本书的过程中好在有你。

玛丽·卢·法尔科内(Mary Lou Falcone），她在我一路走来的每一步和一切事务上都提出了宝贵的建议，是她给了我坦然面对自己的勇气。

亚历克·特鲁依哈夫特(Alec Treuhaft），是他促成了这本书的问世，并令我确信现阶段的自己确实有一些东西想要跟大家分享。

埃文斯·米拉加斯(Evans Mirageas），在科隆的一个漫长的午后，他用整个录音史和代表二十世纪文化的歌声解决了我的生存困境。

克里斯托弗·罗伯茨(Christopher Roberts），环球音乐古典与爵士的总裁，我毫无保留地信赖他的睿智远见与大无畏的领导力。

我的家人，尤其是我的妹妹雷切尔(Rachelle Fleming）对我始终如一的爱护。

艾莉森·希瑟(Alison Heather）和玛丽·卡米列里(Mary Camilleri），感谢她们的日常支持、耐心与幽默。

维京出版社(Viking）的帕特里克·狄龙(Patrick Dillon）和布鲁斯·吉佛斯(Bruce Giffords）对本书逐字逐句的细致关注；赫布·索

恩比（Herb Thornby）和弗朗西斯卡·贝朗格（Francesca Belanger）优雅的封面和内部排版设计；以及亚历桑德拉·卢萨尔迪（Alessandra Lusardi）在应对这个复杂繁琐的出版过程中做出的努力。

以下的朋友与同事，他们在本书最后的筹备阶段为我提供了他们的真知灼见：马修·爱普斯坦（Matthew Epstein）、约翰·A.法伦（John A. Fallon）、安·哥特利布（Ann Gottlieb）、玛丽·乔·希思（Mary Jo Heath）、马修·霍纳（Matthew Horner）、帕特·金斯利（Pat Kingsley）、约翰·帕斯科（John Pascoe）、科斯塔·皮拉瓦奇（Costa Pilavachi）、雅各布·罗斯查尔德（Jacob Rothschild）、苏·沙尔特（Sue Schardt）、大卫·斯拉维特医生（David Slavit）、安（Ann）和比尔·齐夫（Bill Ziff）。

# 中文版序

按照西方古典声乐发展的时间跨度算起来,自第一版《内心的声音》问世至今的十五年就是一眨眼的工夫。然而在这样短的时间里,古典音乐的版图与它传播给观众的方式已发生了翻天覆地的变化。我万分喜悦地见证了自己所热爱的艺术形式迸发出的活力及其价值。

最令人欣喜的一项进展是这类音乐在亚洲的受众群体与日俱增。在过去的二十年里,一流的管弦乐团与熠熠生辉的表演艺术中心在中国各地蓬勃发展,新一代才华横溢的艺术家们——歌手、指挥家与乐器演奏家——已然对主要发源于欧洲的古典音乐传统极其精通。低男中音沈洋、著名指挥家余隆、明星钢琴家郎朗和王羽佳,以及众多天赋非凡的作曲家——仅举例的这些音乐家已向世界证明了中国人的艺术造诣与职业精神能使其他国家的古典传统焕发出新的曙光。与此同时，年轻、热切、眼光敏锐的中国观众亦对这类音乐欣然接受，令它在这里的发展速度超过了世界上其他任何一个地方。

在幕后，如我的朋友、百人会创始成员与美中文化协会主席杨雪兰女士那样的文化践行者、传播者一直致力于扶持年轻艺术家及艺术交流工作，为当今的热情听众促成了诸多精彩演出。这项重要的工作更推动了中美之间更深入的了解，而我亦憧憬着未来两国之间更加紧密的文化联系。如今我时常到中国访问演出，也在北京与上海的音乐学院开设大师课。我在那里看到了就全世界范围而言都相当有前途的一群学生。同时，在与芝加哥歌剧院莱恩歌剧中心、卡内基音乐厅和纽约茱莉亚音乐学院的合作中，我有幸目睹了年轻的中国歌手们开始在世界顶尖舞台上崭露头角。正是见识到中国现有的大量音乐人才，茱莉亚音乐学院在天津开办了一所设有大学预科与硕士专业项目的音乐学院。

我幸运地在十多年前于上海音乐学院的一堂大师课上听到了年少时的沈洋的演唱，恰巧是他前往参加并赢得了 BBC 卡迪夫国际声乐大赛并随后受邀加入大都会歌剧院林德曼青年艺术家培训计划之前。我惊叹于他的艺术造诣和语言能力，更不用说他对历史传奇歌手的了解以及在艺术歌曲上的学识修养。后来，我在大都会歌剧院演唱亨德尔的《罗德琳达》时与他同台演出，他亦饰演一个主要角色，真是太令人高兴了。

就在我撰写这篇序言的前两天，年轻的中国男低音苏冠博赢得了大都会歌剧院全国声乐大赛，那可算是全世界最具威望的歌剧比赛了吧。今年早些时候，在卡内基音乐厅由我主导的 Song Studio 项目中，苏冠博便已从世界各地前来进修声乐独唱艺术的青年音乐人才中脱颖而出。近年来，大都会歌剧院全国声乐大赛亦涌现了更多其他的中国获奖者，包括女中音吴虹霓、低男中音李鳌和男高音李毅。正是这个比赛帮助我开启了我自己的职业生涯（详见第五章）。

我很感激地说，自《内心的声音》英文原著出版至今的这些年里，我的职业生涯攀上了一个又一个高峰。通过主持并参演诸如"大都会高清系列"的歌剧实况转播，我收获了从南非到新西兰的、来自世界各地的新观众。我的歌声为我争取到了自己从不曾想象的重大演出机会：2006 年诺贝尔和平奖颁奖典礼、2008 年北京奥运会以及 2009 年庆祝奥巴马总统就职的电视转播音乐会；2012 年，我在白金汉宫的阳台上为英国女王伊丽莎白二世登基六十周年钻禧音乐会演唱；2014 年，我成了首位登上"超级碗"演唱美国国歌的古典歌手；另一个对我极为重要的"第一"出现在 2008 年，我成为了大都会歌剧院一百二十五年来第一位在当季开幕晚会独挑大梁的女性；我甚至在百老汇演了一部经典美国音乐剧——罗杰斯与汉默斯坦（Rogers & Hammerstein）的《天上人间》（Carousel）。

在为肯尼迪表演艺术中心与芝加哥歌剧院担任顾问的同时，我找到了新的人生激情——研究音乐与神经科学的交集，分享音乐对人类健康与福祉所产生的强大效应。

然而，在过去的这些年里，歌手生涯的核心层面始终如一。我在早年职业生涯里（通过优秀的老师与敬爱的导师的帮助和我自己的坚持）研习出的声乐技巧基本原则并没有任何改变。我热爱声乐，尊重其所需的奉献精神与灵感之源，一如我在书里首次分享此情此感时那般强烈。随后，我着重强调了在我求学成长阶段和早期职业生涯中赋予我灵感的伟大导师们。如今我亦成为后辈歌手的一名导师，我格外珍惜分享自己学识与经验的机会。

赏识才华且超越国籍、种族与宗教是每一个古典音乐人引以为傲的传统。歌剧讲述跨越多个世纪的隽永故事，而音乐是人类恒定不变的常量。自人类诞生以来，它便存在于每一个已知人类文明。通过丁玎女士细致精准的翻译，我希望这本"声音的自传"能让每位新读者都更加珍视和欣赏我们每个人与生俱来的这门乐器，无论我们生在何处。

芮妮·弗莱明

2019 年 4 月

# 序

　　我对于行李搜查这件事并不陌生。正如任何一个国际旅行者一样，我也在机场安检口花费过不少时间，接受那些安检员随手翻查我的乐谱，并盯着我的鞋子左看右看。出动警犬倒是新鲜事，然而这还发生在机场之外。彼时，我在圣彼得堡演出柴可夫斯基的作品，正当我在化妆间等待彩排的间隙里，忽然冲进来几只似乎嗅到了炸药味的德国牧羊犬，像是要确认我并不是伪装成歌剧演员的恐怖分子。它们把脑袋胡乱伸进我的小提包，还在衣橱里悬挂的礼服上嗅来嗅去。它们的目光敏锐地扫过化妆品、假发套甚至钢琴，然后用极度怀疑的眼神回望我，弄得我感到自己真有罪似的。

　　其实我是去参演圣彼得堡建城三百周年纪念音乐会，那是个充满了音乐与舞蹈的美妙夜晚。坐在台下观看的有五十位政要首脑，而我是当晚唯一一名非俄裔表演者。在极具历史意义的马林斯基剧院的舞台上，我演唱了《叶甫盖尼·奥涅金》（Eugene Onegin）里塔缇雅娜给奥涅金写信的著名选段。这座精致典雅的剧院前身是由叶卡捷琳娜二世于1783年建造并在十九世纪大放光彩的俄罗斯皇家歌剧院。一众闻名遐迩的俄国歌剧如《鲍里斯·戈都诺夫》（Boris Godunov）、《伊戈尔王》（Prince Igor）和《黑桃皇后》（The Queen of Spades）均在此全球首演；威尔第的《命运之力》（La forza del Destino）亦是为这个剧院所作。享誉世界的马林斯基剧院芭蕾舞团则在这个舞台上首演了《睡美人》（The Sleeping Beauty）、《胡桃夹子》（The Nutcracker）和《舞姬》（La Bayadère）；甚至柏辽兹、瓦格纳、马勒、勋伯格以及此刻对我至关重要的柴可夫斯基等伟大作曲家都在这里指挥过他们的传世之作。我深吸了一口气，感受着这令人心潮澎湃的厚重历史和又一次在这等重大场合演出的荣幸。

我之前从未去过圣彼得堡，很多人都告诫我那里潜伏着危险——我得小心别遇上黑手党、被绑架、遭遇酒店偷窃，或至少也可能会遭到拦路抢劫，但很显然我的信息已经过时了。那里所有人都十分乐于助人，城市氛围亦优雅大气。这座城很美，华丽夺目的巴洛克宫殿和气势恢宏的新古典主义建筑在各条宽阔的林荫大道上错落有致，宛如精雕细琢的蛋糕甜点。大小教堂、城中运河、街头巷尾无不为建城纪念欢庆装点。阳光下的波罗的海好似泛着点点金光，据说政府甚至动用了人工消雨以确保晴空万里——这里即将迎来乔治·W.布什、托尼·布莱尔、雅克·希拉克、格哈德·施罗德、小泉纯一郎等各国首脑及其他领袖的到访。那是圣彼得堡的璀璨时刻，可惜于我不然：我的翻译和向导是个生活在 AD/DC、艾利斯·库柏（Alice Cooper）等摇滚乐队和篮球世界里的十四岁小姑娘。另外，我的酒店房间没有窗户。我指的"没有窗户"并非抱怨窗外景致不佳，而是单纯的字面意思，这个房间没有窗户。当我被告知酒店没有别的空余房间可以换给我时，我打出了"瓦列里·捷吉耶夫"（Valery Gergiev）这张王牌，告诉他们说既然这样我就得跟他联系换一家酒店了。女高音在很多方面都需要指挥家的引领，而有时并不局限于舞台。抛出当今俄罗斯音乐界最具影响力的名字之后，我被安排到了一个不仅有窗而且有景观的房间。

回到当晚的演出准备，那可真是喜忧参半。工作人员从《茶花女》（La Traviata）剧组的戏服里给我挑的一套精美的睡裙与睡袍竟出乎意料地合身，仿佛为我度身定制一般。但其他方面就不那么顺利了：演出的走位没有明确的方案，我仅被告知"按照你之前那样表演就行了"。可我已有很多年没唱过塔缇雅娜这个角色，已经不记得之前演出时，我在不同的布景前站在了哪个位置。而我们著名的马林斯基剧院偏偏还是个错综复杂的"迷宫"，后台看上去有不知道通向何处的千万条路。我自嘲该借助那些专嗅炸弹的牧羊犬来帮我寻找那条连接化妆间和舞台的通道，而那种感受恰恰对应了我对俄语这门语言透出的绝望。

尽管我能说一口流利的德语和法语,而意大利语在叫出租车、用餐和歌剧采访中的使用也算熟练,但我的俄语水平只停留在"是"和"不"。塔缇雅娜这个角色是我多年前在达拉斯演出时靠重复的机械记忆强行学下来的,但在我唱过的众多女主人公里,她却是最让我产生共鸣且感同身受的一位:"就让我毁灭吧!我仍要满怀着绚烂迷人的希望,期待渺茫的幸福,体味那未知人生的甘甜。"①即使我不精通俄语,我仍有责任让自己的演绎听起来纯正地道,毕竟我正面对着一整个剧院的俄国观众演唱俄国歌剧史上最为人钟爱的女高音选段。首先,我不仅需要背诵整个选段,更得逐句拆分来理解每个单词的释义。发音和转调亦需下一番苦功。我会特别细心地留意单词的结尾,区分开、闭元音和双辅音等。俄语中有很多发音被公认为对歌手最大的挑战,这便需要投入大量的时间和耐心去研究如何让自己的俄语发音听起来更纯正地道。

　　攻克了语言关之后,接下来对角色的学习任务就容易上手得多。通常在为一部歌剧演出做准备时,我不仅背诵自己的台词,也会记住舞台上周围每一个人的台词,这样我就从根本上融入了一个互动对话,而非在同伴们唱一些我听不懂的词句时面无表情地盯着他们。多年来我思考了很多帮助记忆的小诀窍,其中最重要的一点是学着结合文字的含义来背诵,即使这听上去显而易见。充分理解了段落

---

① 歌词节选自《叶甫盖尼·奥涅金》里塔缇雅娜给奥涅金写信的著名选段。(本书注释皆为译者注)。

含义的十分钟强效记忆远胜于心不在焉的数小时机械重复。要有效运用字母排列顺序、头韵、拟声法和尾韵，尤其针对俄语和捷克语；另外对乐谱上的音乐加以视觉化记忆亦必不可少。我做了我能想到的所有努力，将剧本化作灰质揉进双耳中。有趣的是，我发现过程越艰难痛苦，记忆时效往往越长久。从最初学习如塔缇雅娜这样层次丰富的角色到多年后的今天，你仍会见到我在邮局排队时小声咕哝着塔缇雅娜与奥涅金的对峙场景，浑然不顾周围已投来许多异样的目光。

当然，从受邀在圣彼得堡建城三百周年纪念音乐会上演出这件事来说，我一定不是第一个担当如此重任的美籍女高音。我们勇往直前、坚信"坚持到底即是胜利"的民族传统要追溯回丽莲·诺迪卡（Lilian Nordica），她一度被称为来自缅因州法明顿的丽莲·诺顿（Lilian Norton）。她可能是在世界舞台上大放异彩的第一个真正意义上的美国巨星。1880 年她到访圣彼得堡，二十二岁的她可以说事业并未起步，而马林斯基这座当时的俄罗斯皇家歌剧院与她签了一份在 1880—1881 演出季中演唱十二个歌剧主角的合约。二十二岁完成一打歌剧角色！相比之下我又有什么好担心的呢。

准备这场演出时，我由剧院里那位时髦得体且具有专业音乐素养的伊琳娜来辅导俄语。瓦列里·捷吉耶夫一手建立了基洛夫歌剧院①的声誉，使其在国际舞台上占有一席之地，同时他亦领导他的艺

①　马林斯基剧院在苏联时期名为基洛夫歌剧院（Kirov Opera）。

人们常年穿梭于西方世界获益颇丰的巡演之中。俄罗斯是个极其重视从小发掘孩子艺术天赋的国度，因此那样的社会不仅造就了一批才华横溢的专业表演者，同时也培养了具有深度艺术欣赏能力的国民观众群。

这让我对演唱塔缇雅娜这个角色更为紧张了。塔缇雅娜的书信选段时长十四分钟而且台词量极大，导致我忽然很想跟表演格林卡《练声曲》(Vocalise)的马林斯基剧院首席女高音互换一下曲目，演唱"啊……"总归万无一失了吧！好了，好了，为了顺利完成演出，我必须坚定信念且不为任何疑虑所动摇。当然这次演出跟我在1992年第一次演唱塔缇雅娜时比起来可真是小意思了。当时我女儿阿米莉亚才两个月大，我想不受干扰地睡个好觉简直是天方夜谭。而在她出生和歌剧首演期间，背诵记忆方面似乎还变得更加痛苦，直到多年后我读到一篇文章说怀孕和声音记忆其实是相互排斥的，我这才恍然大悟，原来当年自己的确还挺"无辜"。此刻，我尽力使自己代入塔缇雅娜这个角色而不去思考这场演出将在全球范围内转播，并且弗拉基米尔·普京本人将坐在我面前评判我的俄语发音。我唯一要做的就是穿上睡裙和睡袍，优雅自信地踏上舞台，以一种我并不理解的语言开始演唱。

我不可能在那样的时刻停下来回想，我是怎样一路走到今天、走到这里，一个来自纽约州彻奇维尔的女孩如何被邀请在一个台下端坐一众世界政要的国际音乐盛典上代表她的国家演出？答案显而易见：这一切都归结于我喉咙里的那两小块软骨——是声带那细腻、神秘，甚至有些不可预知的魅力把我领到了这些难以想象的殿堂。我曾与克林顿和布莱尔两家彻夜谈论音乐至凌晨两点而在白宫留宿，也曾受邀在瓦茨拉夫·哈维尔的总统卸任典礼上为其演唱，并在随后四小时的晚宴上坐在总统身旁听他叙述他的人生经历。

除了庆典和纪念活动外，我同样也为庄严肃穆的场合演唱。比如 9·11 恐怖袭击之后，我在被摧毁的世贸中心原址广场（Ground Zero）举行的悼念仪式上演唱了《奇异恩典》（Amazing Grace），仿佛与四面八方肩并肩挤在一个看似不可能的小空间里的九千名群众化作一个整体，共同哀悼那些不幸逝去的生命。悼念仪式之前的一周，我不断地练习那首歌曲，一遍又一遍，务求将其镌刻到我喉咙的肌肉记忆里，希望借此提前调整好情绪，避免在演出时因哭泣而无法顺利完成演唱。直到如今我依然忘不了在悼念仪式上那个与她家人一起坐在人群前排的年轻女孩。她看起来十六岁，我不知道她失去了哪位至亲，但在一众举着亲人相片和标语牌的悲痛哭泣的人群中，她的表情显得无比空洞。她没有流泪，仿佛那些大楼的倒塌亦随之摧毁了她自己的灵魂。待我开始演唱时我不得不看向天空，因为我知道自己若多看那女孩一眼便再也无法保持冷静。

鉴于大多数古典音乐人都不属于家喻户晓的明星，也并非常常在电视机前露脸，然而每当重大冲突发生或是举国哀悼的时刻，大家通常又会请古典音乐人（歌唱家尤为常见）来做致哀演出，这个现象便格外有趣且值得探讨了。为什么不选择卖出上百万张唱片的流行乐手而转向一个美声女高音来代表我们的集体情绪体验，为什么选择一个相比之下不太知名的声音，且她的音乐仅仅被小部分观众所欣赏。我猜想原因有两点：第一，音乐的传统孕育了我们，并以一种超越品位的普遍欣赏价值使我们相互联结，这一点尤其体现在诸如《奇异恩典》和《上帝保佑美国》（God Bless America）之类的歌曲中。第二，一个受过训练的声音拥有一种与生俱来的能传递力量的权威。我们在没有麦克风的情况下也能被听到；我们的身体伴随我们一起歌唱；我们的歌声不仅仅来源于头部发声，而是出自诚挚的内心与灵魂，以及最重要的——内在本真和胆识。"经典"一词已被应用于我们文化中的许多方面，可以是车、摇滚乐、某集特定的电视节目等，而"经典"在本质意义上承载着经过时间打磨的积淀，代表了某个特定领域的最高水准。我们所演唱的音乐长期为我们的前辈所热爱，并将保持它们经久不衰的生命力在未来继续蓬勃发展。

感谢我的嗓子让我有幸在国内外重大场合受邀登台，也让我走遍了最顶尖的歌剧院和音乐厅，站在那些制高点上看这个世界。我在自己的职业生涯中是幸运的，而人们也常常对我说："你真是太有天分啦——张口倾吐那样美妙的声音该是多么荣耀的事情！"尽管嗓音始于天生禀赋是事实，但任何天赋的成才都好比一个人的成长过程，必然要接受培养、获得鼓励与安慰、经受磨炼与挑战，并在每一个转折点接受考核与审视。

当我开启声乐专业求学之路时，我迫不及待地翻遍了前辈们的自传，希望能找出帮助提高歌唱技艺的各种建议，而我得到的大多数信息却是关于名流生活的趣闻轶事。即使那些香槟晚宴的迷人故事我看得津津有味，但我迫切需要的仍是实用的建议：那些声乐大师是在什么时候学习并修得了极高的造诣？谁是他们的导师？他们如何挺过新人试音、如何克服舞台恐惧以及如何面对落选呢？他们终于成功之后又是用什么方法来学习那些新角色？以及他们如何在这个近乎苛刻的职业生涯中保持自己的嗓音质量？我花了很长时间寻找一本包含我所有问题答案的书，而在这个不断探索的过程中我得出的结论是，不如由我自己来尝试写这本书吧。最终呈现于此的并不是我的人生故事，而是一本关于我的嗓音的自传。归根到底，我的抱负和事业都源于我的嗓音，一如天赋驱使着所有演艺人在舞台上找到自己的位置，不论是声乐、表演抑或舞蹈。我希望《内心的声音》这本书作为一个宝贵的伴侣，能为所有憧憬这个令人生畏而又振奋的职业的朋友提供有价值的帮助。

我的歌唱事业在情节上似乎与我小时候喜爱的一篇关于马儿的小说不谋而合：一个女孩发现了一匹野马，只有她才能看透它真正的潜力。她对它爱护有加、悉心照料，并不知疲倦地训练它，好像她们彼此之间有一个没有人能阻止的承诺。马儿受伤的时候，她在身边陪伴它渡过难关。人们劝她放弃，因为马儿已经筋疲力尽了,但她却仍然坚持自己的信念。后来,马儿茁壮成长并崭露头角,而她坚定地拒绝外界的一切出价。最终,马儿证明了自己是一个胜利者,作为对她忠诚奉献的回报,马儿领着她到达了她从未梦想过的高度。

这便是我作为一名歌手的成长历程——我如何发掘我的嗓音,如何尽全力去塑造它,而它最终又如何塑造了今天的我。

# 目 录

# 第一章　我的家庭

　　我是在原声音乐的陪同下长大的。有太多回忆都伴随着音乐。它可能是故事的主角,也可能只是小细节,比如某天早上我和女儿在走向公交车站的路上她哼了一半的那首曲子。当我独自在一个安静的房间里研习乐谱时,音乐通常能起到推波助澜的作用。是音乐把我带到了世界各地,也把我带回了家的港湾。我生命中最亲爱的人们,包括最后成为朋友的老师和同事们,归根到底也与音乐大有渊源。我的记忆中常常有人在唱歌,或者我在唱歌,又或者有人在钢琴上弹奏出乐曲的头几个音符,脑海里有太多这样的声音画面,以至于让我很难再去想象这些记忆开始的确切时间点。然而,即使我不记得自己第一次听到音乐时的情景,但至少令我坠入音乐这片爱河的那个夜晚仍历历在目。

十三岁那年，我们家住在纽约州罗切斯特郊外一片新开发的土地上，那些闪亮的新房子是基于牧场和错层这两种建筑模式之一而建的。那是一个夏天，街道一直亮着灯，直至深夜。孩子们在院子里玩耍，在邻居的草坪上相互叫喊、追逐嬉戏……直到天色渐暗，母亲们走出来喊自家孩子的名字，孩子们才一个个意犹未尽地进了屋。天很热，所有人家都敞开着大门，于是我们总能听到大家互道"晚安"和"明天见"，以及拉下卷帘门的"砰砰"声。随后的世界仿佛再次回归平静，取而代之的是蟋蟀的"唧唧吱吱"和汽车偶尔驶过的声音。在这个特别的夜晚，我坐在客厅里听我父母亲唱歌。他们俩都是音乐老师，经常花上一整天听那些无穷无尽的音阶，那些他们重复学习了无数遍的曲子，不断练习直至每个音符都臻于完美。我的父亲埃德温·弗莱明（Edwin Fleming）是一名高中声乐教师，每天都得聆听大量的歌声；而我的母亲帕特里夏在一间小型私立学校教书。他们一直唱、一直听，直到让你觉得一天下来他们仿佛要把每一个音符都榨干了似的；回家之后他们甚至唱得更有兴致了，好像音乐工作一丁点儿也没有让他们感到疲倦。这个夜晚，他们为彼此歌唱，也为我、我妹妹雷切尔和弟弟泰德歌唱。母亲弹钢琴，父亲站在她身旁，他们一起演绎了格什温的经典选段《贝丝，你现在是我的女人》（Bess, You is My Woman Now）。《波吉与贝丝》（Porgy and Bess）里的二重唱是他俩的拿手曲目——浪漫、热切，完美地适合他们的嗓音——他的男中音音色与她漂亮的女高音相得益彰。我和我的狗狗贝茜慵懒地躺在客厅的地毯上,这可真是个幸福满溢的瞬间!

我的父亲生得英俊,他拥有柔软的下唇和一缕如埃尔维斯·普雷斯利(Elvis Presley)的乌黑鬈发随意垂落在额头上。我母亲的容貌则像极了"希区柯克女郎",好比是大明星蒂比·海德莉(Tippi Hedren)和金·诺瓦克(Kim Novak)的融合。他们是郎才女貌的一对,而他们在一起演唱时,便是我们最快乐的时刻,仿佛生活的一切都变美好了。我总是把他们的音乐跟幸福联系在一起,因为当这样的和谐美满存在于你的客厅里时,世界都达到了完美的平衡,不是吗?说真的,我能一辈子躺在那儿,就那么静静地聆听。

父母亲在晚餐后唱上一曲可以说是我们家的惯例了,但在这个夏夜,美妙的歌声穿过了草坪——那些玩得正起劲的孩子们放下了皮球,出来喊孩子回家的母亲们掉头进屋去唤她们的丈夫,街坊们一个个向我家走来,像飞蛾似的被我父母那团无法抗拒的火焰所吸引。一些邻居已踏入卷帘门,但大多数人驻足在我们的前院,脸庞贴上了大落地窗。似乎我在社区里见过的每一个人都聚在这儿了。在这条移民街道上居住的多半是刚落户纽约上州的意大利家庭。现在我父母开始为他们演唱《艺术家的生涯》(La Bohème)里脍炙人口的咏叹调和第一幕的二重唱。那会儿我母亲正在攻读伊斯曼音乐学院的研究生学位,于是她又演唱了一些为毕业独唱音乐会准备的普契尼歌剧选段:《我的名字叫咪咪》(Mi chiamano Mimì)、《在这轻柔的缎带中》(In quelle trine morbide)和《为艺术，为爱情》(Vissi d'arte)。每首曲罢邻居们都疯狂地鼓掌，为这样美妙的歌声存在于我们这条小街道上而惊叹，这如获至宝的心情简直令人难以置信！街坊的热烈捧场鼓励父母亲唱了一首又一首直至夜深，他们牵着彼此的手微笑致谢，几乎唱遍了所有他们熟知的二重唱。曲终人散，邻居们拖着兴奋又疲惫的身子陆续回到自己的家里，父母亲也催促我们去睡觉。我此刻跟伊丽莎·杜利特尔①一样，兴奋得睡不着觉。人们赞美我的父母，我为生活在如此动听的歌声里感到无比幸福，我是世界上最幸运的姑娘呵！

"但事情不是那样的。"最近在回想这段记忆时，我母亲这么对我说。

嗯？不是那样的？

当然，的确有很多个夜晚我的父母亲在一起唱歌，街坊们也会来串门。但原来在那个似乎最使我难忘的夜晚，我父亲根本就不在家。那天我的外婆大老远来看我们，是我母亲一个人坐在钢琴前自弹自唱。

记忆一贯如此，总把最美好的部分剪接在一起，于是完美的夜晚

---

① 伊丽莎·杜利特尔(Eliza Doolittle)：萧伯纳讽刺戏剧作品《卖花女》(Pygmalion)中的女主人公，作品后被改编成由奥黛丽·赫本主演的好莱坞电影《窈窕淑女》(My Fair Lady)。

必定要配上完美的歌曲,与阖家欢乐的赏心画面一同构成了最完美的瞬间。我想说,我完全信任自己对生活中点滴细节的记忆,但这也是我母亲、父亲、泰德和雷切尔的生活,从每个人的角度都会讲述出一个不同版本的故事。然而有一个最重要的元素对我们所有人都真实存在,即生活永远都有歌声相伴。音乐是我们的家庭语言,亦是不可或缺的氛围。一个人在弹钢琴,另一个人在老唱机上播放我父亲喜爱的舒伯特和沃尔夫的艺术歌曲。这里有练声、授课和排练的情景,也有自发的、即兴的、无意识的弹唱,正如从地板出风口吹出来的抵御纽约寒冬的暖气一样无处不在。

我的音乐人生究竟是从什么时候开始的呢?是我在大都会歌剧院的首秀吗,还是我的第一张艾尔顿·约翰(Elton John)唱片,又或者得追溯到我父母在宾州印第安纳大学的邂逅?有一次他俩手牵着手在教学楼的走廊上阅读公告栏,结果被一个路过的老教授一巴掌打开了。"下次不许这样!"她警告他俩,但并未见成效。父母亲在求学时期就结了婚,我们三个可是一起从大学里毕业的呢。"咔嚓!"——照片里的母亲手拿文凭怀抱着我冲镜头微笑,她和父亲都穿着学院袍,头戴学位帽。我母亲本打算成为一名歌剧演员甚至是电影明星——所有人都说她应该朝那个方向发展——可我的意外降临打消了她的那些想法。

我在钢琴边上的儿童玩耍围栏里度过了我的婴儿时期,那时我母亲在家给人上声乐课,我父亲则去附近的一所高中教音乐。我依稀记得母亲课上那些叽叽喳喳的学生们。其中有一个戴着身体护具的女孩,她总在我母亲面前不自然地站得笔直,而伴着她麻雀般的嗓音演唱的《爱是善良的》(When Love Is Kind)的那些午后便永远铭刻在了我的记忆里。

我不得不好奇,以这种方式接受音乐的熏陶,其中哪方面对一个即将成为歌剧演员的小婴儿更有益:音乐本身,还是不断地重复和永无止境的练习?倘若我出生在一个歌剧院收票员的家庭,我的生活也许就会完全不同。我的成长将会伴随着歌剧季的开幕首演和那些华美绚丽的制作,而这些作品能让小孩子的脑袋里对歌剧有个大概的了解。我觉得自己很幸运地在生命伊始就已经跟音乐的起始元素联结起来了:音符、音阶以及在音高探索上的精益求精。我敢肯定,如果我在生命最初的年月里从我母亲的声乐课上吸收了任何东西,那一定为之后唱出美妙的歌声潜移默化地打下了基础。

我母亲说我很晚才开始说话,却很早就会唱歌了。只要她哼一串音调,大概一岁左右的我就能鹦鹉学舌似的反馈给她,对于一个连怎么要苹果汁都不懂的小孩子来说相当不错了吧。三岁之前,每次我父亲开车,母亲坐在副驾驶位,我就会站在后车座凸起的地方(我出生在那个儿童安全座椅有待完善的"黑暗时代"),小身体前倾便刚好够得着前排他俩中间的空位。我们三人轮着唱《雅克兄弟》(Frère Jacques)和《白铃兰花》(White Coral Bells)。殊不知在牙牙学语的时候，我已经在两位优秀的老师之间给自己浇灌起了歌唱的幼苗。

所以就奇怪了，当年我怎么会根本没考虑过要当个歌手呢？最晚到三岁吧，当我第一次独自登台，扮成"雪花苏西"（Suzy Snowflake）并演唱了同名歌曲时，我就该看到这点。事实上我生来就该干这行的，但不知怎么就从来没想过要将它信手拈来。小时候的我一心想要获得十足的认可和关爱，立志做个好孩子。唔，我大概就是家长口中的"别人家的孩子"、讨厌的"学霸"全A生。让英语老师高兴意味着论文得用心写，一如让音乐老师高兴就得把歌唱好。反正音乐老师就是我父母，所以唱歌一直没间断过。

对于一个孩子来说，渴望取悦他人的想法几乎可以把其他一切考虑抛诸脑后。我生性怕羞——演员、舞者、音乐家个个不都号称自己被一个害羞的童年所束缚了吗？——可假如人家让我上台表演，我也会照做的。不过没人管我的时候，我总会找书来看。我废寝忘食地阅读，走路的时候看，在餐桌上看，在车里也看。有一段时间，我过于沉迷阅读的状态让我父亲抓狂，尤其当我们一家人踏上悠长的假期旅途，纵是满世界的美景从窗前飞驰而过，我也只顾一头扎进《黑骏马》（Black Beauty）的故事中。"抬头看看！"我父亲开着车从后视镜里瞪我一眼，"行了，别读了，花五分钟看看其他东西！我都不明白你为什么花这么多时间在小说上，那又不教你任何东西。"他是个酷爱自己动手的实用主义者，兜里老揣着各种指南手册。

我听话地把书放下，就五分钟，抬头望去，窗外的世界一如我父亲所描述的：绿草如茵，青山如画。然而他却不知道小说教给了我其他东西：我真正想看的那个世界恰恰是在这些书页上，在我的脑海里。我想象自己跃上马背，驾驭着黑骏马驰骋在英格兰乡村的绵绵细雨中。这当然是演员在演技上必须掌握的一个关键要素——在另一个时间、空间、情境里将自己代入其他角色的能力。那时大家并不认为阅读是在浪费我的时间，只是觉得我可能会变成一个特立独行的人。

扮演"雪花苏西"获得的成功昙花一现，直到后来和我妹妹雷切尔一起合唱《丑小鸭》(*The Ugly Duckling*)才使我重返舞台。初中时我被选中出演《音乐之声》(*The Sound of Music*)里的女修道院院长。唉，演绎一个年长的修女对七年级的小姑娘来说有点儿为难，而且我还因此得了个"脓疮院长"①的绰号，可谁叫我是当时唯一一个唱得了《攀越群山》(Climb Ev'ry Mountain)的人呢。

至少这个绰号相对于我在初中一贯被叫"完美小姐"来说已经有所改变了。那时我每天上学都戴着一个三英寸宽的粉色弹力发箍，这大概就是我最大程度彰显个性的时尚宣言了吧。我向往成为一个叛逆的女孩，比如在卫生间里抽烟，午饭后偷偷溜出学校，但我从来

---

① "Mother Abbess"意为女修道院院长，"Abscess"意为脓疮。"Mother Abscess"的绰号是芮妮的同学们玩的文字游戏。

都没那个勇气。相反,我保持了我的好成绩,同时参加了创作新校歌的比赛并以下面这些鼓舞人心的韵文胜出:

> 盖茨池莉中学辉煌誉五洲,
>
> 我们雄踞巅峰,歌颂她的盛名。
>
> 母校,我们爱您,你是一盏明灯指引我们前行——
>
> 我们将荣耀献予您,每一天我们都更爱您。①

也许这般费尽心思地做好孩子本就该受到奚落和嘲笑,但当校园霸凌者一遍又一遍地在公车上用假声高音恶搞我写的校歌,每天放学坐车回家就成了要命的煎熬。我垂头丧气,却也暗下决心要变得与众不同,我要成为人群中最闪亮的那颗星。

终于,接下来的一部校园剧、全篇幅制作的《窈窕淑女》给了我这个机会。十二岁的我出演了伊丽莎·杜利特尔,属于女主人公的任何一个音符都不曾错过。看起来更像是警察叔叔的人高马大的英语老师拉夫·尤根斯(Ralph Jurgens)把所有的八年级学生都召集起来练习英式口音,包括哪怕只有一丁点儿乐感的孩子。现在才是我第一次真正学习演一个角色,或者说我自以为在学习——直到我母亲在首演夜前一周来探班的那天。等到整个排练结束,我们安全地上

---

① 原文:Gates Chili Junior High is the greatest of them all
And to her name we all give praise while standing great and tall.
We love thee, alma mater, for showing us the way——
Glory we give to you, we love you more each day.

了车,她才郑重其事地说我们得立刻回家,因为眼下我们有任务要做。确切地说,任务艰巨。

母亲作为我人生导师的角色是万不可低估的。她是第一个向我灌输整体表演概念的启蒙老师,即唱歌并不只是直挺挺地站在灯光下、闭上眼睛然后张开嘴巴。她向我解释说,那句"你等着,亨利·希金斯"(Just you wait, Henry Higgins)传达出来的效果可不能像念电话簿似的。她教我如何在舞台上走动,何时要看向观众并适时地移开目光。她在前面跳着我角色的舞步,我就在她身后依样画葫芦。我一贯是个好学生,所以我总把自己的台词学好记熟,而在她的指导下,我渐渐明白了光背好台词并不等同于表演。

"微笑!"她对我说,"试着让自己看起来很享受地在做这件事情。"

我母亲是个天赋过人且自我要求严格的表演者。彼时,罗切斯特歌剧院运营兴旺,它就坐落在一间可容纳三千人的华丽老式礼堂——伊斯曼剧院里。吊顶上的巨型水晶灯是那么令人着迷,仿佛一个闪闪发亮的星球照耀着底下的观众。每逢我母亲在那儿演出的夜晚,我和我父亲,还有弟弟妹妹必定齐齐坐在前排,视线一刻都无法从她身上挪开去。我们深深折服于她的歌声、她的美貌和她令观众屏息期待的舞台魅力。当我母亲还是个在教会活动上唱歌的小女孩时,她的外祖父常坐在后排的座位上,承诺若能听见她的歌声便给她一美元——这倒是个训练传声的机智办法。可眼前的这位真的是每天给我们做早餐的女士吗？母亲的舞台妆容即使在剧院的最后几排都清晰可见：上下眼睑各画了一条黑色眼线，伴以眼睑外缘的一抹白色和眼角的一点红作提亮点缀①，纤长无比的假睫毛似富勒公司生产的刷子般扫过她的脸颊。装饰华丽、层层褶皱的丝绒长礼服亦跟随她的步子在舞台上轻轻地摆动。看着你自己的母亲妆容精致、身披华服，还有什么比这更加光彩照人呢？可想而知我和雷切尔拥有怎样一个异乎寻常的衣柜，这该是每个纽约上州女孩都梦寐以求的行头吧。

　　母亲演唱了莫扎特《费加罗的婚礼》（*Le Nozze di Figaro*）里的玛赛琳娜和《女人心》（*Cosi fan tutte*）里的费奥迪丽姬。随后，当她在演唱普契尼《修女安吉莉卡》（*Suor Angelica*）中的同名角色时，我望着舞台上身穿白色修女袍的母亲为她死去的孩子悲恸抽泣，就禁不住在想，她这是在为我而哭啊！下一刻我的眼泪就哗哗地流了下来。当然，我也被自己的突然爆发吓到了，这下多尴尬，家里人一定不会放过嘲笑我哭鼻子的机会。尽管如此，暗地里我还是爱极了自然流露的真性情，正如爱极了有个当明星的母亲。我敢肯定观众席里所有的孩子都希望她是他们的母亲呢。

　　然而，不论我有多喜爱看母亲表演，我却从未对她的歌声有任何敬畏之情。"第三幕的第一部分你唱得太平淡了"，对她说这句话的

---

① 这是美国二十世纪六十年代流行的妆容。

时候我才十岁。当她看到情况不妙,试图把我从朋友身旁拉走意欲批评我的行为时,殊不知我已经跟任何碰巧站在我边上的人分享了我对这场演出的看法。

亏得母亲睿智,没把我老气横秋的评价太当真,甚至好像还对我那显得有点早熟的音乐才华而感到高兴。我很能体会这种感受,因为我自己的两个女儿差不多在八岁的时候开始对我评头论足,我的反应无异于我母亲。即使她们仅是指出我擦的口红颜色并不适合我,但很明显她们正在关注我,而且她们懂得分辨错误,不管是看到的或是听到的。和我一样,她们也不想让自己的母亲在任何时刻有任何不完美的可能。


正是通过阅读,我开始相信拥有一匹马是幸福快乐的必要条件,而且鉴于我母亲也一直很喜欢马,所以父母亲在领着极微薄教师薪水的情况下都决定要给我买一匹。她的名字叫风儿,她在我们的车库里住了两个星期,直到有一天她自己跑进了厨房,显然是觉得她在这个家里该跟我们更加亲近。最终市议会来人了,认为无论是厨房、车库还是我们这个住宅的其他任何地方都没有专门划给马匹的区域,所以风儿必须被送走。

后来,我和母亲又爱上了一只名叫杰斯洛、住在锡布利百货公司宠物部的蜘蛛猴。于是,它作为我十二岁的生日礼物来到了我们家,所幸这回有三天的"试养期"。我们很快意识到,它可能有点无法适应我们的城郊生活。即使最后风儿和杰斯洛都不能继续和我们一起在瓦伦西亚大道的错层房子里生活，我仍然学到了宝贵的一课：梦想从不会因为太大或太超乎寻常而无法实现。

如果说母亲通常会就一个音符的掌控或手腕的转动给予我具体的指导，并以她一贯旺盛的精力与始终如一的抱负和专业精神言传身教，那父亲在歌唱上教给我的，便指向了更重大的人生课程，而这其中的许多都与马儿有关。后来，我们搬到了纽约彻奇维尔的一栋房子里，以便拥有适合动物居住的地方，最终我们在两公顷的土地上养了三匹马、三条狗，还有四匹寄宿马。这正是我梦寐以求的，然而父亲明确表示，梦想同时带来责任。"马儿可不会自食其力。"他这么对我说。所以之后每一天去学校前，我会在刺骨寒冷的清晨就出门，打碎四十升左右的水桶里结的冰，再在地下室里灌满水后把它们搬上去，一路拖到谷仓。清理马舍，把上百斤的饲料袋从车里拖到马具房都成了家常便饭。这是艰苦、沉重、让人打冷颤的劳动，但这就是养马需要付出的代价，而马儿又正是我想要的。我明白，你得为你想要的、所爱的东西作出努力。从观察钢琴边跟母亲学唱歌的姑娘们时我就知道，有些人的确可能天生丽质、天赋异禀，但在大部分情况下，我们看到的这些美好是勤奋自律的成果，所以我便继续埋头给马儿梳刷、清洗马蹄。我的努力并没有换来表扬，因为辛勤劳动本就理所应当。

我们去露营的时候，习惯了高跟鞋和长筒袜的母亲甚至会往汽车后面拖着的五米多长的摩托艇里塞一个吸尘器和一张双人床垫。夜幕降临时,我们会把船划到小岛上安营扎寨。当大家还在船上,正要搬床垫的那会儿工夫,母亲已揪出了营地里唯一的电源插座并插上她的拖线板,把我们要搭建帐篷的那块地方吸得干干净净。基本上从那时起我父亲就再也不愿夜宿户外了。

我依然记得彼时母亲会教一整天课,到了晚上便把她的家里人全叫来一起吃顿大餐。剁、烤、炖、炒,我们在厨房忙活半天,接着上菜,收拾餐桌,刷锅洗碗,最后把厨房角落的每一寸都刷个遍。干完全部的活儿我都累趴下了,拖着疲惫的身子跌跌撞撞地扑倒在床上,而我的阿姨却对母亲遗憾地摇摇头道:"芮妮是不是有点儿懒散?"

我家里的女士们常常误用了"懒散"这个词,因为她们根本不理解"懒散"是什么概念。那种态度可以追溯到我的曾外祖母,她十几岁的时候为了逃避一名德国士兵的追求从布拉格只身来到了美国。在大多数家庭里,单是小姑娘孤身一人来到一个语言不通的全新国家就已经是个令人望而却步的果敢故事了,可在我们家,这只不过是又一个撸起袖子该干什么就干什么的例子。这个来自布拉格的曾外祖母诞下了一个嗓音甜美又弹得一手好琴的女儿。她的朋友以普契尼的歌剧亲切地称她为"西部女郎"。我的外祖母本想成为一名音乐老师,所以她引导我母亲入了这一行。而我母亲实则向往成为一名歌手或电影明星。我们的命运就这么相互交织,有时候也很难去区分到底谁活在了谁的梦想里。

如果说专业精神和音乐天分能通过遗传密码来传递，那我便从父母亲那里获得了双份的继承。我父亲的家庭是我遇到过的最全能的一群人。需要一栋房子？我们自己造！不懂打地基和水电管线铺排怎么办？我们会想办法弄明白的！似乎他们每个人都能重组发动机、盖屋顶、修冰箱。我的祖父是宾夕法尼亚山区的一名煤矿工人，我的叔叔莱斯勒在新几内亚服役的五年里靠他捕获的蛇和昆虫存活了下来。他从猎头手中抢救护士和保护侦察兵安全的那些故事叫我听得津津有味，这些超乎寻常的能耐正是得益于他从我那宾夕法尼亚山区的祖父那儿受到的训练。即便如此，我父亲依旧在这个疯狂勤勉的群体中脱颖而出。孩童时代的他学会了吹小号，也正是他的坚持不懈和对音乐的热爱把他送进了大学——他是家中第一个上大学的孩子。而在我的孩童时代，父亲即使仅靠教书的那点收入也成功地跟另外三个朋友合伙搞了一架小飞机——一架派珀轻型双翼飞机，导致那时候的我还误以为每个孩子都会在周日的午餐后去空中溜达一圈。

面对家族里这么多有才干的人，我有时会觉得自己就是个沉闷鬼。我开始去看马术表演、参加绕桶赛，但与人竞争终究不是我与生俱来的特质，一如许多其他我向往得到的东西。我唯一明确的是如何跟自己比试。我可以把自己推向任何极限，逼迫自己竭尽全力，但在同别人竞争时我却变得异常卑微。我最初参加的那些马术比赛几乎要令我崩溃。恐惧于我，会表现为一种近乎紧张性抑郁的状态。当我感到极度恐慌，便是面如土色、目光呆滞的模样。我无法动弹，直挺挺的，甚至能就地扎根、生长枝叶。虽然大多数动物在感知到危险时都会触发要么战斗、要么逃离的意识，可我两个都不是，我总跌进"晕菜"那个范畴。作为高一新生，我理所应当参加州立展会上的马术比赛。那时候我已经参加过几场四健会比赛了，但规模都小得多。我环视四周的人群，看到那些梳着马尾辫、笑容自信的姑娘们，而此时我却靠在围栏边，呆若木鸡。父亲看到我上马动作迟疑，认为我是心不在焉。他把我惊恐万状下的神情恍惚误读成了我对比赛的不在乎，他认为我不愿意做出任何努力。

"我花了这一整天还有这些钱不是来看你就这么站在这里的，我希望看到你至少做出了尝试。"他尖锐地对我说。

想想都觉得滑稽，第一个让我有怯场迹象的地方并不在舞台上，而是在一个尘土飞扬的、让马匹和穿牛仔靴的人包围了的畜栏。但我父亲鞭策我、不让我屈服于我的恐惧的做法是正确又明智的。我绕过干草堆，试图摆脱那沉重的恐惧心理，把衬衫整齐地塞进牛仔裤，翻身上了马背。如我父亲所期望的，我全力以赴地比赛，即使那一刻我竭尽所能的成绩并不是很好。正是我父亲的这种品质——没有任何废话的决断力，为我克服自身局限打了一针强心剂。有这样一个不但没有娇惯我的恐惧，还不断激励、督促我的人在身边，我感到格外幸运。

我并不是唯一一个我父亲拒绝溺爱的人。他领导的教堂合唱团一样得按他的严格标准来。他会选一些对他们来说难度很高的音乐,像是伦纳德·伯恩斯坦(Leonard Bernstein)的《奇切斯特圣歌》(Chichester Psalms)或是巴赫长而复杂的康塔塔《基督躺在死亡的枷锁上》(Christ lag in Todesbanden)。每当合唱团抱怨时,他只会告诉他们说:"我们要学习这部作品。它的确很难,但你们一定能做到!"假如他们试图拒绝并告诉他得另选一首曲子,他会冷静地回应说,既然这样,他们就得另选一个合唱团总监了。父亲对他人和对自己有着同样高的标准与期望:至少要去尝试着做。不管是他的学生还是他的孩子们,他从不会让任何一个人产生"你就不是这块料"的念头。正是他持续不断的更高期望鼓舞着我们每个人都站得更高、望得更远。

不管上舞台是令我感到害怕还是享受,又或者我是否擅长表演,有一点是肯定的:我一直在做这件事情。高中的时候,我又被音乐老师罗布·古德林(Rob Goodling)选中参演另一版《窈窕淑女》。回想起来,不得不说,在那么早我就有机会与这些才华出众的老师们一起排戏,那感觉实在太棒了,况且我们还不是处在一个高速发展的大都会的核心地区。罗布思路开阔且高瞻远瞩,他后来还带领了一批又一批有天赋、有才华的学生到欧洲去巡演。他聪明地在演员阵容里选用了英俊的篮球运动员和田径明星,以此令他的音乐剧广受欢迎,结果使我们的课后排练成了全校学生的围观之地。参演的学生们忽然间就成了学校里最受欢迎的一群人，而且拥有好听的嗓音甚至更为我加分。（我敢肯定之后自己被选为毕业舞会皇后也得感谢罗布。）

我只愿所有的孩子们都能拥有我所享受到的艺术教育。举个例子，在财政严重困难的平民区学校里，音乐课程的可用资源会被大量减少。相反，音乐教育在得克萨斯州已被高度重视，甚至与体育运动相当。纽约州许多公立学校的音乐课程发展欣欣向荣，有些更是把音乐列为能与传统学科相媲美的优先课程。由于缺乏统一性，我们很难对音乐教育的现状进行概括总结，尽管财政资源有多么充足和学校是否开设音乐课程这两者之间的关系显而易见。

在我成长的环境里，大家总是背着小提琴盒、长笛、长号挤上校车，一起练习《小星星》和肖邦的夜曲，好学之心无异于钻研乘法表和背单词。每个人都明白，我们长大后不会都成为音乐家，但教育工作者认同音乐训练的纪律性对任何人的一生都将会有深远的影响，更不用说懂音乐所带来的极大乐趣。培养孩子的创造力与学校课程体系中的其他任何要素都同样重要，因为它满足了精神上的需求。每天多摄入一点创造力能帮助孩子们想象并创造一个更美好的世界。

差不多就是那个时候，我被招进了一个仅从整个罗切斯特录取极少数学生的音乐创作周训班。我从初中开始写歌作诗，我写的第一首歌《观星者》(Stargazer)在家人、朋友之间广为流传，简直可以说是各大才艺表演和节庆活动上的最爱了。随后我又借助钢琴和吉他创作了多首曲子。直到大二,我才真正学会如何通过语言进行交流。毫无疑问,音乐创作恰好填补了我因害羞而自我束缚的缺口,并提供了一个我迫切需要的可供自我表达和宣泄的机会。真正开始写音乐而不仅仅做演出之后我才慢慢开始有了"我是谁"的个人意识。创作并非关乎取悦他人而是关于表达。于是彼时的我视琼妮·米切尔(Joni Mitchell)为偶像便也不足为奇了。我反复听着她那些直击人心的歌词,几乎要把黑胶唱片上的纹路给磨平了。在《夏草的低语》(*The Hissing of Summer Lawns*)和《赫吉拉》(*Hejira*)里我似乎找到了自我。她诗乐合一般独一无二的嗓音是那样完美地呈现了我所向往的世界。

创作班由伊斯曼音乐学院的准博士威廉·哈珀(William Harper)授课,而他令我彻底打开了自己的音乐视野。我永远忘不了第一堂课上我们听潘德列茨基的《广岛受难者的挽歌》(*Threnody for the Victims of Hiroshima*)时的情景。这些音乐创意的存在简直令人难以置信,而在此之前我竟对此毫不知情。我坐在那里,思绪万千。我依然记得关于那个瞬间的一切:我们上课的小教室里,窗外晚秋的阳光铺了室内一地金色,威廉·哈珀倚靠在书桌旁聆听,他低下头,闭上双眼。好像世上的一切都静止了,我感觉自己像是第一次听到音乐。而后我生命中所有对于新音乐的兴趣大抵都可追溯到那一刻、那一首作品。

那些课程相当鼓舞人心,但在那个时代仍有一种心照不宣的共识——女人并不会成为真正的作曲家。似乎我们顶多只能写写歌,写交响曲是不抱希望的,所以我仍在创作歌曲。但也正是那年,哈珀先生把我介绍给了一位未来多年将在音乐方面对我产生深远影响的女士:女中音歌唱家扬·德加塔尼(Jan DeGaetani)。她潜心研究的乐谱数量极其可观,叫我大开眼界。要知道这些可不是在家里的琴凳里叠放整齐的乐谱夹,而是杂乱无序甚至残破的新音乐乐谱,上面布满了铅笔的圈圈画画,仿佛看到这些乐谱,音乐就已经跃然纸上。她的这项工作一直在持续、积极地进行,从无间断。每当我给她唱歌时,她都十分用心地聆听。"不要去刻意训练你的声音而失了它的纯真与自然。"她这样对我说。事实上,她愿意花时间给我建议已足以让我感觉到了自己的存在价值。

到了申请大学的时候,我参加了几个声乐系的试音选拔考试。彼时,我的试音状态很糟糕,走进试音间的那一刻简直有种自己在浪费考评委员会时间的愧疚感。而事实上,通过在学校里多次演出积累的经验,紧张和不自然早该从我的字典里剔除了。母亲万般希望我能考入欧柏林学院,我也确实被录取了,可是我没有申请到足够的财务补助。母亲的心都要碎了,在从俄亥俄回来的车上哭了一路。我小时候家里并不宽裕。除了那点微薄的教师年薪,我父亲会打鱼、猎鹿来增补我们日常所需的食物。我是吃鹿肉长大的,那时候还误以为家里很富有才能吃上鹿肉,这完全可以说是父母亲乐观精神的真实写照了！但是到了我上高中那会儿,我们家又变成了中产阶级经典悖论的一员:我们既没有足够的资金能让我在顶尖音乐学院得到一个名额,同时家里又不再困难到够资格申请以急需程度为审核基础的财务补助,所以我最终进了纽约州立大学波茨坦分校的克瑞音乐学院学习。殊不知这预示了我职业生涯中的第一个重大突破。

## 第二章　求学之路

　　成为一名歌手需要具备众多条件——不仅仅是天赋和努力，还须有坚韧的意志力、自我调节能力，以及机遇。我初入克瑞音乐学院时便跟随帕特里夏·密斯林（Patricia Misslin）老师学习。假如当初筹到了足够的学费供我去念任何一所我梦寐以求的知名音乐学院，那我大概每周只能被分配到一堂私课。而作为本科生的我，除了成为合唱团的一员之外必然没机会上台演出。而在波茨坦，我不仅收获了一位才华出众且全心投入教学的声乐导师的充分关注，并且在入学的首个月末就被选为巴赫《B 小调弥撒》演出的女高音独唱。一个大一新生！我比任何人都感到惊讶，这实在是太颠覆了！

　　尽管我上高中时因为会唱歌而获得了很多关注，并且现在也在大学里主修音乐，但我来克瑞完全是因为这是一条最省力的途径。

我的内心并没有特别炽烈地渴望唱歌，也没有过某一瞬间的顿悟，专门领我往这条命运之路而去。我可不记得我父母有否在我身上培养过那么一丁点独立的灵魂。问题从来就不是我想要成为什么、做什么、吃什么、穿什么，而是我必须成为什么、做什么、吃什么、穿什么。我只是太乐于顺从了，以至于到了研究生院都从来没问过自己为什么来到这里以及职业道路该何去何从。那时候我的声音简直就是一个危机四伏的雷区：无法柔声唱歌；身体绷得太紧；也不会唱高音。大家都知道，一个没有高音的女高音在业界是走不远的。尽管如此，帕特（帕特里夏的昵称）依然在我身上看到了天生的乐感、真实的音乐才华以及一颗真诚的好学之心。

帕特有一头短而细密的棕色鬈发，双脚通常站成完美的、玛丽·波平斯式的外八字。上课的时候，她透过低低架在鼻梁上的眼镜盯着我——她的下巴低得几乎要抵上胸口，双颊鼓鼓，眉毛抬起——哼唱着给我弹琴伴奏。她是一位能够驾驭任何作品的超凡音乐家。穿着圆领毛衣和格子呢羊毛裙的她透着一股从不跟你多废话的新英格兰式的可靠劲儿，令我格外信赖她。她对事不对人，尊重每个个体的独特性，与我相处时待我随和热情，但在工作上她会保持一种高度批判性的态度——这意味着每当她要把我"撕碎"似的批评我时，我明白她的严厉是为了把我重新塑造成一个更好的个体。要是我们在一小时之内讨论完一页乐谱上的内容，我便会把那一天算作一个好日子。因为在我刚要张嘴的瞬间她可能就会打断我说："等等，我们再来一次。"这是一项极其讲究细节的工作,我亦没有浪费一分一秒,最大限度地利用了所有的课堂时间。我从不与她争辩,也没有说过"不,我认为这样唱更好"。其实那样不仅不会更好,而且处在那个阶段的我并不想叫自己去思考这些。我想让她告诉我如何塑造每一个音符,如何处理每一处细微差别。

帕特对共鸣、声音焦点与声音放置尤为重视。这些并不是全新的概念,而是她对每个微小之处的细致程度令我必须将每个音逐一进行打磨。这里涉及一项艰巨的任务:领会从意念上找准一个确切声音的概念以及学习如何将声音放置在一个"面罩"(mask)里。我很快就明白"面罩"指的是鼻子和颧骨那块区域——即能令声音产生共鸣的鼻腔与窦腔腔体。面罩共鸣(mask resonance)的使用与平时说话时自然倾向于运用口腔和胸腔共鸣大不相同,它对每个新人歌手的发展都至关重要,因为这是能叫嗓音毫不费力地穿透整个演出大厅的唯一途径。任何一个从含苞待放的音调雏形发展成璀璨绽放的歌剧嗓都要归功于"嗡嗡""哼哼"的蜂鸣声或是歌手共振峰(squillo)。

帕特进一步解释道,共鸣的简单原理就是对于气息方向的作用。你在唱歌的时候,实际上是以意念把气息集中到你身体的某些部位:比如头部,因为眼睛后面有多个窦腔;或者是口腔,那便会发出不同的声音;或面罩;又或者到胸腔形成最低的嗓音。拿任何一件乐器来类比便很容易理解共鸣是怎么回事了。想象一下通过声带发出的声音如同从小号吹口吹出来的声音:就其本身而言,它只不过是一种嗡嗡声——须经共振才能产生音调。嗓音的形成即是从声带发出的并通过共鸣腔协调、平衡或处理过的声音的结合。

如果我把气息送到最高位置的共鸣区,我会得到一个轻盈的、孩童般的声音,即头声。这可能是众多初学者仅有的声音,一个毫无辨识度的嗓子。我们常把头声跟古灵精怪的女孩子联想到一起,就像年轻漂亮的好女巫葛琳达①在讨论红宝石鞋有何妙处时那轻快尖细的嗓音。而我们之前提到的面罩共鸣则更多形成鼻音。一个听上去鼻音很重的声线会有很高的辨识度:想象一下萝珊妮·巴尔(Roseanne Barr)的说话声。胸腔共鸣出来的声音则更低。莎拉·沃恩(Sarah Vaughan)迷人的胸声造就了她一副深沉的好烟嗓。她晚年的嗓音在盲听测试中会让你很难分辨那到底是男声还是女声。从理论上讲,歌剧演员应当将其主要的发声焦点保持在面罩,同时使用所有其他的共鸣区域。这其中的奥秘在于上下互通、相互融合。我总是将嗓音想象成一幅挂毯,有经线则必有纬线,上下交织,于是才有了成品后的纵横交错、平整挺括。即使图案和颜色变化无穷,但挂毯的品质和手感始终如一。

"你脑袋里有一幅什么样的画面?"帕特会问我,"你要把声音传向哪里?"虽然那时我还不懂得如何回答,但我努力地想要快速把它

---

① 好女巫葛琳达是莱曼·弗兰克·鲍姆创作的儿童读物《奇妙的奥兹男巫》(*The Wonderful Wizard of Oz*)中的年轻漂亮的角色,故事多次被改编成童话电影和百老汇音乐剧,它有另一个广为人知的名字《绿野仙踪》。

弄清楚。我学着运用图像思考来影响不随意肌（involuntary muscles），并引导身体去发出健康、平稳的声音。"发自内心的微笑！"帕特会说，"脸颊抬起来！""通过鼻子呼吸去抬！""发声焦点再集中一点！""呼吸！"同样地，她要求节奏的准确性和多层次处理乐句的能力，以及对外语的掌握至少能满足工作需要——简而言之，是任何一个十八岁青少年都难以企及的全面音乐任务。我对这项挑战感到无比兴奋！

我站在钢琴边，尽我所能跟上她的节奏，尝试着边唱歌边遵循她的指导来调整自己的身体和嗓音。我到底该往哪个部位聚焦自己的声音才能将身体的紧绷感降到最低并最大程度获得传声呢？局部肌肉的独立与协调是首要条件，这得花上好些年的工夫去充分形成肌肉的记忆。每次我从帕特的工作室走出来，都感到脑子里像是充满了成千上万只"嗡嗡"作响的蜜蜂，每一只都想告诉我一些我急切需要了解的知识点。每次去找她上课，她都会教我如何有意识地留心自己的歌声，这仿佛为我打开了另一个新世界的大门。她给我打下了扎实的基础，教会我如何琢磨自己的嗓音，我以此为切入点开始慢慢建立起一套适合自己的声乐技巧。她向我灌输了一种健康发声的意识，尤其强调闭合元音。换作另一个学生，也许会因为她的苛刻而感到不知所措，但我和帕特恰恰是一对完美的搭档。

学习声乐无异于学习其他任何乐器，除了常规训练可能听起来更古怪。帕特有一个暖身练习是让我一口气完成一连串上下起伏的音阶，以递降琶音结尾——"wa-MA-LOOO-see, wa-MA-LOOO-see"。天知道这练习是从哪儿来的，可它很管用，就跟练习音阶有助于放松钢琴家的双手、肩膀和手臂一样。一名年纪轻轻的学生也许嗓音里只有一丁点儿的特质是有趣的——可能是一个八度，或甚至只有其中五分之一听上去好像有点希望——而老师的工作正是将这声音里的细微特质充分加以开发、打磨，扩大它的深度和广度，充盈其质感并赋予其璀璨的光芒。初始课程通常涉及诸如"肩膀放松""呼吸点低一些""音高不是靠下巴塑造出来的"等指导。青年歌手必须要强化训练自己的气息，摆脱音调里的气声，避免青筋暴起、下巴颤抖、音高不准等现象和唱高音时的紧绷感，还要克服唱不了花腔技巧或是嗓音一变化身体便禁不住跟着一同摆动的障碍。那时我的舌头根本卷不起来发"r"的大舌音。为了解决这个问题，我们甚至讨论了是否需要进行舌系带手术，这真叫我唯恐避之不及。后来经过几年的苦练，我终于卷出了最标准的大舌音。

尽管我跟随帕特学习的时候才十八岁，但我的嗓音并不是一张白纸的状态。正如没有一副嗓子在荒岛上被发掘的时候是从未被模仿海鸥啼叫之欲破坏过的，我的嗓子也不例外。已有多次登台经验的我其实长期以来都在模仿我父母和其他成年人成熟的嗓音，导致我的嗓子日积月累形成了一些坏习惯。帕特不得不纠正我发声过暗和过于成熟的倾向，她从我的嗓音里抽走了一些元素替换成别的，并通过音乐的方法来纠正我在声乐上的困难。

为了在青年歌手的培训路上走得顺利,老师和学生需要制定一套"术语",找到一种他们之间可以轻松交流的语言。其中的关键要素是双方友善相处的融洽关系。学生必须感到被照顾、被关爱,因为唱歌本身就是如此敏感、脆弱的一项训练。毕竟,嗓音是唯一不能出售的一件"乐器"。你不能说"我就是不喜欢这个声音,所以我要用它换一把斯特拉迪瓦里琴"。这件乐器不能被退回,不能被交换,不能在外出狂欢的夜晚被扔在柜子里,也不能落在出租车后备厢里(你别说我还真有过这样的"好"运气)。出于这个原因,老师是否能留意到学生一路上的心理情绪变化便显得格外重要。当自身变成了"乐器"被议论时,你很可能会因一些负面评价而感到他人在跟自己过不去。

大多数情况下,两个人之间需要至少六个月的磨合期才能建立起一段真正适合开展工作的师生关系,但是我和帕特必须加快速度,因为眼前我得赶紧学会巴赫《B 小调弥撒》。我得到这个演出机会后她对我说的第一句话便是"若它把咱俩都折磨坏了,你就能唱好它"。最终,她这句话里的两点都被证实了:我确实唱得不赖,但它也真的把我们给折磨坏了。演出当天,在与帕特的日常课程之后,我感到自己已经在这部作品上使出了浑身解数,并为之整装待发——天知道那段时间我还患了严重的喉炎。帕特带着热气腾腾的鸡汤来宿舍探望我,我的新朋友们和室友们都为我打气,试图安慰我说肯定没问题,让我别担心;我待在淋浴房里让自己蒸了两个钟头。大家众志成城地聚在一起,这一连串举动令我有一瞬间感受到,我再也不是那朵自以为毫不引人注意的壁花了。我很享受这种被关注的感觉,于是我满怀信心地走上舞台,歌声里不含一丁点儿杂质。

　　然而那一天倒是真正标志了我个人"演出例行仪式"的开始。有些歌唱家随身揣着好运护身符,另一些则信赖一件幸运的内衣。鲁契亚诺·帕瓦罗蒂(Luciano Pavarotti)演出之前得在舞台上找到一根弯曲的钉子,并深信上帝会保佑在他面前身着紫色的歌唱家;蕾娜塔·苔巴尔迪(Renata Tebaldi)总是由她的助理蒂娜陪同前往侧台,蒂娜的手里拿着蕾娜塔母亲朱塞佩娜的相片和一只迷你泰迪熊,而她上台前总会吻一下母亲的相片,再捏捏泰迪熊的鼻子;莉丽·庞斯(Lily Pons)总在演出前患胃绞痛;比尔吉特·尼尔森(Birgit Nilsson)喜欢进化妆间时喝一杯黑咖啡,并在演出结束后来一瓶乐堡啤酒。有些歌唱家依赖酒瓶子来为他们的演出助一臂之力。两性迷信也比比皆是。据说一位指挥家的妻子被问到"与一位名指挥结婚的感觉如何?"时答道:"演出前一天他不肯,演出那天他太忙,演出后一天他太累——可他每周有三场音乐会!"关于食物的"例行仪式"毫无悬念是最常见的,而且数量之多以至于根本没法列举。我自己则喜欢在演出前让身边亲近的人都处于一种完全恐慌的状态,因为坦白讲,这大大缓解了我因独自承受演出压力而产生的万分焦虑。就好像任何一场演出之前都存在定量的焦虑,我可以独自一人发愁,也可以让别人跟我一起分担。多年来,我妹妹雷切尔一直是我的专属焦虑分担对象。通常在一场演出前，我会把她逼到几乎要发疯，不断地对她说："怎么办？怎么办？我做不到！真是愁死我了！"接着她便也开始感到恐慌。直到前几年，她终于退出了这个角色，还抱怨说她之前真的很担心我。不过那时她知道我已经可以自己处理焦虑的情绪，她希望能像普通人一样坐在观众席里欣赏演出，无须五脏六腑翻滚着担心我能否顺利、成功地唱好那些高音。事实上，如今我已建立起了一个稳定可靠的情绪记录，所以到目前为止也未寻到任何愿意接管这项工作的人，于是准备演出的沉重负担又完全作用回我一个人身上了。也许我该去发个小广告："寻求有较强焦虑能力的歌剧爱好者，歇斯底里的偏执狂优先考虑。"好在目前我倾向于只把这个特殊的仪式留给最重大、最受瞩目的演出场合，而对于剩下的那些我其实还挺乐在其中的。

在波茨坦的那几年我学会了很多东西，其中一点便是学习如何进行声乐练习。小时候，我总是背好自己角色的台词，然后乖乖地参加每场彩排。然而对"练习"这个概念，我总觉得那通常指的是练习乐器——比如拿我的经历来说是钢琴、小提琴，而后是中提琴。天知道我在还课的当天才从床底下把琴拖出来，拍掉上面的灰尘，好像这样就能抹掉偷懒的证据，自以为老师也看不出来似的。到现在我全身心地投入学习音乐，才开始明白自己必须花大量的时间和精力去打磨、改善我的嗓音，与我以往在学校里学钢琴时也得刻苦练习是一个道理。我日复一日地往练声房跑，我心爱的自行车"乔治"的轮胎在雪地里磨得嘎吱作响。我对那个简易的小空间很有感情。当我走进教学楼大厅，我能听到其他房间里的人在唱歌、拉小提琴或是练习他们正在学习的任何乐器，但总有一间房是只属于我自己的。我会先用 20 到 30 分钟的时间根据我认真摘抄的练习清单来训练发声，接着再练习老师布置给我的歌曲或咏叹调，试图训练自己的耳朵来给我的嗓音纠错误。"实践"与"经验丰富"①几乎是一回事，研习得越深我便越能看到这两者的相似之处。正是在这个小小的空间里，我才真正地开始热爱唱歌，热爱探索嗓音这个谜样"乐器"的无尽过程。我一向认为一个人能学好唱歌是件挺不可思议的事情，因为"如何协调不随意肌"听上去是个几乎无法解开的谜团。在观众面前唱歌的感觉的确很美妙，但在一间屋子里唱歌给自己听，逐字逐句、逐个音符地拆解、琢磨更让我感到满足。从此，我便真正开启了学习声乐的历程。

帕特对我影响甚深的另一方面在于曲目选择。她庞大的音乐库好比延绵不绝的崇山峻岭，象征着音乐冒险家未及征服的处女地，一如早些年我在母亲的音乐柜里找到的类似的宝藏。帕特给了我一些新的挑战，有彼得拉西( G.Petrassi)的歌曲、我很喜爱的一首本杰明·

---

① 原文为名词"practice"和形容词"practical"。

布里顿（Benjamin Britten）的颂歌、海顿和亨德尔的德语咏叹调以及室内乐作品等。她见我学得很快，于是就继而布置给我一些更生僻的曲目。有一天，她递给我一张老旧泛黄的乐谱，标题是德沃夏克的《月亮颂》（Song to the Moon），我以前学过这首咏叹调的英文版。彼时，我们根本不知道，这首咏叹调竟会在日后成就我的未来！我就如平地上敞开的一口井，等着悉数吞下向我投喂的一切。帕特不只在声乐方面训练我，她同时在构建我的整体音乐素养。

帕特教给我的每一个要点都能在她收藏的那些唱片里找到依据，她总是鼓励我多听录音。多少个夜晚我坐在她的屋子里，成堆地转录盒式卡带：詹妮特·贝克（Janet Baker）演唱的亨德尔作品，艾丽·阿梅林（Elly Ameling）、皮拉尔·洛伦加（Pilar Lorengar）、维多利亚·德·洛斯·安赫莱斯（Victoria de los Angeles）。我还记得后来回看自己在大都会歌剧院演出的首次电视转播——《唐·乔瓦尼》（Don Giovanni）时，也是窝在帕特家的沙发里。

那时阿梅林是我最喜爱的歌唱家，因为这位伟大的荷兰艺术家来波茨坦演出过几回。我极其专注于研究她的录音，而她对我的影响甚至烙在了我自己的歌声里。然而几年后，也是阿梅林让我体会到一次后台拜访能产生的威力有多大。当时的我还是一个毫不掩饰自己情感的大学生，我试图用简短的一句话告诉她，她的歌声于我就意味着整个世界——即便她表情漠然，直接跳过我看向了下一个等着问候她的人。那一刻，我感到天都要塌下来了。当然，期待一位艺术家回应所有粉丝的需求是不公平的,但我后来试图在这方面效仿扬·德加塔尼,她会让每个跟她打招呼的人都感到似乎自己才是那个夜晚奉献了艺术、带给大家美好瞬间的人,因此值得被赞赏。扬会说:"啊,我好喜欢你送的食谱!"或者:"天呐,我太爱你那条项链了!你在哪儿买的?"我们高兴得说话都结巴了,无法想象她除了回忆刚才的精彩表演之外怎么还能想到那么多别的事情。

在那段人生岁月里,音乐实在太令我为之惊喜了,你估计都会以为它是上个礼拜才刚发明出来的东西。我彻头彻尾地痴迷于两部作品。一是斯特拉文斯基的歌剧《浪子的历程》(*Rake's Progress*)中安妮·特鲁洛夫的咏叹调《汤姆沉默不语》(*No word from Tom*)。我每晚临睡前都会坐在宿舍里听,后来就发展到要连续听上三四遍的地步。这功效几乎相当于喝下了三四杯浓缩咖啡:这首咏叹调蕴含的力量和曲目的架构庞大到使我无法入睡。上下起伏的乐句和英文音节重音的错误运用是如此稀奇,使得朱迪思·拉斯金(Judith Raskin)的演唱听起来几乎像是电音声。我学唱了这首曲子,也多次在试音时表演过,却好像从不曾成功。彼时,人们还不太熟悉这首作品,作为试音曲目似乎显得过长,而我也唱得不够好。那时的我还很难去区分我疯狂喜爱的作品与真正适合我嗓音演唱的作品。我误以为只有听起来难度很高的咏叹调才会在试音中让评委留下深刻的印象,但其实正确的思路应是如此:倘若一首曲子你唱起来驾轻就熟,也许恰恰意味着它正是一首很适合你的作品。不过话说回来,持续不断地挑战并拓展我的嗓音极限最终亦赋予了我必要的扎实技巧去承受日后职业生涯中的严峻考验。另一部令我浮想联翩的作品是由扬·德加塔尼灌录的乔治·克拉姆(George Crumb)的组曲《远古童声》(*Ancient Voices of Children*)。我对这部神秘而深邃的作品着了迷,其中《格拉纳达的每个午后》(Todas las tardes en Granada)——在马林巴琴的颤音和发声奇特的玩具钢琴的伴奏下,德加塔尼的歌声直接融入钢琴声产生共鸣,如两者之间的低声细语,接着下一刻她发出一声尖叫——一度成了我最喜爱的曲子。多年后,当我有幸跟随德加塔尼学习并有机会更好地认识她时,我对这部组曲和艺术家本人便更添了一分仰慕之情。

古典音乐并不是我在大学里唯一的兴趣。波茨坦让我爱上了爵士乐,至少曾几何时,我以为那会是我的人生走向。念大二时适逢大乐队(big band)招募歌手,我毫不犹豫地报名参加了试音。我母亲曾与埃斯特·萨特菲尔德(Esther Satterfield)一起教书,当时恰克·曼吉欧尼(Chuck Mangione)扎根于罗切斯特的乐队正当红,埃斯特就在乐队里担任独唱歌手。她那首甜美悦耳的《梦幻王国》(The Land of Make-Believe)一直都萦绕在我心间。我便在试音中唱了这首歌,把自己想象成比莉·荷莉戴(Billie Holiday),轻抚着银色怀旧麦克风,在耳后别上一朵栀子花。我不仅把《蓝调歌后》(*Lady Sings the Blues*)

的原声大碟听了无数遍,还对照钢琴/声乐谱学习了专辑里的每一首曲子。我被大乐队选中,于是很快进入了与爵士三重奏一周一会的演出常态。两年半的时间里,我们持续在每周日晚上演出,周周人气爆棚,受到了一大批观众的热烈追捧。

给爵士乐队唱歌是我在上课期间训练完气息、共鸣之后很理想的一种释放。与美声的不同之处在于,爵士乐教给我的是如何表演。爵士乐有高度的互动性这一点毋庸置疑,即便是同一首歌,每次实际呈现的演出也都会有所不同。唱爵士乐是帮助我消除恐惧的一个好办法——基于音乐的自发性,我必须持续果断地决定往哪个方向唱。它也教我克服拘谨,跟着直觉呈现出更洒脱的表演。作为主唱,我很快发现我的职责不仅仅包括唱歌,还得在曲目间隙跟观众们做些友善的暖场互动。我可以处理好那些叫人眩晕的高音和行云流水般的即兴旋律,可事实证明类似"大家今晚感觉如何?"这样简单的问候都太难为我了。贝斯手帕特·奥利里(Pat O'Leary)倾身向前,在我肩上狠拍了一记。"随便说点啥!"他低声道,"不然讲个笑话!"

讲笑话?从没有人在我的职责描述中提到过这一项!最令人抓狂的是每场演出你都得讲一个不同的笑话,这对我自言自语的暖场来说倒是给指点了个新方向。("今晚外面挺冷的吧,波茨坦的朋友们?")大家完全可以接受我每周唱相同的曲目,可即兴的独白用过一次就作废了。观众就好像是一个怕出丑的相亲对象,期待着我起头展开对话,所以我纯粹是因为有需要才这么做,而非在这方面有任何天赋。其实要俘获观众的心可以有很多不同的方式，但学习如何与他们交流也不失为一个不错的起点。

爵士乐亦是一个试验自己嗓音的绝佳机会。帕特来看过我几次，中场休息时她会对我说："你知道你刚刚有个音唱到了 D7 吗？"帕特拥有完美的音准，所以就连我自己都无意识的情况下她能知道我的音高在哪里。我能以爵士乐歌手的身份成功达到那些高音，主要是因为当时我对确切的高音位置没什么概念。我只是在即兴表演而已。麻烦的是我仍无法自如地控制那些女高音曲目里实际所需的高音。五线谱上，从 G5 到 C6 的一切对我来说还是有些困难。这些音我唱得不太稳，听起来仍尖锐刺耳。

有时我们会出去巡演。乐队里的男生都比我年长一些，也更有生活经验。拉里·哈姆（Larry Ham）教会了我如何煎出一个完美的鸡蛋饼；埃迪·奥诺夫斯基（Eddie Ornowski）开着他那辆有大红色真皮内座的古老的白色大凯迪拉克载我去乡间兜风，我们听着舒伯特的弦乐四重奏。这般青葱岁月多美好呵！

传奇萨克斯演奏家伊利诺斯·加奎特（Illinois Jacquet）来波茨坦教授大师班时，提出让我与他一同做巡回演出的建议。（我那首《你变了》〔You've Changed〕让他感动哭了。唉，单恋情歌倒成了我那会儿的强项。）这便是我的转折点——这个提议迫使我在成为一名歌剧演员还是一名爵士歌手之间做出决定。在内心深处，我自知我还太年轻、太害怕搬到纽约去了——纽约是彼时意欲闯一番事业的爵士乐手的不二之选。我从来都不是一个善于独立思考的人，我无法不征求别人的意见而自己决定晚餐要吃什么。爵士乐是自由意志的音乐，而我却依然倾向于服从。所以最终我还是选择了做自己在行的——一名学生。

在巴赫《B 小调弥撒》之后，我又演唱了亚伦·科普兰（Aaron Copland）唯一一部歌剧《温柔乡》（*The Tender Land*）中的劳里、古斯塔夫·霍尔斯特（Gustav Holst）的室内乐歌剧《流浪的学者》（*The Wandering Scholar*）中的主要角色以及吉尔伯特（William Schwenck Gilbert）和沙利文（Arthur Sullivan）的《伦敦塔狱卒》（*Yeomen of the Guard*）中的艾尔西·梅纳德。这些角色与我的爵士乐表演一同将我推到了真正的观众面前，而再不仅仅只唱给老师和同学们听。我在波茨坦选修的戏剧和舞蹈课亦对我帮助极大。假如当年我本科便去了伊斯曼或茱莉亚音乐学院，那我就没法学习戏剧了，因为彼时的音乐学院里各个系之间是没有交集的。直到后来，当歌手的演技开始备受赞赏并成为全能艺术家的必要条件时，这种情况才得以改变，可我的学生时代却早已成为过去式了。

我在波茨坦主修音乐教育专业。我的父母永远是实用主义者，他们坚持认为我大学毕业时若有一技傍身便可确保我能找到工作。他们丝毫不怀疑我作为一名歌手的实力，然而他们在音乐界工作了这么久，足以看到满大街都站着才华横溢却无法实现事业抱负的无奈的女高音们。的确,我伟大的梦想也许永远不会实现,基于这个可能性,我必须得考虑维持自己生活的问题。我只能说,我非常幸运能走到台前成为一名表演者——跟我在公立中学进行教学实践的那个学期相比,莫扎特带给我的磨难①实在太微不足道了。处于变声期、荷尔蒙爆棚的八年级学生至今仍被我视为自己面临过的最大挑战之一。一直以来,我尊重我父母赖以谋生的事业,甚至一度自以为理解他们的工作,但是直到我自己站到课堂上实践了一段时间后才意识到,公立学校的教学任务是如此艰巨。我弟弟泰德后来遵循家庭传统也成为了一名教师,我对他深表钦佩。

本科毕业的时候我很犹豫,我不愿离开帕特,然而她轻柔却坚定地把我推出了波茨坦这个温床。"走出去看看,接触不同的人,学习一些新事物。"她鼓励我说。我爱帕特,感恩她为我所做的一切,也试图提醒她确实有很多歌唱家在整个职业生涯里是仅仅跟随一位导师的。但她坚持认为是时候让我离开这儿了。在她的大力支持与鞭策之下,我来到伊斯曼攻读音乐硕士学位。

我在伊斯曼的第一次试音中又一次颠覆性地拿到了《唐·乔瓦尼》中采琳娜的角色,这让所有人都感到惊讶,尤其是我自己。这是我第一次真正的全本制作歌剧演出,我为终于能站上伊斯曼剧院的舞台感到万分激动,毕竟这里留给我太多成长的回忆。这是一部花

---

① 此处伏笔,后文会详述莫扎特的作品对芮妮歌唱事业的深远影响。

了很多心血的大制作,排练期间我和男中音搭档在街对面的基督教青年会(YMCA)一起疯狂健身,因为他得在剧中的一个舞蹈场景里把我抱起来。在之后的职业生涯里,我把《唐·乔瓦尼》中的三个女性角色都唱了个遍,而采琳娜自然是作为起点。她的咏叹调《亲爱的请听我说》(Vedrai carino)堪称歌剧艺术里的瑰宝。唐娜·安娜是三个角色里难度最高的,她有两个万众瞩目的场景,并以歌剧史上谱曲最伟大的一些宣叙调加以衬托。达·蓬特和莫扎特描绘了她对未婚夫奥塔维奥的矛盾心理,巧妙地暗示我们去猜测唐·乔瓦尼的入侵反而可能释放了她长久以来压抑的激情,随之而来的是她父亲被谋杀及其耻辱和悲恸的爆发。艾尔维拉这个角色见证了我倒霉的斯卡拉首秀,她喜怒无常,有点神经质,显然是跌进唐·乔瓦尼的致命诱惑里了。莫扎特的歌剧作品为我往后十年的演出剧目奠定了坚实的基础,最终我在多版不同的制作中总共演绎过九个莫扎特歌剧角色。《费加罗的婚礼》中的伯爵夫人成了我在多个艺术节与歌剧院首次亮相的角色:首先作为学生在阿斯本音乐节(Aspen Music Festival)上首次演出,接着是休斯敦、纽约的大都会歌剧院、巴黎、旧金山、布宜诺斯艾利斯的科隆剧院、美意两版斯波莱托艺术节(Spoleto Festival)和加拿大汉密尔顿,随后我又在格林德布恩、日内瓦和芝加哥相继演唱了这个角色。不管哪里需要一位伯爵夫人,我便是那个御用人选。1991年,莫扎特逝世二百周年纪念活动使我有幸在国际舞台上绽放光彩。坦白说,我会选择贝里奥、普契尼、柏辽兹或者斯特拉文斯基——除了莫扎特作品之外的任何曲目都成——作为我走向世界舞台的敲门砖。一方面我宁愿不选莫扎特的作品，因为那得担起清脆明亮、纯净完美的嗓音标准，然而另一方面回想起来我还真得感谢这些剧目，因为莫扎特的歌剧角色有助于保护我的嗓音。我必须在职业生涯的头十年，在唱好作品的同时小心地保护自己的嗓子，保持相对年轻的嗓音厚度与质感。换了其他作曲家的作品——比如要求质感饱满宽厚、富有戏剧张力的大号嗓音来撑起庞大厚重的器乐伴奏——大概现在就已经把我的嗓子消耗殆尽了，此时我可能会听到歌剧院传来这样的消息："非常感谢但是抱歉，你的声音晃得厉害，高音区远不如从前了。"这又是一次纯粹的机缘巧合，把我送到了莫扎特要求严苛却也安全保险的港湾里。

那时，伊斯曼的歌剧系由理查·帕尔曼（Richard Pearlman）导演执掌。我永远也忘不了那日他在玛丽亚·卡拉斯（Maria Callas）专题艺术课上播放那段唱片录音的情景。他俩曾经相识，而且他特别爱讲他曾在达拉斯的排练中试图为卡拉斯递上一杯热可可的故事。她婉拒道："我不喝，谢谢，亲爱的，巧克力会让我长粉刺的。"这个故事给我留下了极深刻的印象，并非因为卡拉斯就帕尔曼对她的敬意所给予的回应。这么多年过去后，你依然可以看到她对一名年轻导演产生的深远影响。班上的每个女高音都坐在那里思考、想象，到底会是什么样的情景？我们一边聆听她的歌声，帕尔曼一边告诉我们，她的嗓音很美，仿佛这是一个客观事实，而非一个有争议的观点。我第一次听卡拉斯的录音时——还应该加上伊丽莎白·施瓦茨科普夫（Elisabeth Schwarzkopf）——我并不明白为什么她们会被视为女高音的偶像、代表人物，在我听来她们甚至不算是技艺出众的歌唱家。卡拉斯的嗓音似乎缺乏吸引力——比如像被过度覆盖了的偏暗音色，尖锐的金属质感和高音区大量使用的颤音；施瓦茨科普夫的发声在我印象里不太平稳且有些异常，纵然她的嗓音十分美妙动听。然而对于那些不同寻常和陌生的东西，我们反而会建立起一种品位去欣赏它们。我们喜欢某些嗓音，可能恰恰因为它们存在瑕疵、异乎寻常，以及最重要的一点是辨识度极高，只消一个音符就能被听出来。经过长时间的聆听和思考这两位女高音的演唱，我也成了她们成千上万的粉丝中的一员，她们的歌声真正住进了我的心里。那时候说到嗓音瑕疵我可能会特别敏感，因为我正在努力想要消除我自己嗓音里存在的瑕疵。艾琳·奥格（Arleen Augér）曾向我在伊斯曼的一个导师约翰·马洛伊（John Maloy）表示，如果我能把我四处散落的技巧融合到一起，我会成为一名很棒的歌手。我有天赋并且肯下苦功，但我仍然处在学习如何唱歌的路途上，这意味着假如我想把唱歌作为事业，我需要解开嗓音里存在的大量"症结"。尽管我在伊斯曼获得了一些成功，但我也遭遇过惨痛的失败——最糟糕的一次是我头一回参加大都会歌剧院全国声乐大赛，这是一个旨在帮助有潜质的、发展前景良好的新人歌手进行职业规划的培训项目。

我的钢琴伴奏是我在伊斯曼的好朋友兼同学理查·巴多

（Richard Bado）。那时我一如既往学得很快，但这不是什么好天赋，反倒成天加剧我的拖延倾向。我在比赛前一周才去背了《魔笛》里帕米娜的咏叹调《我失去一切的幸福》（Ach，ich fühl's）。观众席里有我父母和我的几个朋友；代表大都会歌剧院从大老远飞来的评委们坐在正中间。我打扮得体，妆发精致，然而当我面对所有爱我的人、希望我成功的人和准备给予我机会的人时，我竟整个崩溃了——我指的是脑子里一片空白、拳头握得指关节都泛了白那种程度。我只能幻想自己立刻晕倒在舞台上或者立时三刻有个洞好让我钻下去。你说既然有那么多紧张的歌手一上了台都恨不得钻进一个不存在的洞里去，世界各地的音乐厅为何不干脆在地板上打个洞呢！《我失去一切的幸福》是一首相当直白而考验嗓音的咏叹调，大段都是在很安静的背景下演唱。那一直是我最害怕的：任何直白地展示声线的情况。并非花腔、装饰音、跳音、颤音或胸声——那些对我来说易如反掌。最可怕的是中声区的柔音，那叫我背脊发凉，直冒冷汗。我那时还没唱过几首需要如此直白展示声线的作品，所以天知道我当时是怎么想的，竟然在这么重要的场合选了这首曲子！我的喉咙紧绷，呼吸停顿了，时断时续的歌声里都能叫一辆卡车飞驰而过了吧。即便在这样的情况下，我仍注意到我的家人们低下了头，而在座所有人的表情都愈发尴尬。理查·巴多后来告诉我，他一度想在试音过程中站起来说："我们不比了。她可以发挥得比这好得多，我觉得我们应该下次再来。"

整个过程终于结束了，二十年的时间换来的竟是呆立在原地而喉咙像被老虎钳夹着似的发不出声，我第一次真切地感受到了危机的存在。我亦头一回去见了学校委任的治疗师，因为我越来越意识到我甚至根本不清楚自己到底来研究生院做什么。我向来只知道如何取悦他人、做正确的事、走对的路，从而通过别人的眼睛来认可自己。我太习惯于做好女孩这个角色了。有一次我为了看邦妮·瑞特（Bonnie Raitt）的演唱会而逃了一次歌剧彩排，可我全程因强烈的愧疚感而根本无法好好享受。我一向都是条完美的变色龙，可以变成任何跟我说话的人想让我成为的人，这里不仅仅指我的父母或老师，甚至在陌生人面前我都能如此表现。似乎那搞砸了的试音将这一切如一盆冷水劈头盖脸地向我浇了下来。于是，我开始真正有意识地了解我是谁，我想要什么。直到那个时候，音乐才第一次真正属于我自己，因为我开始以自己的目标为己任。这并不是什么惊人的蜕变，或许是很多年轻表演者也会经历的转变，但这标志着我真正成长的开端。约翰·马洛伊在我经历的整个过程中给了我很大的帮助和鼓励，他告诉我一切都会好起来的，我亦对他深信不疑。

我拼尽全力与恐惧抗争，从没想过停止努力。我的父母在我的血液里注入了永不放弃的遗传基因。承认失败然后改变主意去干别的是绝不可能出现在我们家里的。无论是出演话剧、学钢琴还是养马，我母亲的核心宗旨是放任你去做任何你想做的，但是绝对不能半途而废。

如今再回顾这件事，我知道其实那个危机的出现是不可避免的。假如它没有发生在那次甄选赛，一定还会有别的导火线。我渴望取悦他人的消极态度严重阻碍了我个人的进一步发展。我得放下身上的那些包袱，学会提问并研究出答案，从而继续前进。我终于发现，其实我真的很热爱音乐，尤其是唱歌，我喜欢学习关于歌唱的一切。是时候不再为别人的看法而自寻烦恼了。如此简单的一个概念对彼时的我来说竟是完全陌生的。

我的父母于1981年离异。1983年的冬天，母亲和她的新任丈夫乔治·亚历山大诞下了我的弟弟乔迪。母亲分娩时我在产房外等候，我在最后一分钟被喊进去一起见证了这历史性的一刻。我母亲在45岁时有了她第四个孩子！在那个瞬间我便知道，有一天我也会有自己的孩子。这个长着如天使般一头浅金色浓密鬈发的小宝贝如今的个头都赶上布林·特菲尔（Bryn Terfel）了，并且他目前也在学声乐。去年夏天他随我在伦敦待了一阵，正好体验看看歌剧世界的生活方式是否适合他。他有这方面的天赋，然而唯有时间和他对唱歌的强烈热情方可证实。

1983年夏天，我头一回去阿斯本音乐节演出并进修，之后我又在那儿度过了好几个夏天。那是我生命里一段美妙的时光，有蓝天白云、严谨的音乐家们和无尽的可能性。我每天都骑单车十一公里往返褐铃山。无论望向何处，那里四面八方皆是山明水秀的如画景致，实在美不胜收。经历了罗切斯特的寒冬之后，阿斯本的夏季简直是无法想象的天赐之礼，每年夏天我都迫不及待地收拾行李、带上自行车回到那里。我申请过许多夏季进修项目，但最后只有阿斯本音乐节和斯波莱托艺术节录取了我。我可是有一段被好多地方都拒绝过的"光荣史"，然而后来发现最终向我伸出橄榄枝的其实正是最适合我的地方。

我在阿斯本的夏日时光里有两年是跟随扬·德加塔尼学习的。首先，她是杰出音乐家的典范。她对音乐的热爱与对她自身艺术素养的感恩从她在几乎每一次的大师班上都感动到落泪中体现得淋漓尽致。作为学生的我们，每个人都感到自己像是被授予了一个秘密俱乐部的会员资格，一群人挤在她的客厅里为彼此唱歌，并小声讨论着歌词的复杂精妙以及力度变化与共鸣的运用。我还在音乐节上结识了埃德·伯克利（Ed Berkeley），他导演的作品是我迄今为止最好的戏剧体验之一——康拉德·苏萨（Conrad Susa）的歌剧《变形》（*Transformation*），剧本取材自安妮·塞克斯顿（Anne Sexton）的同名诗集，由我扮演塞克斯顿。我们一连花了好几天时间仅仅去阅读和分析她的诗作。第二年夏天，我被选中演唱《费加罗的婚礼》里的伯爵夫人，因而令音乐节总监豪尔赫·梅斯特（Jorge Mester）初次认识了我的嗓音。他建议我去茱莉亚音乐学院继续进修一个硕士项目，这将是我下一步的学习深造。这个职业如此令人兴奋的众多原因之一，便是你永远不知道谁会坐在观众席或站在乐池里，叫你的命运掌握在他的手中。

# 第三章　初出茅庐

当年茱莉亚歌剧系的系主任是艾丽卡·加斯泰利（Erica Gastelli），她是一位极其优雅的意大利女士，任何时候都看起来完美得体，而且时髦得毫不费力。每次想到她时，我脑海里就会浮现她颈间佩戴的漂亮的项链，那是用大块金黄色琥珀制成的。后来，我成为歌手赚了些钱之后做的第一件事便是给自己也买了一条琥珀项链。把他人显著的气质融入我们自己的个性特点，这往往就是我们拼凑自己生活的方式吧。无论是艾丽卡·加斯泰利的衣品风格、伊丽莎白·施瓦茨科普夫得天独厚的语言天分，还是贝弗莉·西尔斯（Beverly Sills）的公众亲和力，我都认真地研习了这些我所倾慕的特质，并尽我所能去效仿她们。过去我和同系的其他学生们时常模仿艾丽卡浓重的意大利口音，模仿她批评我们的发型或是着装的模样，先是摇摇手指："喔，芮妮。"然后来一句："你怎么穿了条那~么~糟~糕的裙子？"

我一从阿斯本回到父母家便接到了艾丽卡打来的电话，她说："你被茱莉亚录取了，我们想让你在《艺术家的生涯》里演唱穆赛塔。"她说话的声音非常低沉且相当正式——即使隔着电话都能叫你站得更直，而且这样一个声音通常需要你格外庄重的回应。但在这一刻我哪儿还顾得上庄重！我感觉自己好像被一台大炮弹射了出去似的，简直要放飞自我了！我扔了电话，尖叫着满屋子地跑，大声喊道："茱莉亚！茱莉亚！"我母亲、泰德和雷切尔都在家，他们也跟着欢呼了起来。疯了，疯了，大家都疯了！诸如此类的重大来电喜讯在我往后的人生中还出现过三四次，景象一如这般疯狂。当我终于反应过来自己刚才的失礼后，我蹑手蹑脚地回到厨房，从地上拿起电话，坚信如果艾丽卡还在线，她会告诉我茱莉亚已经改变了主意。她不会因此感到好笑；然而后来我才发现，原来她根本没有笑点。

茱莉亚有一个研究生培训项目，彼时叫作美国歌剧中心（American Opera Center）。被这个项目录取对我而言在诸多方面都是一个天大的恩赐，课程免费是其中最重要的一点。在这两年半的时间里，我可以旁听任何语言课、学习声乐、演出歌剧，并接受音乐和发音吐字上的指导训练。我唯一需要支付的是我的食宿费用，否则我绝对负担不起生活在曼哈顿的同时还得支付一大笔课程的费用。在那样的情况下，偶尔能应付几堂声乐课已算万幸，顶多再加些辅导训练，但这些丝毫比不上我将通过这个项目学到的那么多。在我面前还有一条很长、很长的路。

我父亲在见证了我失败的大都会歌剧院全国声乐大赛以及随之而来的那段大起大落的心理成长期之后并不想让我搬去纽约。他告诫我说："你会被逼跳桥的。"他担心生活在那个城市的压力会击垮我，但我喜爱纽约。我在洛克菲勒中心的一家律师事务所里找到了一份临时工作，和一群歌剧演员一起被分配到一桩庞大的石棉案——那是一桩后来我祖父都得以从中受益的案件。这个案子上有该公司受过良好教育、诚信可靠的员工，因此我们几乎可以完全根据自己的日程灵活地安排放在案子上的工作时间。之前打临工的经验已让我学到了优秀的秘书工作技能和盲打技能，这可能得益于我学习钢琴多年而练就的眼手协调性。这项工作使我能够充分利用起茱莉亚所提供的一切。我还在纽约市的教堂里唱歌来增加收入，这些教堂通常雇一些学生来增补他们的业余合唱队伍。

豪尔赫·梅斯特在我将出演的那版《艺术家的生涯》中担任指挥，而导演则是最近才退隐舞台的女高音歌唱家格拉齐耶拉·舒蒂（Graziella Sciutti）。穆赛塔本是她的拿手好戏，而我彼时依然贴着"乖乖女"的标签，演过的都只是同一类型的角色。我的极度内敛使我无法放开自己去展现穆赛塔应有的魅惑与卖弄风情的特质。最终舒蒂投降了，她无可奈何地说："我真不知道该拿这姑娘怎么办才好！"这时我最喜欢的声乐教练乌巴尔多·加尔迪尼（Ubaldo

Gardini）正好加入了剧组。我与乌巴尔多一工作起来便会花上数个小时。"你为什么要在那个音符上猛使劲呢？"我在《美好的时光飘然无影》（Dove Sono）中过度用力地挤出 A6 时他会这么跟我抱怨。他还给我提了一些至今我仍旧在遵循的建议："你得对着镜子唱。如果你看起来很滑稽，那肯定是方法不对。"他跟舒蒂一样对我这个穆赛塔灰心丧气，万般无奈之下他终于命令道："你摆摆臀在舞台上走一圈得了。"即便是这样我都做不到释放自己。穆赛塔自然是个出了名的风骚女子，而我是来自北部出了名的害羞姑娘。即使我学会了穆赛塔的说话方式，可一到她举手投足的姿态我便绝望了。尽管如此，我有信心一旦自己穿上戏服，一切都会好的。彼时，只有在我"看起来"像穆赛塔时，我才能变成穆赛塔。我必须先经过装扮之后才能在舞台上成为某个角色。所幸如今我已经克服了这个障碍。学会迅速进入角色是这个职业必要的一部分。我近期的歌剧排练里，谋杀、强奸、抽泣和复仇往往只是一杯咖啡的间隔。我们不得不悉数接受并全情投入，拥抱歌剧里的戏剧性与变化万千的情绪表达。

扮演穆赛塔还只是扭扭屁股、扇扇迷人的睫毛，这跟我在茱莉亚的下一版制作——吉安·卡洛·梅诺蒂（Gian Carlo Menotti）的《塔穆-塔穆》（Tamu-Tamu）中将要面对的挑战相比，自然就显得微不足道了。那么问题来了——我是否能做到在台上裸露上身。《塔穆-塔穆》的开场展现了一个中产阶级家庭读着报纸并谈论一个他们前所未闻的第三世界国家有多悲惨的情景。门外传来敲门声，他

们在报纸上读到的人顷刻之间全站在了家门前,他们穿着草裙,等等。我扮演缺乏见识的母亲,某一时刻我得跟其中的一个女孩交换戏服,她的珠串饰物和满头长发能充分覆盖她的上身,可这意味着我得袒胸露背。这得多尴尬、多丢脸啊!我的声乐老师走进茱莉亚新任校长约瑟夫·波利西(Joseph Polisi)的办公室做了如下声明:"我的学生在任何情况下都不可以被迫裸露出镜。一定有别的解决办法!"最后我穿了一件裸色连体衣,上面装饰性地画了乳头。谁能猜到其实真正的乳头在剧场里根本看不出来,而画上去的那个反倒看起来更真实呢?

我在茱莉亚的回忆大致可以分为两方面:一是课程、我出演的剧作、我交到的朋友,以及我心爱的外语发音教练汤姆·格拉布(Tom Grubb)、科拉蒂娜·卡波雷洛(Corradina Caporello)和凯瑟琳·拉布夫(Kathryn LaBouff);另一方面是我与贝弗莉·约翰逊(Beverley Johnson)的师生情。毫无疑问我得感谢茱莉亚提供了这个平台让我有机会跟她学习,但贝弗莉对我的影响远远超过了任何一所学校的任何一个老师,她是我生命中的一股力量,以至于每当我想起她时,我不会把她归为茱莉亚的一部分,她纯粹已成为了我生命里的一部分。

所有就读于茱莉亚的学生都得找一个声乐导师,而且彼时我们只被允许跟学校编制内的教师学习。贝弗莉同时在茱莉亚和阿斯本音乐节任教，于是我便去向她征询请教。聊了不到五分钟她便让我躺在地上做仰卧起坐，同时叮嘱了我几个声乐上的问题。行了，就是她了。我正想寻求之前帕特里夏·密斯林那种细致入微的指导，嗨，原来就在贝弗莉家起居室的地毯上。

贝弗莉的长相极为独特，她有个很长的下巴，在我认识她的这些年里她一直试图把它藏起来。在我认识她不久后，她决定从此不再照相。她是一位身段苗条、仪态完美的女士。如果从背后看，你大概会猜她 25 岁，可事实上她都不下 80 岁了吧。要把下巴藏起来是没多大可能了，但她的确完美地隐藏了她的年龄。

我开始跟随贝弗莉学习的时候她并不是一个人人争抢的导师。随着时间的推移，老师们通常也会经历跌宕起伏，而多年的教学经历让贝弗莉早已经习惯了学生们从争先恐后地抢着跟她上课到把她排在理想教师名单最末，之后又再回到人气极高的状态，一名教师的职业生涯中会有两三次这样的轮回。我恰巧赶上了贝弗莉的"过气期"，这对我来说极为有利，因为她会有更多空余时间给予我指导。

虽然贝弗莉曾学习过声乐，但她最后受训成为了一名钢琴师。她的丈夫哈迪斯蒂·约翰逊（Hardesty Johnson）曾是一名歌唱家，亦是他先受聘于茱莉亚，而贝弗莉最终在 1964 年也加入了教师编制。有趣的是，作为一名乐器演奏者，她将嗓音进行了学识化的处理，对声乐的研究甚至可能远甚于一名歌手，因而使她成为了一名业务过硬的技巧老师。

我还存在着一些技术上的问题有待解决,而她技巧导向性极强,且十分注重生理机能上的改变,所以我们俩一拍即合。不论是仰卧起坐、她的气息训练还是我们相互沟通的方式,这一切几乎就像打开一个保险柜、听到密码锁环环相扣"咔咔"嵌入了正确的顺序一般。之后我与贝弗莉一直维持了 16 年的师生关系,可以肯定地说,她在我歌唱事业上的付出比任何人都多。

当然,贝弗莉并不是唯一一个如此要求学生做那些看上去十分奇怪的事情的声乐老师。在某次大师课上,我得面对观众躺在地上唱歌。另一位老师又让我靠在墙上、靠在钢琴边,还让我一边弯下腰令双手触碰地面一边唱歌。老师们几乎会想尽一切办法敦促你缓解身体某些部位的紧绷感,并同时保持其余部位的力量和活力。这是一个从技术上来说很复杂,而且很难在生理上和心理上同时实现的协调过程,要求从一切可利用的资源里获取必要因素并加以适当的配置。贝弗莉曾说过,紧绷的上嘴唇可能会毁掉你这一整天的嗓音,如此这般的关联你之前可能根本想不到。在我唱歌的时候,她会指示我用手指压下我的上嘴唇,忽然间声音就释放出来了!这看上去有点儿不可思议,但我确实听出了差异。我们的身体上有太多不同部位的肌肉会影响发声,几乎不可能在脑子里去一一检验,更不可能去加以控制,因为它们中的大部分都是不随意肌。

贝弗莉在钢琴边上的一大堆乐谱中总保留着一本已有些年岁的《格雷氏解剖学》。她总是会把它翻出来解释一些关于嗓子机能上的问题。她会翻到画有咽喉、会厌、硬腭和软腭、用于呼吸的腔体和横膈膜的那页，敲敲手指说："看到了吗？"

我们得处理的一个首要问题在于我对气息和支持原理的理解要做细微的调整。谈到呼吸，我首先得把它分为三个部分：学习有效地利用肺部和身体的空间以获得最佳的吸气方式；控制气息释放的最佳方式；用气息支持嗓音的最佳方式。解锁在一次吸气中摄入最大空气量的技能关键是一个关于扩张和释放紧绷感的过程。倘若要求一名非歌手大口地吸气，他通常会抬起肩膀和胸膛，向内拉动腹部的肌肉，脸涨得通红，颈部肌肉僵硬——这可不是一个传递美妙歌声的推荐姿势。相反，一名歌手会学着尽可能不使劲地向外舒展腹壁和后腰肌，让横膈膜自然地往下放，使肺部得到最大程度的扩张。这个过程的关键是舒展肋间肌，也就是连接肋骨的肌肉；舒展肋间肌能使肋骨向外并微微向上扩张。胸口也会随之往上抬起，但肩膀和脖子依然是放松的。实践这一连串动作的时候应尽可能避免任何身体上的紧绷状态。舒展，扩张，把你的躯体想象成一个圆桶，想象从低沉的呼吸开始，放松你的后颈，在鼻子和嘴巴里留出空间，不要吸入空气，也不要紧绷着鼻子和嘴巴——诸如此类的指导开始帮助我锻炼并增加肺活量。

其次，控制气息能有效地使用任何既定乐句所需的精确的气息量，无论是一句需要坚持良久的长句还是一瞬间短小而强有力的爆发。与人们的惯常印象恰恰相反，唱低音比高音需要更多的空气。

低沉语句的振动频率较慢，因此其间会比高音 C 的高频振动有更多的空气通过声带溢出。试想一下口哨吹出不同音高的感觉，抑或对着尺寸不一的瓶子吹气发出的高低音。在一个相对更高的音高上空气流动会更加集中。一名歌手若想要锻炼出游泳选手深沉而持久的呼吸则需要时间和成熟的生理机能；跟理查·施特劳斯那些漫长的段落交战实际上真的有点儿像是身处水下。

气息支持作为第三个必要条件，是歌手呼吸技巧中最复杂亦最有争议的部分。这是贝弗莉赋予我的声乐版图中最重要的部分之一。在支持嗓音发声的最佳方式上从来都没有统一的答案，但正因为有这样的支持才能让歌手应付那"端庄文雅的尖叫"三个小时而不对自己造成疼痛和伤害。当一名歌手适当地用她的身体和气息来支持歌声时，她便完全解除了喉咙的压力。我的耳鼻喉医生大卫·斯拉维特对我们能一连唱几小时不停歇这一事实感到万分不可思议——这难道不是个满地溅血、代价惨重的技艺吗——然而第二天我们又带着宛若新生的声带到来，而并未有任何发红、肿胀或拉伤的迹象。这对体育迷们来说多半是不可能的了，对着球场尖叫、呐喊了整场比赛后他们不是声音嘶哑便是全然失声。舞台剧演员如我们一般亦得学习声音支持，否则他们哪里承受得起一周八场演出的高强度，尽管越来越多的剧场演出，甚至包括戏剧，都会运用扩音设备而降低了这种技能的必要性。纵然如此，歌手们仍在两场演出之间拥有时间间隔，因为我们如大力神般"为声音举重"也是需要休息的，正如举重运动员永远不会跟田径运动员用同一种方式训练一样。然而相当有趣的一个现象在于相对厚重的嗓音会需要更多休息。像我这样并不经常进行"极端化演唱"的抒情嗓倒是十分得益于每日的常规训练,核心目标则是练就声音的灵活性。

如何支持气息,三言两语解释起来相对容易,可真正实践起来却是个艰难的协调过程。当我以最佳吸气方式深吸了一口气时,我的腹壁打开、外扩,同时尽可能地让其余部分的躯体舒展扩张,而为了避免令这些肌肉再次松懈,我会进行抵抗。"抵抗"是关键词:如果我继续往外推,我会失去与气息的联结,还会导致喉部的紧张和僵硬;如果我让这一切迅速瓦解,我的声音不仅会变为气声,甚至都不会有足够的气去完成一个简短的乐句。这个方法的另一个关键点在于保持肋间肌向外舒展扩张以及避免胸腔泄气。我是观察了其他歌唱家而学会的这一技巧,漫画里的歌剧演员常被描绘成鸡胸状不是没有道理的。当我在舒服的状态下唱歌时,其实我可以想象是我的躯体和气息承包了所有的工作,而我的喉咙是完全放松的。多年的实践与实验令我收获了这个最佳组合状态,亦令我得以演唱我生来并不擅长的那些高音域作品。

在我试图了解自己的身体运作原理的同时,还得学习音乐,还要苦心构建起艺术诠释的整体概念。如同大部分歌手一样,这个过程对我来说需要大量的时间、精力和实践。当然,时而会出现超然天赋与生俱来的人——25岁刚开始张嘴学唱便奇迹般地浑然天成。但即便是世界上最伟大的天才也需要学习如何维护和关爱他的这件乐器。由此说来，嗓音就好比遗产：不管继承到多大一笔，你仍旧得想办法让它一直足够维持生活而非一夜挥霍殆尽。任何东西都会有出故障的一天，如果歌手不懂如何修复，那将很快不幸毁在半途。

我终于接受了这样一个事实：唱歌只需要花十分钟来解释，却需要十年的时间去打磨完善。我从高中便开始了所有的这些努力。每个老师对同样概念的不同阐述都引领我走得更远；很多时候我对这些概念的理解是我自己的经验或探索的结果，而有时候仅仅是运气而已。学习唱歌多半不是一个直线的过程，在将它完全掌握之前跟在重重迷雾中行走别无二致。

大多数歌手都像我一样，从每个小小的音符、每一块积木开始拼凑搭建，仿佛嗓音是一块块小彩砖，一点一点地镶嵌，最后拼成一幅叫人惊叹的马赛克画。这又得说回自己的声乐版图。由于我并非天赋异禀，所以我必须对自己的嗓子如何运作有一个非常周全的理解，对其长处和短板进行清晰的评估。无论状态如何，我都得建立起一套扎实的演唱技巧。人说一年中大概有七天是适合唱歌的自然好状态——但估计那些天你是不会有演出任务的。我们必须学习的是如何在其余的那些日子里唱好歌。

在茱莉亚的第二年伊始我得做一个选择：要么继续待在这儿跟贝弗莉学习，并于下一年在古诺的《米雷叶》(*Mireille*) 里担任主角，或者我可以接受富布莱特①奖学金去德国法兰克福进修。我一直是各大试音机会最虔诚的信徒。我早已认识到自己申请的大部分机会永远都不会属于我，所以我向来认为最好还是争取一下所有可能的机会，然后再决定如果我被录取了该怎么选。于是一旦有补助金、比赛、奖学金的机会，我就去申请试试看。对我来说，这就是那些我"应该做的事情"。我应该这么做，我应该尝试一下，"应该"是我一贯的人生信条，申请富布莱特计划便是"应该"的一部分。

我之前在伊斯曼的导师约翰·马洛伊这一年正好在富布莱特的评审小组上，他极力鼓励我接受这笔奖学金。可同时贝弗莉的态度也很坚决，她认为我应该留下来继续跟她学习，她几乎如母亲般地劝诫，说我和我的嗓音还没有准备好迎接这个更广阔的世界。通常歌手是很难申请到富布莱特奖学金的。虽然我宁愿去法国或意大利，但德国是接纳最多声乐学者的地方。而且我将有机会在德国跟艾琳·奥格学习，我们在阿斯本结识之时我非常喜欢她，而且意外地她竟应允了我这个学生。

为了帮助我做决定，我开始四处征求大家的意见，这大概是个我这辈子都改不掉的习惯吧。让别人参与我做决定的过程就跟让他们在演出前替我分忧是一个道理。扬·德加塔尼劝我说这么难得的好

---

① 富布莱特（Fulbright）计划是一项由美国政府资助的享誉世界的国际教育交流计划，根据时任美国参议员 J.威廉·富布莱特（民主党，阿肯色州）的提案于 1946 年设立。

机会不去可就太蠢了,她很遗憾自己从没有学过第二门外语。我和父母、朋友们以及男朋友相继探讨了这个事情。我汇总了大家的看法后做出了自己的决定。假设到最后每个人都让我留下来,我想我还是会走的。讽刺的是其实我格外坚持于自己的判断,当问题涉及我的事业时,我一方面热切盼望大家对我应该做什么给出建议,但同时依旧注意聆听自己内心的声音。这种直觉再加上天生的坚韧一如既往地为我的职业生涯奠基领航。

我跟大家一一吻别后上了飞机,自信做出了正确的选择,可飞机起飞的那一刻我便自觉这下尴尬了。天啊,我做了什么?我这是疯了吗?我很害羞,我讨厌独处,我也不会说德语。还好飞机是不掉头的,因为那个瞬间我深信我真正该做的是打道回府然后找份安稳的秘书工作。

我到达法兰克福后第一时间就去找了艾琳。之前她在阿斯本已经给我打过预防针了:"你过来没问题,但我真的不会有很多时间能帮你,我正处于事业的上升期。"她不久前在安德鲁王子和莎拉·弗格森的婚礼上献唱,然后就忽然在美国成了大明星。不过,她答应我说:"今年我可能会来这儿六趟,到时候再给你安排上课时间。"由于我乐意得到任何程度的指导,所以我告诉她,我对她的安排毫无异议。

在我俩的课上,艾琳把嗓音与酒店楼层相类比,每种声调都占得一层。我的任务是为每种声调找到最佳的空间、地点和位置。她完全清楚自己在说什么，她对声乐有着条理清晰的见解。艾琳的唱功比我听过的任何人都要好。她一生共留下了 150 套录音，并且都是几近完美的作品。特别是她在《后宫诱逃》( *Die Entführung aus dem Serail* ) 中演绎的康斯坦茨简直神乎其技。

艾琳关于酒店楼层的类比帮助我有意识地令自己的音域连接更顺畅。对于想要构建一个歌剧音域的歌手来说，首要任务之一便是营造平滑的过渡区或者换声点 ( break )。换声点指的是声区的过渡，最好的例子便是令老汉克·威廉姆斯 ( Hank Williams Sr. ) 成为传奇的那种又高又寂寥的约德尔唱法 ( yodeling )。约德尔唱法在高低音之间可以听见明显的换声点，虽然它在牧羊人和乡村音乐偶像身上显得很迷人，但它能仅凭一首咏叹调就毁掉一个歌剧演员。尽管我们的换声点不太听得出来，但这并不意味着它们不存在。老师要做的是扩展歌手的音域，把各个声区无缝连接起来，从而形成平稳顺畅、上下统一的音色。我们用 passaggio（意大利语中作"通道"解）这个词来描述歌声中的两个过渡点。而歌手得确保混声区这个"通道"平滑、无缝。不同于流行歌手，一名美声歌手需要在一个半到三个八度的音域转换中保持音色统一，并确保观众听不到任何的换声点。音色不但得统一、流畅，还要漂亮，这又是大多数流行歌手无须担忧的一点。在歌剧中，发声必须听起来轻松不费力，而这正是歌手面临的挑战所在。

我会把嗓音想象成一个沙漏。底部较为宽厚，音色偏暗且更深沉。当我往上经过混声区到达五线谱顶端的降 E 和升 F 的乐音区间时，我必须想象一个狭窄的声音，就像沙漏的中段。混声区这个通道细长而集中，切忌向其施压或增重，正如你不会往沙漏的玻璃纤腰上增加重量一样。当声音移动到沙漏的顶端便再一次华丽绽放。音色变得更温暖、圆润、宽广。每个人的嗓音都各不相同，许多歌手可能会把他们的嗓子想成一根直上直下的柱子，但我个人认为嗓音的界定特征是弧状的，是混声区。

有很多歌手正是跌入混声区这个陷阱而吃了亏。他们试图把中音区的全部重担通过肌肉往上传，或者把头声带下来，导致低音区的疲软无力。歌手们可能基于青春、实力与热情侥幸治了标，而十年后才发现，曾经微不足道的一个小问题因未能治本竟然终结了他们的职业生涯。胸声和中音之间的低声区转换对于女歌手而言是最成问题的，尤其是女中音。当我们说一名歌手有两三种声音时，通常问题在于她令声区的过渡变成了唐突的换挡，这对于表达凸显戏剧性的重音或对于老汉克·威廉姆斯来讲毫无问题，但并不建议一个受美声训练的嗓子如此养成了习惯。

艾琳不管是身为歌唱家的专业抑或她的个人品行都叫我十分钦佩、仰慕。她品德高尚，一向很清楚自己在每个问题上的立场。在我俩的课程初期她便明确地对我说："我会尽我所能地教你，但我不会在事业上给你帮助，因为说真的，长江后浪推前浪，你们这些年轻歌手追得实在太紧了。职业问题你得自己搞定。"

换了其他任何人讲出这样的话都可能会令人反感,但艾琳把它单纯地作为事实来陈述,清楚地说明了她能提供什么样的帮助以及什么是她爱莫能助的。我很欣赏如此坦诚的态度,因为这意味着我俩的课程限于纯粹学习这个艺术形式,至少我和她在一起的时候,我可以把职业上的相关事务放在一边。当然其实艾琳的确也在事业上帮了我——她不仅改善了我的嗓音,而且我还能在履历上将她列为主要导师之一。

同年,我在德国与一位我从未跟其学习,甚至都未曾谋面的女士——加拿大女高音歌唱家伊迪丝·维恩斯(Edith Wiens)之间却有一段完全相反的经历。她在德国的音乐会事业如日中天,彼时她在布里顿的《战争安魂曲》(*War Requiem*)中担任女高音独唱,恰是某次彩排让我有幸结识了她。观众席里人不多,我在前排挑了个座位坐下。我非常非常喜爱这个作品,所以大概在整个排练过程中我都目不转睛,看得津津有味。彩排结束后,她走到我面前问道:"请问你是?"待我做了自我介绍后她便对我说:"我喜欢你的面相,我喜欢你在彩排中给到我的反应。我能怎么帮你呀?"她坐下来,给我这个完全陌生的人写下了德国所有大牌经纪人的名字。她相当于给我上了两小时商务课,告诉我成为一名歌手该如何着手、从哪里起步。我在不同的两个人身上恰好获得了自己所需要的两方面信息,从而拼成一个互补的整体,这种感觉奇特却又幸运。

我来德国前只会说一点儿以前在学校里学的法语，这当然不怎么管用。趁着声乐课程开学前，我在莱茵河畔的歌德学院报了一个月的德语强化班。我独自从机场乘了火车，拖着两个装了我一整年家当的大行李箱搬进事先租好的屋子，屋子的主人是一对和善的退休夫妇。我在村子里随意闲逛，立即就被一个会说一点英语的好客的当地人认出是美国人并邀请我去喝杯咖啡。我差点被第一口气泡水呛到，我们聊了一阵后他便离开了，我正想伸手拿个圆面包吃，却差点儿被服务员打手。我感觉自己像桃乐茜①似的，肚子饿扁了走在黄砖路上，想要摘个苹果吃却被苹果树厉声训斥了一顿。不用说，我完全没意识到原来她在告诉我说这里可不像在美国，餐厅里的面包是要给钱的。我匆匆奔回自己的屋子，一直待到第二天早晨出去上课。

　　说起来我还挺享受那个语言强化课的，既因课程本身，也因国际学生团体的激励。毕业前一天，老师把我拉到一旁说若是我的歌唱生涯不顺利，我可以考虑去当个语言学家。于是，凭借自以为在德语方面的这点程度，我在音乐课程开始前被安排与法兰克福的一户人家住了一个月。过了第一个下午之后我便想：好吧，这就是一场噩梦。我完全听不懂他们说的任何话——一个词也听不懂。而且舒尔茨一家也没有要照顾我一下的意思，比如说得慢一点儿或者用词简

---

①　桃乐茜（Dorothy）：《绿野仙踪》中的女主人公。

单一点儿。他们只顾过他们的生活——教我如何编织、采摘食用菌、点亮圣诞树上的真蜡烛，也讨论艺术和科技——以及用一种好像我能跟得上一样的方式说话。然而最终我的确做到了。在这样的语言环境中熏陶了一整年之后，我学会了一口相对流利的德语，而且随着时间的推移不断地在提高。之后我每次回到德国，人们都会对我说："我真不敢相信你的德语进步了这么多！"而我认为一旦打好了基础，神经元就能持续运作。这些年来不管我是否坚持使用外语，我的语言能力也一直在提高，正如在音乐上，我同样能无意识地拥有这般能力。我以往学过的角色即使不复习、不演唱，甚至不用在几场演出的间隙去思考也一样会随时间的推移让我演绎得更深刻、更富有层次。音乐如同德语或法语一样亦是一门语言，这叫我更加学得着迷。

我离开新朋友舒尔茨一家之后搬进了宿舍，那是一栋高层学生公寓。我在那里住一个小房间，并和其他学生共用一个卫生间和厨房。我在音乐学院结识了一位名叫海伦·约克（Helen Yorke）的英国钢琴手。我俩都格外欣慰在开学第一天就找到了一个可以交流倾诉的人。我和海伦在一起总是笑声不断。我们去听音乐会、去咖啡馆，无止境地谈论音乐、家乡和未来，总之用英语交流的感觉实在太棒了。后来我有很多场独唱音乐会都是海伦给我伴奏的。

我申请了法兰克福音乐学院的歌剧系，但是被拒绝了。一如我生命中遭遇的众多十字路口，事实证明，塞翁失马，焉知非福。优秀的歌剧指导在美国很容易找到，我获得的却是更难得、更有价值的学习经历:用一整年专门跟随哈特穆特·霍尔①研习德语艺术歌曲。在我心里他是一位音乐天才,他对沃尔夫、韦伯恩和舒伯特歌曲的非一般解读和诠释启发着我们,而如今我亦很荣幸有机会与他同台演出。我和海伦会在他时间允许的情况下尽可能地向他求教。虽然这不是一种适合所有人的风格,但我喜欢他解剖每一个音符的方式。许多学生面对他的教学方法可能会犹豫说:"我不太想按你说的这种方式来唱。我对这个乐句有不同的看法,只要给我一个框架就行了,我会揣摩出我自己的版本。"我则是先以他的处理作为模版,多年后才形成了我自己的解读。

回顾我在德国的每个转角处似乎都有一个千载难逢的机会等待着我。同年我还跟雷纳·霍夫曼(Rainer Hoffmann)学习了艺术歌曲,梳理汇集了不胜枚举的艺术歌曲曲目合集,简直堪称隐秘的音乐宝藏。他还向我介绍了舒伯特的《紫罗兰》(Viola),这部作品为我后来的舒伯特专辑和我与克里斯托夫·艾森巴赫(Christoph Eschenbach)在萨尔茨堡的独唱音乐会首秀奠定了重要的基础。想象一下整整一年纵情徜徉于帕特灌输给我的对于文学探索的向往之中。有了学生证,我只需花三四美元就能每周去三趟歌剧院,大量吸取新的剧目知识,汲取方方面面的文化养分。法兰克福歌剧院由指

① 哈特穆特·霍尔(Hartmut Höll, 1952— ):德国著名钢琴家、音乐教授及声乐艺术指导。

挥家迈克尔·吉伦（Michael Gielen）时任音乐总监，他格外鼓励真正走在尖端前沿的戏剧作品。露丝·贝格豪斯（Ruth Berghaus）执导的作品在那里相当有名，比如在《阿依达》（Aida）中，女主人公被描绘成在当代古文物博物馆里工作的一名现代清洁女工。观众们会在演出结束时发出尖叫，无论是嘘声还是喝彩声，争斗随时会爆发——并贯穿整场歌剧！那可真是惊心动魄。我最喜爱的歌剧是施特劳斯的《随想曲》（Capriccio）。哪怕一句话都听不懂，我仍会坐着看完整部歌剧，只为了摄人心魂的最后一幕。我对何为一场成功歌剧演出的品位便是那一年建立起来的。我意识到我想要充分信服剧中的角色和故事情节，我想要被感动。声乐的短板在于它常常容易让人出戏，譬如咪咪或伯爵夫人"天后"般的演唱叫我无法忘记表演者而融入角色中去。看完演出后，我骑上自行车回宿舍，自言自语地哼着刚才的乐句，梦想有一天能与那晚呈现了精彩演出的艺术家们同台献艺。

那阵子我在专业上成长迅速，但在个人生活上就有点悲催了。我花了六个月的时间终于充分适应了这个语言环境，可以与其他学生沟通并开始社交了。幸亏艾琳在我安顿好后不久就约了我，她说："这里的一切都是以高人一等的某种形式为基础的，如果你适应了这一点，人们并不会觉得被冒犯了。没有人会生气，也没有人会怀恨在心，而自信的决断是深受尊重的。"这至少在某种程度上给了我一个基本概念，提醒自己去习惯这个国度截然不同的文化。那年年底迎来了我最伟大的个人壮举，便是有人在自动贩卖机前插队而我懂得反击说："是我先来的。"用外语来做这些可谓是双重挑战。德国很好地给我上了一课，因为尽管大家常常看起来争强好胜、有侵略性，但通常对事不对人。一旦我了解到这种态度背后不夹杂任何私人感情，那一天天过得就不同了。我亦学习着真诚地感谢同学们的直率。如果我某天状态不佳，他们会直接对我说："你今天听起来很糟糕。"而在茱莉亚，如此直言不讳大概是在做梦，只有当我离开后他们才会在走廊上小声议论。若总能清楚你自己的位置其实是一件欣慰的事。身处德国的日子，每一分钟、每一个音符间我都知道自己站在什么位置。

我从来不确定感情细腻到底是一种负担还是一份礼物。我时常被一些音乐作品打动而流泪，同时我亦能将同等的情感投入自己的演唱中去。然而在另一方面，小时候我会因为自己照顾的一窝小兔子死去而感到崩溃。当一个男孩在初中派对上朝我吞云吐雾，我便以为自己要即刻晕倒被担架抬出去了。在德国发生的几件事更让我感到震惊与不安。一是在我宿舍走廊上看到的一张伊朗政治抗议海报，上面描绘的是一个被肢解了的人。多年后我在看电影《情欲色香味》(*The Cook, the Thief, His Wife and Her Lover*)时也有类似的体验。虽然我相信极端情绪是对极端残忍的合理回应，但我知道面对人生我必须使自己变得强大，保持内心深处某块脆弱的同时让自己更厚脸皮地对待生活。我的喜怒哀乐常溢于言表，这点得改进一下。对我来说,这跟学习如何顺畅地贯穿整个音域一样是一个需要亲身实践的过程。

当然,在某些情况下几乎任何人都会因太过紧张而颤抖得跟一碗果冻似的。

假如有人在我参加伊丽莎白·施瓦茨科普夫的大师班之前询问我对她的感受,我会说跟她学习一周便足以成为我在德国待一年的理由。而如今我已视她为偶像,她第一天走进教室,在两分钟内熟练地用三种语言分别跟三个学生交流的情景更强化了我对她的这些感受。那给人留下了强有力的第一印象。即使是她刚进门的那一刹那,我已自知她身上拥有我想成为的一切:有智慧、有魅力、有主见。她便是那种一出现便吸引全场目光的人。每个人都想要取悦她。

我们每天都有两个长时间的讲座单元来跟她学习,为期一周。大师课本身就是一种娱乐形式,在一群观众面前进行,时而会产生一种极为独特的互动氛围。在晚间的公开课上,施瓦茨科普夫若选择娱乐她的观众,她所指导的学生往往就得遭殃了。拿我自己来说,某一天我可能是那个最闪耀的金牌女孩,第二天我可能做什么都是错的。我可能唱两个音符就被她挥挥手打断说:"不,这不对。"

我会再一次尝试,她依旧摇头:"难道你不明白吗?这次还错!"

我的肩膀正朝着脖子耸起,呼吸紧绷。其他同学的视线从我身上移开了,为我暂时成为她的注意对象而私下松了一口气。我又试了一次,这次她是对的:我听起来真的很糟糕。

我那时多年轻啊,可能太年轻了,无疑还未够格成为一名各方面都完备的歌手。我相信施瓦茨科普夫对那些已经做好接受她指导的准备的、对自己的演唱更有信心的歌手帮助会更大。我不顾一切地想要取悦她。假如她要求我鼻尖撑在地上唱我都会照做的啊。然而即使在我最糟糕的时刻,她打断我然后自己示范一个音符或一个乐句,我仍会这么想:哦,我的上帝啊,这是施瓦茨科普夫! 这是她的声音! 她银铃般的歌声!

所幸她传授了许多有价值的知识信息。她在乐句处理上给出的建议如醍醐灌顶一般,为我更好地理解艺术歌曲中如何运用语言表达奠定了基础。再者,我一直专注于健康发声,可她却说:"你要对你发出的声音负责,包括实际音质以及音色是否漂亮。"她是第一个这么对我说的人。这是一个强有力的观点,因为她自己的嗓音便是非一般发声的佐证,这也正是多年来我开始欣赏的嗓音质感。是她鼓励了我去发现嗓音中的美妙之处。在此之前,我的音色常被批评为太亮,甚至刺耳。

最后,她传授的一个声乐概念为我的声乐版图增添了另一重要的版块。她给我介绍了掩盖唱法( covering) 的概念。几乎所有的男高音和男中音为了完美演绎高音都需要运用掩盖唱法。对女歌手来说则是选择性的。掩盖唱法指的是歌手从中声区向上穿过高音域混声地带时改变气息流动的方向。她使用共鸣将前置、明亮、完全打开的声音转换到指向软腭的近乎"oh"或"ooh"的位置。声音的基本前进方向并不改变，而是在声区转换时将气息向上聚集形成一个如教堂圆顶似的空间。这将使声音听上去似被掩盖的状态，或者说好像在明亮的音色上扣了个盖子。这样高音便可在毫无压力的情况下一气呵成地绽放，而不会听起来太刺耳或是松散。

从那时看来，施瓦茨科普夫大师课的经历对我而言可能有点儿负面，可如今回顾起来我终于可以对她给我布置的两年期技巧研习心怀感激。倘若没有它以及之后在茱莉亚剩余半年时间里对嗓音的精益求精，我真不知道如何在我的高音音域里寻找自信心。没有高音的女高音算是什么呢？施瓦茨科普夫亦亲身示范了何为当今伟大施特劳斯歌唱家的完美典范，从专注于轻柔流畅地如歌表达转向着重于语言文字的演说式表达，强调剧本内容多过音乐。这听起来像是施特劳斯本人会有兴趣就此写一部歌剧的话题。


与施瓦茨科普夫的这一周相处亦帮助我对报名大师课的目的和益处形成了自己的看法。参与大师课的学生真正接触老师的时间一般很短，老师通常是偶像级的人物，所以每一次的批评或夸奖都会被赋予高度的重视。尽管老师能传授有用的信息，可是从来都没有一个后续会面去检验这些概念是否被正确地理解与运用。如今在我自己教授的大师课上，我通常尽量作出整体性的判断，并总是强调学生应该跟自己的导师讨论我的看法。我亦有意识地把学生融入一些好玩的"梗"里，这样就没人会感到自己被嘲笑了。我很享受娱乐大众，但我从来不会将其建立在破坏一个学生对这门高难度艺术刚刚萌芽的信心之上。

　　要成为一位好老师得拥有几项不同的技能。诊断技能是首要的也是最复杂的。分析一个嗓音并判别它为何不能自由、美妙、艺术地运作就像试图剖析一片雪花一样。每一个发声工具都各不相同，因为每个发声的大脑和身体都是独一无二的。由于发声工具本身的不可见，我们只能通过潜在的错误来推断，比如感知身体的紧绷、探测响起了警报的共鸣运用，以及释放这些年轻人心中的压抑情绪和创造力。第二个必要条件则是为这些声乐问题提供解决方案的能力。比方说一个歌手无法在同一声调连续的情况下唱渐弱音，或者假如她根本没有高音，那么老师手头上必须备有可能帮助解决问题的相关练习、图像和生理阐释。另外，一个歌手的解决方案可能并不适用于另一个歌手。根据我以往在练声房里自己总结出的众多经验之一来看，如果针对一个乐句的处理方法经过数天的尝试后仍然无效，那么至少应该探索一下它的对立面以及两者之间所有可能的途径，即便这看起来似乎很反直觉。

　　鉴于发声工具的复杂性，我时常认为所有能学好唱歌的人都是一个奇迹。因此大部分杰出的歌唱家都不会成为优秀的老师便不那么奇怪了。有些歌唱家会公开承认他们对于如何解释那些他们能做到的事情表示毫无头绪，而有些则"只会"解释，却无法将其应用于别的嗓子。师生之间面临的最大挑战是用于发声的不随意肌，这些肌肉得经过引导培养出良好的协调性，从而才能形成贯穿全音域的顺畅统一、漂亮饱满的歌声。另一个需要克服的是术语难关。师生之间磨合出一套适用于彼此沟通的语言可能需要花上六个月的时间。当她表示想让我达到"更高位置的共鸣"时她到底是什么意思？人们说的"更多支持"又是指什么？是人都可以对你说你需要放松，但放松哪里？放松什么？哦，现在你同时想要声音听上去充满活力？当我感到精力充沛的时候我也感觉到肌肉紧张。我该怎么去一一满足所有的这些要求呢？

第三个条件是人际因素。作为老师需要具备阅人的能力。她得看得出哪个学生比较敏感、哪个是厚脸皮、哪个倔强以及哪个固执。她得针对不同的性格、学生各自的发展阶段和程度因材施教。她还得敏锐地感知到学生眼中自己的形象。假如她言辞过激地批评了一个年轻的学生，这个学生会开始害怕，在钢琴边慢慢退缩，声音变得越来越小、唱得越来越糟糕，那么这时候老师应该意识到她这种方法并不奏效。她得尝试另一种方法，可能仅仅只需在那天对学生加以鼓励。有的老师可能只是适当地尊重了学生的自尊心、握握学生的手给予安慰和力量，便取得了巨大的成效。

为免你们认为这样一来学生都不需要尽义务了，事实上他们也面临着挑战。一些天赋异禀的人才反倒会有一颗极其脆弱的"玻璃心"，他们甚至接受不了最温和的批评，而要为自己的每一个错误辩解。这样的歌手自然不会走得太远。学生的责任是保持开放的心态，面对任何改进建议时消除我们每个人心中都会筑起的防御意识，并在这个缓慢、困惑和令人挫败的进步过程中始终保持耐心。再者，最重要的是学生必须拥有一个精准的直觉来判断老师的指导是否符合他自己的需求。若非如此，他可就得冒险进行必要的反对并更换导师了。许多青年人才会参加一些培训项目加以深造，然而三四年后出来发现反倒还不如他们刚进去时唱得好。我有一位歌手同事，她比我能想到的任何人都更富有动力与精力，更不用说她非凡的声乐能力与智慧，可她就是在何种教学指导对她最有益的问题上缺乏正确的直觉。经过了挫败的十年，频繁更换老师、付出了大量的金钱与希望之后，她最终放弃了歌唱事业。如果唱歌是件很容易的事，那便不会发生这一切。也许引导学生的并不是直觉，而是运气，或者很有可能是两者的结合。为什么我在十年的时间里有幸不断地找到一把把能通向新世界大门的正确钥匙，而我的同事却失败了？虽然我曾开玩笑说，假如我不是生来就有一个特定的嗓音缺陷，我会尽我所能去找到它并作多番尝试，最终我便能找到适合自己的方式。归根到底还是学生自己得待在练声房里练习、探索，用自己的创造力和想象力去充盈老师的建议。毕竟唱歌不是一门科学，而是一种极其庄重且近似有悖常理的自然声音的运用，因而坚持不懈的毅力是必要条件。

刚完成了一场独唱音乐会，可能还外加一场有百来个年轻的新面孔等着见我的 CD 签售会后,凌晨两点,我坐在酒店房间里,心不在焉地把 169 个电视频道翻来覆去按了起码有五遍,我时常好奇,倘若那些天资聪颖的年轻人将来没有实现他们的舞台梦想会怎么样。最近一位音乐学院的系主任给我讲了一名年轻的纽约市出租车司机的故事。他称赞了她在收音机上播放的音乐,而在他作了自我介绍后,她泪流满面地说:"我是茱莉亚的毕业生,可这却是我拿着学位能找到的唯一的工作!"系主任十分在理地表示,其实她的才华和受过的顶尖教育能更好地运用于帮助我们正逐渐减少的观众们成长,如此一来她可能真的会在未来某个时刻有机会上台演出。一项重要研究发现,近年来我们在培养杰出专业表演者方面成绩斐然。更令人鼓舞的消息是就业选择与艺术发展战略的确已慢慢成为许多音乐学院课程体系的一部分。我一个年轻的歌手朋友最终搬到了科罗拉多斯普林斯,并创办了自己的音乐学校,用她的活力和动力培养下一代希冀成名的音乐人,而更重要的是她为她所在的社区做出了杰出的贡献,没准未来的新一批观众即身在其中呢。

# 第四章　人生导师

　　在完成了富布莱特的进修年之后我有意留在德国，于是参加了慕尼黑花匠广场国立剧院《茶花女》的试音。尽管彼时我还唱不了维奥莱塔，但撸起袖子做一切尝试仍是我一贯的态度。然而不管我付出多少努力，我那会儿都无法在任何地方找到工作。有一天早晨，我正准备乘火车去瑞士伯尔尼的一家小型歌剧公司试音时，他们打电话来说试音取消了，让一手拿着电话、一手拿着火车票的我呆立在原地不知如何是好。在另一个德国北部小剧院的试音中，面试官对我说："非常抱歉，但你的 G 音错了！你必须调整你的 G 音音高，否则你想都别想在这个行业立足！"这一定是我收到过最新颖的抱怨了。

　　作为一名刚起步的歌剧演员，通常有两种方式来建立你的事业：

一是直接签约经纪人,然后开始试音甄选的过程,而另一种则是通过竞赛获奖而增加曝光率。由于经纪人并没有来敲我的门,所以我尽可能多地参加了各种比赛。我在德国期间获得了两个极其幸运的机会。首先,我被伊斯曼选中代表美国参加一个在智利的比赛。于是我飞到了位于海边的比尼亚德尔马,离圣地亚哥不远,我在那儿住了一个月的酒店,那似乎给我增添了一次又一次的非凡经历。我被公园里的吉卜赛人追赶,后来又结识了一位美国天文学家和他的智利妻子,他就居住在太平洋上空挂着的一座悬崖之上。我和其他的国际选手们每晚都在我下榻的酒店里一起吃饭,主办方举办了一场舞会,甚至后来在比赛中我们还遭遇了地震。哎,那个可怜的男高音!我时常好奇这个经历后来是导致了他转行,还是令他成为主宰他们国家的帕瓦罗蒂了呢?我全力以赴,最后在比赛中拿到了亚军。

事实上,我是一贯的最佳二等奖得主。追赶优胜者才是我最喜爱的角色,而非曼侬或是元帅夫人。我喜欢排在第二的舒适感——名次高到足以让我看到自己的价值,却仍未及高处不胜寒的压力。处于第二名是维持我不懈努力奋斗的强大动力。我是一个向着明确的目标努力向前的人,若然在如此早期便大获成功,我想我会对以后的职业道路该如何发展变得手足无措。我感到评审团像是在对我说"你有发展潜力"而非"你已经准备好可以去发展一番事业了"。

在这之后不久,我又被选中代表茱莉亚赴南非参赛。我对于在种族隔离期间前往南非相当犹疑,但同时我也想通过自己的眼睛去看看这个世界。我在比勒陀利亚演唱的同时在约翰内斯堡与一个阿非利卡人家庭住了一个月。尽管这个国家正经历着政治斗争和社会动荡，但它同时亦是一个风景秀丽的自然天堂。这次旅行大大开阔了我的眼界，并使我坚信年轻人都应该在力所能及的情况下多去旅行。南非给了我机会再次扮演追赶优胜者的角色，我以第二名的成绩败给了非洲裔美国女高音玛丽安·摩尔（Marion Moore）。她的胜利相当于一份强有力的声明，而我很高兴能见证她夺冠的时刻。这确是一场音乐与政治的难得交汇。

尽管我很享受第二名的位置，但我当然也会为赢得比赛而欢呼雀跃。在富布莱特进修年的尾声，我终于在比利时韦尔维耶的比赛中获得了冠军。美国杰出男中音罗德尼·吉尔菲（Rodney Gilfry）也在那儿参赛，他与我一起寄宿在一个完全不说英语的家庭，而我俩之间大概顶多就说了三句法语。罗德尼实在太搞怪了，在那儿的两周我从未停止过笑声，我总觉得这才是我赢得比赛的真正原因。我们目睹了一名参赛者刚起了咏叹调的头两句就昏厥了过去，好奇这会对她造成多大的阴影，就像那个在智利遭受地震的男高音一样。多年以后，罗德尼和我一同在安德烈·普列文（André Previn）的《欲望号街车》（A Streetcar Named Desire）里首演了斯坦利和布兰奇。他依然妙趣横生，引我发笑。

我在德国又陆续参加了几场歌唱大赛，但我从未走到很远，这再一次证明了我最大的胜利总是归功于失败的经历。假如我在一个德国重大比赛中摘得桂冠，那我很可能就会留在德国的职业体系中了。回想起来，我敢肯定我的嗓子根本无法经受固定合约的强度，那将要求你演唱许多不同的角色，有时得一个接一个不间断地唱，以我当时的技术水准根本不足以承受。德国剧院体系的运作与美国和欧洲其他国家的体系有很大的不同，它自成一派。除非有幸突破重围，否则德国体系里的歌手很少能闯出一番国际事业。当然由此换来的是作为一名公务员的生活保障和高福利，这也是歌剧世界里唯一一个歌手可以全职在一个国家内实践技艺的地方。这是一个十分有利于生儿育女和实现家庭生活的环境与基础。

我在富布莱特求学期间还参加了慕尼黑的歌唱大赛，这是一个包含有电视报道、歌手合约和奖金的高规格比赛。若没记错的话，第一年我已经进到了第三轮。第二年我不死心地又去参赛，却在第一轮就被淘汰了。唯一跟我一样对我的演出感到失望的是我的钢琴伴奏，他说："那个，芮妮，你走吧。别再参加比赛了，去找份工作。"

其实很大一部分问题并不在于我唱得怎么样，而在于我唱了什么曲子，尽管我当时并没有意识到这一点。我在咏叹调的选择上显然还是太贪心了。当年还没有职业顾问这回事，所以没有人指导我该如何展示自己。我以为难度很高的作品才能打动评委，所以在试音中唱过阿尔班·贝尔格（Alban Berg）的露露咏叹调、《茶花女》第一幕的著名场景、康斯坦茨的咏叹调，以及其他在当时超出我嗓音能力的作品——更不用提晦涩的沃尔夫艺术歌曲。我担心如果演唱一些简单的作品，根本不会引起评委的注意，但事实上我的观念是完全错误的。假设我选唱了一首轻型女高音（soubrette）的咏叹调——比如《费加罗的婚礼》中的《快来吧，别迟缓》（Deh, vieni, non tardar）——并且证明我已熟练掌握了作品，只是单纯地给评委展示我的嗓音，那我想我可能会少走许多弯路。尽管如此，我还是很欣慰成功并没有来得太快，因为我还不能完全指望上我的高音，而聘请我的人迟早也会发现这一点。经过再多几年的挣扎之后，我终于能毫无畏惧地去演唱高音。这一次会不会好一点呢，会变成一声怪叫吗，还是完全失声呢？

鉴于德国再没什么值得我留下，我便回到纽约，继续在茱莉亚待了一个学期。可现在我完全被弄糊涂了。在我带回家的众多"声乐纪念物"里有一个是施瓦茨科普夫教的掩盖唱法，但这竟成了贝弗莉不认可也不肯教授的技巧。她坚持认为我该完全摒弃这个概念，这让我整个陷入了危机，完全不知道该如何是好。作为一个一贯喜欢做群众调研的人，我又一次征求了周围人的意见："用掩盖唱法听起来是这样的"——然后我会给他们唱一个乐句——"而不掩盖的声音是这样的"——我会再次唱出同一个乐句——"你更倾向于哪一种？"这一切都是关于音色、声调与传声：如何让歌声听起来更美？哪个更适合我？最终，我意识到其实贝弗莉本身并不排斥掩盖唱法，她一直敦促我避免它是因为她不想让我过度掩盖。这又回到师生之间探寻如何在声乐问题上进行沟通的方式,这有点儿像在谈论上帝:你几乎得拐弯抹角地迂回其词,因为这个问题本身并不存在确切的语言,而缺乏确切语言的沟通总会引起重大的误解。令人无奈的是即使我完全有能力在大多数问题上自己做决定,可我却无法将自己的耳朵从身体上拿下来放到剧场最后排去检验我的歌声。我们唱歌时自己听到的歌声是不真实的,因此我们总得仰仗一个信任的人来扮演我们的"外耳朵"角色。

实际上我显然是掩盖过头了,因为当我回到纽约后,每个人都不停地问我说:"你的声音怎么回事啊?"

"你的声音怎么回事啊?"可不是一个歌手想要听到的问题。

事实是我不仅在学习一个我还无法真正掌握的剧目,而且我现在有倾向训练成一个更适合在小场地里表演艺术歌曲的美妙嗓音,而不是歌剧嗓。结果导致我的声音缩小了,而且往喉咙后面倒。所以目前我得做很多工作来推翻之前的训练方向。然而令人费解的是我的这个新嗓音在我自己耳边听起来很是愉悦,所以当贝弗莉告诉我说我不该这样唱歌的时候我深表怀疑。

伴随着困惑的是新一波席卷而来的演出焦虑,因为我现在对任何一个音符都没有把握。那年秋天,在茱莉亚的一堂大师课上,我的整个演唱状态崩溃到飙泪,我不住地说:"我做不到,我真的做不到啊!"好在扬·德加塔尼恰巧那天身在纽约,她听我发表完对命运的哀叹后说道:"我可从没赢得过任何比赛,也没有人给过我任何奖。"

总之,她像是给了我醒脑的一击,好叫我继续努力,这正是我现时需要做的。她还提到我胸口的肌肉看起来有点儿僵硬。她的观察让我又一次回到关于生理紧张感方面的探索,后来证明这是我声乐版图中的另一重要组成部分,因为我正尽力想弄明白自己要如何挺过那份教堂合唱团的工作。

最终我明白,我之前学的东西并没有错,我只是把它用得太极端了。我现在的任务是整合出一个更明亮、更健康、更开放的歌唱风格。从别的歌手那儿得来一个含糊的声乐概念就好比把你所有的生活积蓄都投入一个从鸡尾酒会上偶然听到的股票贴示:即便短期内大赚一笔,可大概率也不会成为你步入老年的保障。这就是大师课潜在的危险,一旦"偶像"几个钟头后登机飞走了,一切就似乎开始变得如假象一般。你终归要学会自己结合各式各样的教学、训练和辅导,这样你的嗓子、身体和技巧才能形成稳定而坚实的发声。这听上去很简单,可我不知道花了多少功夫才能实现它。当然,我并不想从一开始就做对一切,那样我便不会有纠正自己发声中微小变化的任何经验了。我会希望学习声乐的整个过程能少一些岔路,走得更顺利、更快一些,但我明白也有可能事与愿违,再让我多走五年弯路也说不定。经过这一切的努力,我现在可以十分自信地说我知道自己在做什么,我已掌握了保养自己嗓音的得力方法。

尽管这是我人生中多灾多难的一段时光,但忽然之间一切都回归了正轨才是最重要的:贝弗莉和我目前处于一种完美的沟通状态。自打我从德国回来以后,我俩的关系越来越紧密,并在她的余生中一直如此。原来在我去德国之前的几年里,她为了一点小毛病持续服用了大量的处方药并产生了抗药性。在我离开的那段日子里的某一天她肯定感觉特别糟糕,因为她把剩下的所有药片都倒进马桶冲掉了,然后换了一位新医生约翰·波斯特利(John Postley)。他劝诫她从此再不可用任何药物,就连阿司匹林都不行。事实证明,这正是她最需要的建议。她像脱胎换骨了一般,再次被激发出对这个世界的热情与活力。耄耋之年的她每天还在学习新事物。她痴迷于学习更多关于嗓音、声乐和生理学方面的知识。她热爱医生,我很怀疑没准某天他们会替代她的丈夫。此外,她特别喜爱波斯特利医生与明星们的耳鼻喉医生威尔伯·古尔德(Wilbur Gould)。她和他们保持着密切的联系,并非因为她生病——其实她直到生命的尽头都很少生病——而是因为她想要跟他们探讨关于人体的问题。由此她会不断地涌现新的灵感并提出独到的新式训练方法。我会问:"你怎么会想到那个啊?"而她会对我说:"不是我想到,它只是很自然地在我的脑子里出现了。"这是我们师生关系中收获颇丰的一段时光,间或莫名地叫人联想起伊丽莎·杜利特尔和亨利·希金斯①。她不只是在打磨我的嗓子,她是在塑造"我"这个人。她教我如何走台、如何挑选参加试音的礼服、

---

① 亨利·希金斯(Henry Higgins)是萧伯纳讽刺戏剧作品《卖花女》中的男主人公。

如何站立、如何措辞一封感谢函、如何友善而坚定地说不。我曾想着倘若我在爵士乐团演出那会儿就认识了她，没准她还能给我传授点暖场的技艺呢。

我们相处融洽、配合默契，我甚至能从国外直接打电话给她说："那个……我在这个乐句上遇到了点困难，我能在电话里唱给你听吗？"而她每次都知道如何帮助我解决难题。在我极其紧张的状态下，她会给我写便条和电子邮件，确保我一切顺利。

亲爱的：

你那儿有暖宝宝或热水瓶和一个能注满热水的舒适大浴缸吗？别用开水，比体温高点的热水就行。你躺进浴缸后，拿条毛巾在热水里过一下，把它拧干敷在肩膀上，然后在浴缸里躺个至少二十分钟，从一百开始倒数。不要用力擦，只要拍干，再涂一些保湿霜。现在躺到床上去，把暖宝宝贴在你的脖子和肩膀上。安心睡个好觉，然后看看你有没有觉得身体松弛点儿了。我相信内心和精神上的紧张情绪会使肌肉也紧绷起来。

首先你要明确，你是会唱歌的，你得告诉自己这一点，这样便能进一步启发你意识到自己掌握了多少声乐技能并能良好地运用它们。这部歌剧中没什么地方是你无法处理的。这是你需要提醒自己的第一点，而且你周围的人也了解这个事实！！！你的每一个同事都很爱你、尊重你，乐意施以援手，即使他们可能未必意识到你的紧张情绪。我相信每一个到达你这个高度的歌手都会感到紧张，因为他们时刻记得自己的责任。试着别把所谓的困难看得那么重。困难确实存在，但你之前已经处理过更多更大的难题，而且最后不都大获成功了吗？

我爱你并始终对你充满信心，现在就试着接受现实并勇敢地去面对吧！

祈祷与信仰。

你永远、永远、永远的，

贝弗莉

除了无微不至的关怀与爱护，贝弗莉还赐予了我众多的礼物，其一便是我的高音。她教会我如何打开喉咙。最初跟她上课的时候，我唱高音时在口腔后部几乎没有任何空间，所以本质上锁住了喉咙，没给高音留出足够的腔体。仅仅张开嘴巴在上下门牙之间留出空间是不够的；下颌实际上要相当于被卸下来了一样。最适合我的是张开嘴巴到喉咙后部呈现的这个矩形位置——不只是一个长而竖直的长方形，更是一个横向水平的位置。不同的歌手会根据自身的骨骼结构用不同的位置打开喉咙。山姆·雷米（Sam Ramey）长而狭隘的位置很适合他，可要是同样的位置放到我的骨骼结构将永远无法让我到达更高的音域。就这一点我自己做了尝试——包括其他任何的位置。

　　以前我的舌头总是很紧张，僵得好像要窒息一样，这是我的老毛病了。我的舌头总想要往后靠，导致喉头无法自然悬挂，这样便抑制了高音，有时会产生一种漱口声，有时甚至直接就把高音唱断了。这实在不是什么光彩之事。贝弗莉会让我在靠近舌尖的凹痕处滴一滴蜂蜜来防止舌头不受控制地乱动。为避免被蜂蜜呛到，舌根必须微微抬起并保持前置。同时还得放松舌头，使其呈现自然的状态，轻轻地平放于下排牙齿的正后方。舌尖上的蜂蜜使得我只能唱出"ah"元音上的音阶，要是唱其他的元音还真会有被呛到的危险。接着我得学习如何抬起软腭。运用 k 和 g 的硬声练习可以帮助增强它的灵活性；当我往上过渡到最高音域时，把鼻子塞上甚至会更加管用。由于鼻塞能帮我放松软腭到正确的位置，所以每次感冒期间我总是唱得更好。

　　当我再次拾起德沃夏克《露莎卡》( Rusalka ) 中的《月亮颂》时，掩盖唱法又回来了。彼时演唱这段咏叹调不仅令我大获成功，更教会了我如何演唱女高音的"王牌"音符——降 B。哦，上帝保佑，就是在元音 e 上演唱的那个降 B 领我找到一个口腔后部的矩形开口位置与一个状态松弛、低沉的音高心理意象的精准组合。在我状态好的情况下，两个半八度就如五个定音高一般，绝没有忽上忽下的感觉，而是保持一个被带动但并不往上施力的前进的走向。我的头声区似乎感觉不到我在唱高音，而我仍能在我的中声区内舒适地唱歌。

光靠这一个个单独的概念亦是出不来高音的。我得对它们进行协调整合，并始终牢记声音向前的走向。（如果我的共鸣位置太靠后，唱 e 元音时在齿间放一支铅笔会有助于恢复到正确的共鸣位置。）所有的这些概念与身体之间微妙的相互作用最终会产生一种听起来非常自然的声音。一旦我弄清楚了这一切，听众们就会告诉我，我是何等幸运，天生唱起歌来就如此轻松。起初听到这样的评论我感到很沮丧，我希望我的努力得到认可，然而后来我意识到这恰恰是我最该乐于接受的赞美，因为这说明有关我声音的一切都运作正常，发声自然而毫不费力，换声点过渡流畅且声区统一。

我在对于高音的探求中还融入了一些我一直在研究的更严密的气息概念。我看了无数歌唱家的视频资料，通过研究他们如何运用口腔、如何控制胸腔、如何吸气学到了太多太多。现场观看迪特里希·菲舍尔-迪斯考（Dietrich Fischer-Dieskau）在卡内基音乐厅举行的一系列音乐会让我进一步理解了胸腔外扩的重要性。职业生涯晚期的他唱歌时看起来像是一只鸽子，胸口会有最大程度的膨胀。看了许多录像后我才意识到那个年代所有伟大的歌唱家都是这么高挺着胸口演唱的，我这才明白过来我以前的气息支持是做得完全不恰当的。其实，六十年代《贝尔电话时间》（Bell Telephone Hour）栏目的录音带或歌唱家们的任何演唱合辑都该纳为全国所有音乐学院声乐系的必修教材。我曾有幸领略了比尔吉特·尼尔森、莱昂泰恩·普莱斯（Leontyne Price）、安娜·莫福（Anna Moffo）、琼·萨瑟兰（Joan

Sutherland)以及那个时代一众优秀歌唱家们的风采。由于他们都在电视台的演播室里唱歌,所以我能真切地近距离观察他们。观察其他歌唱家的确叫人获益良多,尤其要看他们演唱时身体在做什么、在避免做什么,看他们呼吸时候的样子以及唱高音时开口有多宽。

我的声乐版图上另一些缺失的部分来得可不寻常:那要归功于我在教堂合唱的工作。作为唱诗班的一员对女高音来说难度之高可谓近乎绝望,因为唱诗班的指挥们一再跟我们强调声音要融合,这主要是指在高音换声点得柔声唱。每次我如此尝试时都喘不过气来,我以为自己永远都无法挺过这项任务。如果唱诗班指挥如此热衷于柔声唱,那我们为什么不直接辞职不干? 话说他为什么不干脆开掉我们三个女高音呢? 我得持续抑制自己的嗓音,这真是让人太难受、太挫败了。然而我在学校里一直努力试图理解的气息支持概念最后竟在教堂里令我恍然大悟。我把肋间外扩——肋骨间肌肉的扩张——与我从那些伟大歌唱家身上观察到的相对较高的胸口位置之间关联到了一起。我保持肩膀、背部、斜方肌和脖子的放松状态。我想起了扬·德加塔尼关于肌肉僵硬的教诲,并在吸气时试着将胸腔进一步扩张,我忽然觉得自己好像变得没脖子了一样。我的下巴和胸口之间的距离似乎变得越来越短,而且同时感到脖子也在扩展延伸,某种程度上像是溶进了肩膀里。由此,我再也不用为了够到某个音而抬起下巴了。另一个要诀是我得确保嗓音中没有任何压力。我意识到自己唱了这么多年喉头一直偏高。每次练完声,我说话的声音就会提高一个八度,这无疑表明我身上某处存在着不该有的紧绷感。很快我便能舒适轻巧地进行声区转换并稳住长音——那是之后把莫扎特的许多歌剧变成我的拿手戏所必备的技巧,更不用说施特劳斯的《达芙妮》(Daphne),那可真是把极端化演唱推向巅峰了。保持开放的心态对一名年轻的歌手——实际上对处于任何事业阶段的所有人——都是极其重要的,因为你永远不知道下一次又会在什么地方实现自我顿悟。

自从我尝到了柔声唱的甜头之后,我决意要进一步学习弱声唱法。我对以弱声(pianissimo)闻名的蒙塞拉·卡巴耶(Montserrat Caballé)崇拜有加。她似乎可以随时随地在任何作品中使用这个技能。那个声音简直惊为天人。虽然有人会批评她的弱声演变成了炫技的手段,可这仍然阻挡不了我对它的喜爱。在贝弗莉的帮助下,我开始探寻这个空间,这里涉及两个概念。首先,我学会了用意念将声音对准鼻孔内壁两侧上的两个微小凹痕,出来的声音并不是鼻音,但是这个技巧有助于集中使用共鸣和提起软腭。我现今仍经常使用这个概念,特别是在延长混声区和弱声演唱的情况下。其次,我会想象自然流畅地带动声调而非在它后面使劲推动的过程,用图像把这个过程形象化是很有帮助的,正如在大浅盘上装着各式各样的声调为观众上菜,这句像是绵长浓稠的太妃糖,那句仿佛把意大利面顺着我的额头延伸到了演出大厅的最后一排似的。(与食物相关的图像对歌手特别管用,你懂的。)关于这些概念最好的练习是"弱强弱"

（ *messa di voce* ）——在一个音高上从弱声开始渐强，到达舒适的最大强度后再转渐弱到弱声的过程——就像平滑顺畅地上下坡走一程半音阶。这是一个艰苦又缓慢的过程，但它能教给你关于力度控制的一切。

给声音这个大版图进行排布、整合会涉及众多的零部件，仅仅一个导师是无法提供你所需的一切的。我依旧能追溯自己嗓子里所有关键要素的来源：从我母亲和之后在帕特里夏·密斯林那儿打下的基础，从贝弗莉那儿学习了对我至关重要的声乐作品并掌握了扎实的声乐技巧，当然另外还有施瓦茨科普夫、扬·德加塔尼和唱诗班合唱的功劳。这些都是不可或缺的组成部分，但这一路上也包括众多其他声乐教练和导师的小课，使我的嗓音得到循序渐进的提高。每一次辅导都会让我有一些新的发现。现阶段更多的是关于学习如何融入新剧目、新角色，以及平时如何调节我的嗓音——压力、恐惧和其他情绪，荷尔蒙、音响效果、感冒以及其他健康问题，还有饮食和与同场演员跟指挥之间的互动都会影响我的演唱。

我回顾自己在 6 岁、16 岁和 26 岁时的情景，并细想自己的人格形成和我与老师们的相处之间有多大关联。我从未停止争做一名好学生，因为我真心喜欢学习，而且我一直都有取悦他人的诉求。即使离开茱莉亚走向世界后，我依旧与贝弗莉保持着师生关系，而且我一直也在物色其他可能会帮助我提高的能人志士。二三十岁的时候我倒是发现了一大批新的导师,而且就她们的身份而言,这是一群极有可能会被误以为不顾姐妹情谊的女士:其他的女高音同行们。

人们对女高音普遍存在一种大概只有图书管理员和丈母娘才能企及的刻板印象:我们总被整体贴上"名伶"(diva)和"一姐"(prima donna)的标签,尽管这两个词在其最初的用法里并没有负面含义。我们自私、挑剔、难伺候。我们只喝不加冰的瑞典矿泉水,而且一定要用冷却到 19 摄氏度整的莱俪水晶杯;若是 20 摄氏度,我们决计不会上台。我们会从豪华房车的后座打电话给经纪人,让他们打给前排的司机要求调节车内空调的温度。我们是围巾控,偏好爱马仕、古驰,或是诺悠翩雅(Loro Piana)。我们用一种茱莉亚·切尔德(Julia Child)式的、不夹杂任何口音的纯正欧式英语和尖细的嗓音说话,或者我们根本就不张嘴,直接在私人定制的便签本上留言,又或者假如我们摩登得要命,那便借助小型笔记本电脑或个人智能电子产品,比如手机、iPod、掌上电脑和数码相机。我们出行时会带一个助理团队,所以其实我们自己不必跟酒店接待员或机舱乘务员说话(大概也就浪费了五千句话吧);我们还会带服装师、发型师,更有甚者如我最近观察到的一位知名男高音,他还会带一个私人制帽师。演出前我们只吃碳水化合物,排除苹果和任何可能在人体内产生气体的蔬菜,又或者我们只吃蛋白质和苹果来化痰。由于害怕造成要命的胃食管反流(光想到这个,我就把西式十字和俄式十字都在胸前画了 10 次吧),我们从来不吃产酸的番茄酱或辛辣的食物,我们也不会幻想晚上 7 点以后还能吃东西。我们喝的所有饮品都不含乳糖,低钠,以大豆为原料,以及不含咖啡因。演出前我们不喝酒,因为酒会令喉咙干涩。我们吩咐秘书提前打电话给酒店,确保我们的房间里安放了两个加湿器(一个不够),并至少在我们到达的 24 小时前已经开始运行。自高中毕业以来我们就没碰过自己的行李,唯恐伤了斜方肌。排练的时候我们穿细高跟,并把头发梳顺、拉直、染色(头上必须至少得有三种颜色啊),剪头发亦精准地剪掉不超过一英寸。我们中的一些人认为缺了假睫毛就跟没穿衣服一样,而另一些则不会允许剧院里的任何人注视她们。我们不太合群,尤其跟自己同类嗓音的人——即竞争对手。我还有什么遗漏的吗?唉,相信我,我听过所有用来形容女高音的陈腔滥调,可我很少在现实中看到那样的形象。我更常碰见的是一群大度的女士,她们十分乐意分享自己的所学所知。

蕾娜塔·斯科托(Renata Scotto)便是我自己职业生涯里遇到的第一位。斯科托在她的茱莉亚大师课前好心地到贝弗莉的寓所里给我上了一堂私课。她把乐谱摊在我面前,让我照读书页上的内容,只做这个,仅此而已。"作曲家让你怎么唱你就怎么唱。"这是她的教诲。由于斯科托以一位出色的歌唱演员而闻名,我以为比起音乐价值她会更注重戏剧价值,但是我错了。她知行合一,且极富智慧。在课程临近尾声的交谈中,她说:"要生孩子。"当时我还年轻,这个问题我甚至还未曾开始考虑。她告诉我,自打有了儿子以后,她会用一个更健康的视角去看待歌唱事业。"我不会每晚在舞台上要生要死了,"她解释道,"我的生命里远不止这些。"

事实上我与琼·萨瑟兰相识的时候,我正怀着第一个孩子。(作为一个好学生,我听取了斯科托的建议。)当时我在日内瓦演出——首次演唱《女人心》——我的经纪人穆尔·哈伯德(Merle Hubbard)开车送我去了萨瑟兰和她的丈夫理查·波宁吉(Richard Bonynge)的山地木屋。对我来说,或者换了任何一个热爱歌剧的人,这便是梦想成真的时刻。波宁吉夫妇家的客厅漆成了深猎人绿,墙上的每一寸都贴满了绘画和刺绣。整个屋子里随处可见刺绣作品,这是萨瑟兰在演出幕间、旅行途中和候场排练时的爱好。波宁吉酷爱收藏,他有成堆的原版手稿和乐谱,包括他拿出来展示给我们看的马斯涅鲜为人知的那些歌剧的首版。我慎重地问了萨瑟兰一些关于声乐的问题,而我最好奇的是她超乎寻常的极限高音。她到底是怎么唱出来的? 她告诉我,她直达声音顶峰时瞄准的方向不只是向前,而更多地是指向她的后脑。她还说她已经不爱唱歌了,子孙绕膝才是她人生中最大的喜悦。"一定要有孩子,别担心什么时候,最后一次演出的数年后,一个漂亮可爱的小孩子会有人宠爱,但那场演出将完全被遗忘。"这是她最热忱的建议。

自从我和玛丽莲·霍恩(Marilyn Horne)在约翰·克里利亚诺(John Corigliano)的《凡尔赛的幽灵》(*The Ghosts of Versailles*)中同台演出后,她便成了我的挚友。我喜欢她不兜圈子、务实的作风。她很清楚她自己的想法，而且她总会对你坦诚相告。排练期间的某一天，我把她拉到一边，告诉她有人有意找我唱诺尔玛。她认真地盯着我说道："哦哟哟，不行不行，我现在就可以告诉你，这个角色对你来说会是一个可怕的错误。"当然，她的看法完全正确。我也曾问过琼·萨瑟兰同样的问题。她解释说："并不是说乐谱上写的东西有多么多么难，只是这个角色长得不得了，一个人需要相当强大的耐力才能完成。"幸运的是，即使我一直趋向于过度工作，而且忙到分身不暇的状态人尽皆知，但我一向不愿接任何有可能损害我嗓子的工作。

玛丽莲也是我真诚的导师，她给我提供了关于剧目选择上的建议。她提议我俩一起录一张专辑，为此我们一同排练了，但在预定的两个不同的录制期间我俩双双抱恙，于是唱片公司便放弃了我们。每当我向她寻求帮助时，她总是如此慷慨热心。弗雷德里卡·冯·斯塔德（Frederica von Stade）亦是如此，是她帮助我度过了我人生中一段万分艰难的时期。毕竟，歌唱家们聚在一起不只是谈论音乐。

每当我思考人生中遇到过的杰出歌唱家时，莱昂泰恩·普莱斯便是那个摄我心魂的人。她不久前对我俩一个共同的朋友说："告诉芮妮，我想见见她。"于是我前往她位于下城格林威治村的家，这栋房子曾属于纽约市第一任市长。

虽然我是第一次到她家拜访，但这不是我第一次跟普莱斯女士见面。我10岁那年，母亲带我去伊斯曼剧院看了一场她的独唱音乐会。演出结束后，我们绕着狭窄的楼梯排成了一条长龙，所有人都想去后台向她表示敬意。我听着母亲和另一位音乐老师谈论了普莱斯女士的技巧，惊叹于她如何能做到保持颈部柔软并在演唱时未出现任何推挤的迹象。就她嗓音的力量而言，她们彼此都认为这是一个奇迹。这个谈论她嗓音的小声而认真的对话，永远铭刻在了我的记忆里。我缓缓地点点头表示同意，感觉好像我刚被允许进入某个私人俱乐部似的。当我们能近距离看到她时，我望着她一个接一个地在场刊上签名并和粉丝打招呼；可轮到我时，她给了我一个大大的微笑，然后握住了我的手。我告诉她，我想成为她那样的人，即使当时我不清楚这意味着什么。我甚至怀疑我不是指自己想像她那样唱歌，我只是想拥有她那样的美好、风度和魅力。她在我的场刊上写下了我的名字——"给亲爱的芮妮"——接着在我的名字附近潇洒地签上了自己的名字。我把场刊紧紧地揣在怀里走下楼梯。

当然，我们再次见面时我并没有跟她提这些。我自己都到了女高音已听过无数遍"我 10 岁起就把你当成了我的榜样"的年龄。没有人会愿意被提醒随着时间的流逝我们在慢慢老去。引用《玫瑰骑士》（*Der Rosenkavalier*）里元帅夫人的台词："时间真是个奇怪的东西（Die Zeit, die ist ein sonderbar Ding）。"我就如第一次见面那样与她握了手，并告诉她我很荣幸能与她见面。

我进门第一眼便注意到了客厅里的一张桌子上摆放的 19 座格莱美奖杯。我脑子里唯一的想法是我努力一辈子都无法达到这样的成就。普莱斯女士竟出乎意料地娇小而且仍然非常漂亮，她在屋子里踱着步说:"人们谈论噪音的方式仿佛是把它当作独立的个体,就如与我们分开的另一个存在似的,这很滑稽。其实不然。"她在整个人生中都把自己噪音的需求摆在第一位,只要她的噪音状态完美,她便别无所求。噪音是她的慰藉,她这是在为她那天赐的礼物而活。

她停了停脚步,坚定地看着我说:"我之所以让你来是因为你目前所处的时期和经历的一切。我想你可能需要一些建议。你的周围都是噪音。"

"噪音?"我问。

"噪音、宣传炒作、从四面八方向你涌来的需求。"她指的正是那些簇拥在我周围要这个要那个的人群。

"普莱斯女士,"我问道,"您介意我做笔记吗?"我仿佛又回到了学校,但她比老师更擅长宣讲,她是如此慷慨激昂。她点了点头,我便开始记录。

"你得学会对外界所有的噪音置之不理并只专注于一件事。"

我抬起头看她,她用手指了指她的喉咙。"这才是最重要的,一旦你失去它,下一分钟那些人会消失得无影无踪,你甚至不知道发生了什么。"

的确,她说得太对了,像是一个叫我完全顿悟的瞬间。

"我的直觉告诉我,你现在正处于一个需要听到这些建议的位置,你的成功迫使你做的那些决定让你感到困惑和痛苦,然而这里才是你的头等大事。"她再次指向她的喉咙。

她说她希望这会对我有帮助，因为她认为我们俩之间有些相似之处。我俩都是她所说的"三栖歌手"，这里指我们不仅演唱歌剧，同时还有以钢琴伴奏的独唱音乐会和与管弦乐团合作的音乐会。她谈到她在职业初期面临了巨大的种族主义压力，并由此锻炼出一颗强大的内心。她第一次随大都会歌剧院巡演时不被允许与其他歌手住在同一家酒店里，也不被允许从同一个门进入剧院。她一次次地在从未有黑人艺术家涉足过的众多剧场里登台亮相。她始终昂首挺胸维护自己的尊严，逐渐形成了自我保护式的人格。

她曾有非一般常青的事业，七十多岁依然在巡回演出，但她格外注重保养和关爱自己。她从不去剧院看演出，也没有去听过其他歌唱家的音乐会，她解释说她宁愿避免吹空调。她对自己职业生涯以外的事务很少过问。自打从歌剧舞台上退休，她依旧举办独唱音乐会并首演一些美国作曲家创作的音乐来回馈爱戴她的同行们。有时乍一看曲目单似乎并不太费力也不是很长，但她完成所有曲目后会回到舞台上，再唱六首高难度的咏叹调作为加演曲目，这绝对是我无法想象且即使是现在的我也不够耐力能达成的技术活。每当有人问及我最喜爱的嗓音，我脑海里跳出来的第一个答案总会是她。我曾开玩笑说，下辈子我想要她那样的 high C。

我离开的时候在门口握住了她的手。我感觉我在触摸作为音乐史上一个神圣存在的大师。我想到将来有一天我会对我的子孙们说:"我曾与莱昂泰恩·普莱斯握过手。"

"您的慷慨馈赠我无以为报,"我说道。

"我可以告诉你,我之所以这样帮助你是因为我现在依旧能演唱我所有的角色。"她目光锐利地看着我,"而且我仍然可以用原调唱!"一句话,她想让我知道假如存在某个场合需要我们相互比试,她随时奉陪。

而我心中毫不怀疑她会胜过我,胜过我们任何一个人——不管多少次。

# 第五章　初尝成功的滋味

想象一名歌剧演员的教育经历是一个美丽的国家——比如英国——满是博物馆和音乐厅、宫殿与玫瑰园,人们可以在那里学习和成长。再把一名成功歌剧明星的职业生涯描绘成另一个国家——比如法国——想象这个充满文化与时装、香槟和埃菲尔铁塔的国度,一个令人惊叹的嗓音会在这里被赞颂、被崇拜。现在,脑海里浮现的画面是冰冷灰暗、波涛汹涌的英吉利海峡将这两个国家分隔了开来。1987 年我完成了在茱莉亚的学业,然而我发现自己在没船、没飞机也没有海底隧道的情况下困在英国这边了,我正尽力寻找一条到达对岸的途径。

我很享受我的求学时光,无论本科、伊斯曼的研究生院、茱莉亚的研究生课程还是在德国的富布莱特进修项目,我都坚持不懈、全力以赴。我习惯于生活在一个别人期望我做什么我便努力去达成的世界里，可我的所学对接下来的人生新篇章似乎起不到什么作用。每逢比赛或新秀项目，我走进试音室唱给一群评委听。他们通常会回以不以为然的眼光，对我说我不够格。他们不会给我机会再试一次或是问我还能唱什么别的曲目来更好地展示我的才华。他们甚至不会告诉我我哪里不够格。只有一句"谢谢你"，然后便轮到下一个走进来的女高音。

就潜在的雇佣合约而言，有条逻辑悖论在于，如果你没有经纪人，你很难获得试音机会，然而除非你在一次试音中脱颖而出，否则几乎不可能有经纪人来跟你签约。贝弗莉一如既往地为我铺路，把我介绍给了她的一位朋友——赫伯特·布雷斯林（Herbert Breslin）经纪公司的穆尔·哈伯德。我在贝弗莉的寓所里给他唱了几段，尽管他似乎挺看好我，但他没有直接签我。他答应与我保持联络，于是我又回到了各种夏季新秀项目、比赛和青年艺术家计划的试音状态。

相较我多年来在嗓音、语言能力、演唱风格和音乐修养方面取得的所有进步，我参加试音选拔的技巧却几乎在原地踏步。一旦我吃透了自己的角色，我便可以在舞台上自如地演唱，我可以集中精力去研究它的细微之处，但在试音时我还是不可避免地感到不安。我浑身上下都弥漫着不自信的气息。我还是固执地相信打动评委、以大胆的曲目艳压全场是我应该做的，所以我坚持选择那些超越我嗓音技巧极限的作品。我演唱过集抒情、戏剧和花腔于一身的咏叹调，如

《清教徒》(*I Puritani*)中的《他那甜美的声音》(*Qui la voce*)，可我真正该选择的其实是穆赛塔的华尔兹。另一种情况是我选择了完美适合我嗓音的作品，但那作品却并不适合试音。比如我还是不肯放弃安妮·特鲁洛夫的《汤姆沉默不语》，但彼时看来这曲子真的太长了，抓不住评审的眼球。在阿斯本音乐节学习的时候，我有一个给伟大的慕尼黑歌剧导演奥古斯特·埃弗丁(August Everding)试音的机会。本着对德国剧院体系及其热衷新兴、高难度音乐的了解，我认为选择斯特拉文斯基的咏叹调会比其他候选人更有优势。然而，埃弗丁先生倾身向试音助理问道："她为什么要拿这个难听的作品来浪费我的时间？"其实如果你能直截了当地快速向他们展示你的才艺，他们会更高兴。假如他们想进一步听听你嗓音里的其他特质，他们会再提出要求。

　　一次出类拔萃的自我展示关键在于曲目选择。有些评审只想听到最脍炙人口的那些作品，这样他们能根据以往既有的标准来评判你。但凡碰到其他更有经验的评委，如果你强迫他们再听一次朱丽叶的华尔兹，他们大概会把你的简历直接扔进垃圾桶。他们反而会对《泰伊斯》(*Thaïs*)中几乎无人演唱过的两首短咏叹调择其一更感兴趣。评委们的心思通常很难揣摩，但对于像大都会歌剧院地区总决赛那样的甄选，选择之前已获得过认可的曲目参赛可能会更保险。换作一年面试上百个歌手的大公司或演播室栏目的评审团，那么一些生僻的歌曲可能会让人耳目一新。归根到底，你得展现自己是一名求知欲强且考虑周全的音乐人。由于选手经常被要求准备五首咏叹调,所以两者结合可能是最牢靠的选择。

由于不存在诸如《女高音手册之如何在大都会歌剧院占有一席之地》之类的参考书,我不得不回到原点,收拾心情再一次整装出发。一个熟人一度让我去参加一个她有份参与策划的试音比赛。为此我感到很兴奋,因为很明显她熟悉了解我的演唱才华并会为我从中美言几句。这是一场三轮制的比赛,我唱完第一轮时认为自己已竭尽全力,但我竟直接被淘汰了。这太让人无法接受了!我绝望地走进妹妹的公寓。

"你不能邀请某人来唱歌却在第一轮就把他们踢出去了啊,对吧!"我抱怨道,"我根本没打算去那个试音的,他们只是想碾压我才把我拉过去的!"

"你只是状态不好。"雷切尔说。

"我什么时候才能直面真相呢?我不能再这样下去了,我必须找一份工作。我的生活得继续下去,在我自己意识到之前还得要多少人来告诉我他们不想要我啊?"

"芮妮,你很有才华,而且你一直这么努力。你是知道的。"

可我受不了了,我感到身心俱疲。

雷切尔抱抱我,然后带我出去喝了杯咖啡。接下来的一个小时里,她温柔地把极度不安的我从窗台边缘拉了回来。


有些东西书本会教给你,还有一些是你演出多次后便熟能生巧地自己感悟到的。通过后一种方法我终于学会了在做自我展示时运用演技能力。我可能仍未有十足的自信心，但话说回来，当年为穆赛塔的角色排练时我也并没感到自己是一个卖弄风情的女子。如果我的演技足够好，好到能成功假扮风骚女子，那么我自然也可以假装自信满满。即使并非不可能，但此刻要我摆脱显而易见的不自然还是很困难的，因为我知道自己正由头到脚地接受着审视——毕竟，这也是一次试音的全部意义。于是我便穿上了伪装。我学会了带着一个温暖的微笑走进试音室，介绍自己的演唱曲目时再也不含糊，尽量克制自己像是致歉似的肢体语言、紧张的颤动和发抖的双脚。我的自在表现自然而然地让评审团也很放松。尽管我仍然很难理解他们其实并不愿意或者预料我失败这个事实，但至少我学会了不要盯着评委或直接对着他们唱歌，因为他们可能并不想对视我那双仿佛要把他们钉在后墙上似的、充满肾上腺素的眼睛。倘若我正演唱一首需要与观众互动的、慷慨激昂的作品，我当然也会把评委们包括进来，但若换作是一首表达内心的细腻作品或是与另一个角色对话的作品，我发现最好在评委的头部上方或其左右定一个焦点。

讲你想讲述的任何故事，制定你的戏剧场景，让这个过程代替嗓音上的自我意识以及让你感到紧张害怕的任何东西，这点在试音中往往是至关重要的。跟着歌词的情绪变化走有助于避免下列内心对话：

当我渐渐唱到后面有 high B 的乐句时且看我紧张吧。

没错，我完全忘了表演，我的拳头紧握，我的腿在颤抖，哎，刚才那个乐句转得还好吗？那个弱音怎么样？

该死！在为搞定了刚才最后那个音高而松了一口气的同时，我失去了专注力，而且那个进行得极其漂亮的漫长渐弱刚刚却断断续续跟机关枪似的告终。

然而我在对结尾感到忧心忡忡的同时忘了准备那句高音，但现在已经太晚了。

我尽力不露出苦瓜脸，可我控制不了自己啊。

我的神经刚刚额外给我造成的紧张情绪（我真是谢谢你啊）让我唱破了降B，同时我用余光瞄到自己抬起的右手臂——与科学怪人如出一辙，仿佛脱离了我的身体——简直在视觉上为这场华丽的灾难锦上添花。

我看得到你们脸上的失望。

你们曾希望能选中我，这样就好打发走在门外等候试音的另两百名女高音。


还有一次，我的钢琴伴奏自从中间停顿后便在乐谱的最后一页上失去了方向，在笨拙地努力找回正确的乐段无果后他最终停止了演奏。我则继续演唱并在结尾处到达降E，但是没了钢琴的支持让我太分心，以至于即使在最好的状态下都很难完成的高音最终变成了一声尖叫。两名评委忽地弯腰躬背，肩膀抖动得厉害，假装奋笔疾书来掩饰他们的笑声——这种情况下我的确怪不得他们。

悲催的墨菲试音定律表明,恰恰在我终于熟练掌握这个技能的时候,我却不需要去试音了,因为终于有人愿意请我,我再也不用臣服于这个难熬的,有时甚至令人颜面尽失的过程。我的建议是千万别学我,而是尽可能早地去适应并习惯这种体验为好。如今在教授过众多大师课后,我足以了解除了嗓音和演唱以外真正区分个体的是个性。大写的个性。人格魅力。打动我,感染我,把我带出这间闪着日光灯、油毡地上立着走音钢琴的不通气的吊顶小屋子。我真想握住鲁道夫的手,听他一边温柔地讲述他的生活,一边试图令我为他着迷——咳,我指的是咪咪。像这样使人信服的角色代入能在试音中胜出,而且将来亦能赢得观众的心。

最终,当我开始在试音中演唱《露莎卡》中的《月亮颂》时,我真切地发现我竟开始转运了。彼时这并不是一首脍炙人口的咏叹调,但它完美地契合我的气质和嗓子。那是穆尔·哈伯德曾建议我演唱的曲目——他说话算数,时不时会来关心一下我的近况。我不仅在波茨坦跟帕特学习过这首曲子的英文版,而且之后在伊斯曼也研习了捷克语版。我的好朋友查尔斯·纳尔逊·赖利(Charles Nelson Reilly)给我发了桃乐茜·梅诺(Dorothy Maynor)演唱这首咏叹调的录音,并给我讲述了她非凡的职业生涯。梅诺是一个非常优秀的非裔美国女高音,由于她从未被邀请到任何一个主流舞台上演出歌剧,所以她便像玛丽安·安德森(Marian Anderson)那样为自己在音乐会市场上开创了一片天地。她以她那无与伦比的甜美歌声录制了众多生僻晦涩的作品,造福了广大音乐爱好者们。查尔斯坚持认为电影《为黛西小姐开车》(*Driving Miss Daisy*)中的咏叹调应该是她的录音版本,因为她确实值得被认可,并且她的录音与电影拍摄的时期亦相吻合。当我再次拾起这首咏叹调,那种度身定制的感觉就如把手滑进手套一般。由于我对曲子里的一些音符和元音的处理方法得当,最后的降 B 正好在那会儿帮助我解决了如何唱高音的问题。我唱这首作品时的自在感给了我很大的自信,而这自信亦由此助我踏上了职业生涯的征程。

我在伊斯曼的好友兼钢琴伴奏,亲爱的理查·巴多——也就是为我那灾难性的首次大都会甄选赛伴奏的那位——彼时正任职于休斯敦歌剧院。他建议我去试试申请那儿的青年艺术家计划,并答应给我写一封推荐信,如果有机会也许还能为我引荐。我在纽约通过了第一轮面试后,他们便把我送到休斯敦参加终选,由广受好评的时任总监大卫·戈克利(David Gockley)、艺人统筹斯科特·休曼(Scott Heumann)和作曲家卡莱尔·弗洛伊德(Carlisle Floyd)组成评审团进行考核。这个试音本是为一个演播室栏目选角而设立的,而我胜出了,可最终他们把我拉到一旁告诉我说:"我们真心认为你的水平超出了这个项目的级别,我们将把你列入主舞台角色的考虑名单之中。"

什么?超出了演播室栏目的级别?!我都没被任何演播室栏目录取过,现在我竟已超越了他们?此刻我的感觉就如自己一直在为进入秘书圈努力，而现在他们忽然把总经理洗手间的钥匙交到了我手上。我飘飘欲仙地飞回了纽约——尽管还是没拿到任何工作邀约。

在那之后，很快传来了更多好消息！同年的几个月后，我在大都会歌剧院全国声乐大赛中胜出，其他获奖者还包括本·赫普纳（Ben Heppner）、我的好朋友苏珊·格雷厄姆（Susan Graham），以及海蒂·格兰特·墨菲（Heidi Grant Murphy）。一周后，我又赢得了乔治·伦敦奖（George London）。所幸萧莎娜基金会（Shoshana Foundation）、沙利文基金会（Sullivan Foundation）和音乐家紧急基金（Musicans Emergency Fund）的拨款一直支撑着我为这些突如其来的胜利做准备而迫切需要的声乐课程和辅导训练的费用。一事成功百事顺。我终于搞定了那些高难度的咏叹调，我的自信心也已归位。之后穆尔·哈伯德与我签了约，所以我便也有了经纪人。浑身湿透、冰冷、疲惫，亦万分欣喜，我终于从英吉利海峡成功突围，把自己拽到了法国的光荣海岸。


在我的整个求学途中，我总被心里一个非常消极的声音所打击，它一直在我的耳边碎碎念："别这么做……别那么做……太糟糕了……多可怕的声音啊！你在吊嗓子……你艰难地在支撑着……你的气息太紧……你的舌位在往后靠……你的软腭下垂了……高音太散……肩膀放松！"我心里无时无刻不念叨着这些自我挑剔的独白，那与来自歌剧院的任何拒绝一样使我身心俱疲,所以我极其有意识地努力想要摆脱如此消极的念头。在阅读了《她头上的女高音》(*A Soprano on Her Head*)、《箭术与禅心》(*Zen in the Art of Archery*)、《表演焦虑》(*Performance Anxiety*)等书后我得出的结论是,态度与嗓音同等重要,我得像训练嗓子那样纠正我的态度。我决定开始给自己重复念咒,让脑袋里充满积极的想法以对抗潜意识里无限循环的自我否定。我会坐在往来曼哈顿与当时居住的皇后区之间的地铁里对自己说:"我会赢得大都会的比赛。我会赢得大都会的比赛。不,大都会的比赛我赢定了。"我发现若是给自己列一张积极正面的任务列表并专注于在演出或试音中对照执行,我便可摆脱对于眼前的咏叹调到底能唱成还是唱砸的纠结而去想点别的。若没有这些任务,焦虑感便不知不觉地开始向我袭来。我总在脑子里惦记着事儿的情况下唱得更好。我会这么想:今晚我的任务是保持我的后颈打开、放松、毫无压力;我会在口腔后部为高音留出更多的空间,同时缓解呼吸压力,这样我便不会把高音强行推挤出去;演出前我会仔细复查一下台词,这样我上台时对作品的记忆便更鲜活、更清晰,在细节上的诠释亦更精准;我会保持视觉焦点而不被观众分散自己的注意力。我尽力令每场演出都产生一些新意,专注在一些积极的想法上而不是负面的担心。为了避免表演焦虑,如今我仍然会在同一部作品的多场演出里使用这个技巧。

除非有人在 23 岁时被大众奉为本世纪的天才并毫无悬念地走

向事业巅峰，通常一个歌手成就事业最需要的是一名甘愿冒险、给予歌手认可并四处为其奔走、寻找机会的经纪人。正因为发掘人才是一名经纪人的职责，所以与歌手的合约看似应是源源不断，但不知为何事实上却并非如此。他们通常想找的是已获得首肯的歌手。口碑相传对年轻歌手的职业至关重要，但归根到底还是取决于谁愿意开这个头。的确，谁甘愿冒押错宝的险呢？于我而言，大卫·戈克利和斯科特·休曼给我投了明确且相当有分量的首张信任票。基于我给休斯敦青年艺术家计划的试音结果，斯科特聘请我在内布拉斯加州的奥马哈演唱了一场美声（bel canto）歌剧选段的音乐会。多尼采蒂失落的瑰宝《玛丽亚·帕迪亚》（*Maria Padilla*）中二重唱的大获成功使我被回聘演唱整部歌剧。这段经历加深了我对美声歌剧的喜爱，随后我在纽约与指挥家伊芙·凯勒（Eve Queler）在美声歌剧的演出上作了进一步的探索。可很快我们遗憾地失去了罹患艾滋病的斯科特·休曼。西雅图歌剧院的斯派特·詹金斯（Speight Jenkins）也是为数不多的敢于启用新人的经纪人之一。基于我和苏珊·格雷厄姆还有本·赫普纳在大都会歌剧院全国声乐大赛中的胜利，他于1990年把我们三人聚集到西雅图，一同上演了我心爱的《露莎卡》。假如斯派特把他一生的积蓄都拿来下注，押这三名年轻歌手将来势必星途璀璨的话，那他估计早就能退休了。这是发掘青年人才的喜悦，因为我们未来的发展潜力掌握在那些选角导演手里，对于观众和发烧友来说亦是如此。于我们三人而言，参与一场真正的现场演出感觉实在太棒啦!

在这不久之后,我接到休斯敦歌剧院打来的电话,说《费加罗的婚礼》中原定演唱伯爵夫人的歌手取消了演出,问我是否能在两周之内准备好上台。我心下了然,这必将是我职业生涯中最大的一个转折点。我全身心地投入学习这个角色,连续花大量的时间尽力完善每一个单词的发音。意大利语的宣叙调是演唱莫扎特歌剧最难的地方之一。那些只有羽管键琴和大提琴伴奏的类似朗诵的部分是咏叹调之间用以推进故事情节发展、半唱半说的对话,它要求歌手对其语言本身有详尽的理解。尽管工作量极大,但我很乐意付出努力,那给了我一种重返校园的感觉。最终,我并非在试着演好这个角色,我已掌握并进入了这个角色,现在我可以完全陶醉于这部作品当中,这可是我待得最舒服的窝呢。

休斯敦歌剧院此次呈现的是约兰·亚弗菲特(Göran Järvefelt)执导、瑞典皇后岛王宫剧院(Drottninghom Court Theatre)出品的《费加罗的婚礼》,这始终是我演过的众多版本中最喜爱的版本之一。不同于其他多数版本将重头戏集中在费加罗和苏珊娜身上,这版制作以伯爵夫人作为整个故事的中心推动力,难怪我觉得它相当吸引人。而我将与托马斯·艾伦(Thomas Allen)和苏珊·门策(Susanne Mentzer)以及其他歌唱家们同台演出。这个演出阵容实在太强大了,让我感到自己一夜之间从戏水池跳到了海洋里。托马斯·艾伦尤其是位出色的演员,我与他演对手戏时,真的感到自己跟着了火似的情绪高亢。你可以永远待在教室里学习，但与一名伟大的演员在舞台上对戏是极速提高你自己演技的最快途径。他的宣叙调是我所听过的最好、最有想象力的诠释之一。也正是托马斯建议我可以在角色呈现上适当地做一些改变来保持演出的新鲜感。他在一个夜晚让阿玛维瓦伯爵成了情圣，而在下一个夜晚又成了施虐狂。仅仅在保留人物性格且不磕巴的情况下完成我的角色，同时给予他回应就需要用上我的一切所学、才华和胆识。

休斯敦交响乐团的新任音乐总监克里斯托夫·艾森巴赫将给我们的《费加罗的婚礼》担任指挥以作为他在休斯敦的首次歌剧亮相。克里斯托夫不遗余力地帮助我，每天都与我一起排练、给予我指导，可惜如此情形在现今的歌剧院里已不多见。如今指挥家们很少有时间抑或迫切希望能帮一帮新人歌手。这并不是说他们不大度——作为一个团体，指挥家和其他乐手往往是非常慷慨的人——可每一天根本就没有足够的时间，况且指挥家通过在剧院里担任合唱团教练或声乐辅导来磨炼他们技艺的传统已然不复存在。所以当克里斯托夫如此慷慨地把他的时间和艺术造诣赠予我时，我们之间便构建出了一条坚实而深远的纽带。他赐予了我一名伟大的指挥家能给予歌手的灵感，反之，我格外信任他。他用一些我独自一人未必有勇气去尝试的方式鞭策了我把自己推向更高的顶峰，去冒险、去演唱和表达音乐。

他的帮助尤其凸显在该如何演唱《美好的时光飘然无影》上，这是伯爵夫人角色的试金石，也是真正开启了我职业生涯的咏叹调。这是我的招牌曲目，却也是我背负于肩头的重担。它的可怕之处在于它叫嗓音展露无遗且对气息支持要求相当高，因为其音域（或在其中值范围）持续处在唱起来不太舒服的混声区。除此之外，整段咏叹调中几乎没有任何间奏能令开始紧绷的肌肉稍稍放松一下，从而出现嗓音重复性受压的典型症状。奇怪的是，我在演唱伯爵夫人的另一首重要咏叹调《爱神垂悯》（Porgi amor）时却一点问题都没有，尽管这首展露嗓音的方式同样直白，而且我的移动范围更大，而非持久待在原地不动。克里斯托夫让我处理《美好的时光飘然无影》的方法是慢慢地唱出这首咏叹调，然后更慢且柔和地唱出第一段重复的部分，或者叫返始部分（da capo）。如此演绎的风险在于，我的歌声会整个垮掉或者摇晃不稳，而且相当于变相拉长了这首咏叹调里从一开始就叫我惧怕的成分。然而歌唱领域如许多其他行业一般，风险恰恰总能带来巨大的回报。

这版制作获得了空前的成功。整轮演出完成后我一共赚了大概12 000美元，比起在此之前赚得最多的一周300美元来讲，这可是一笔惊人的数目了。我的事业启航了，我有钱了，而且我由衷地感到快乐。我回到了纽约的家里，并着手计划结婚事宜。

在搬到纽约、去茱莉亚学习的几个月后，我开始跟瑞克·罗斯（Rick Ross）交往，他是一名青年演员，也担任制作团队上的管弦乐团经理。但直到第二年我因富布莱特的进修项目搬去德国时，我们才真正地亲密起来。他每天都给我写唯美的情书，情意绵绵地告诉了我很多故事。他解释说他之所以如此频繁地给我写信是因为以前他身在驻韩部队时没有收到多少来自家里的信件，他希望确保我不会像他那样只身在异国他乡而感到孤独。

瑞克在很多方面都对我非常好，其中最突出的一点便是他一如既往地支持我。我对他的艺术才华深信不疑，他对我也一样。我亦见过一些女性，她们得与伴侣的嫉妒或者希望她们少工作、多待在家里的意愿做抗争。而瑞克给予了我绝对的独立自主性和无限的鼓励，让我加足马力去追求我的梦想。从传统意义上讲，这对男士们的伴侣来说是理所应当的，然而职业女性打着灯笼都未必找得到这样的伴侣。瑞克从来没有在我对他的爱和我对事业的热爱之间进行任何形式的比较，而是一贯在我身边支持我。他理解我经常得出差，就像我也明白他得留在纽约试镜一样。瑞克会本着同理心地倾听我诉苦，帮助我度过事业上的曲折起伏，并不断加强灌输我这样一个处事方式，即我真的不必把人生中所有的挫折都看得那么重，这最终帮助我尽快从一个扫兴的事件或是一篇糟糕的剧评中恢复过来。他教会我用平实的心态来看待人生，尽量不要让自己被大起大落的情绪变化所影响。有他在身边我感到很安心。当你知道有人在等你回家的时候，你会更勇敢地走出去。另外，我能挺过歌唱事业上最神经质的那些年还得归功于他，他简直是我的大圣人。想象一下八月的夜晚，纽约市热得冒泡又潮湿难耐，我们狭小的公寓里大概都有40摄氏度了，我俯身说道："亲爱的，咱能把风扇关了吗？我的嗓子发干。"

只是几个月的时间里，我有了丈夫、经纪人，并且在我的履历上增添了一个大歌剧院的主要角色。经过多年的不懈努力和无数次的灰心失望，我终于获得了回报。

穆尔用休斯敦演出的告捷顺利地帮我开启了职业生涯，后来我们一同合作了极为成功的六年。他对我信心十足，甚至强过我的自信心，他认为我应该跳过地区性小剧院直接进入世界著名的大剧院里演唱。我则依旧倾向于努力工作，慢慢往上爬，并继续在沿途学习、吸收新技艺，坚信通过一步一个脚印我能获得宝贵的经验。然而穆尔间或会冷不防地宣布："咱们去给巴黎歌剧院试个音吧!"那时我会想：哦不，我还没有准备好。可是他坚信我已经准备好面对任何挑战，所以他得拽着我上。同时他作为卡罗尔・范尼斯（Carol Vaness）的经纪人亦令我从中受益，每逢卡罗尔忙不过来的时候我可以在很多莫扎特的歌剧角色上接替她。彼时，广大歌剧公司都想要卡罗尔，然而当他们期盼的明星档期排不上时，一些公司可能偶尔也会被说服至少考虑一下启用新人。穆尔给我讲了他在几年前跟卡罗尔讲的同一番话："你会是跟随卡罗尔脚步的幸运儿，如同她跟随米雷拉・弗雷妮（Mirella Freni）的脚步接替米雷拉忙不过来的任务一般。"穆尔感到他当时的职责主要是为了让我能以唱歌谋生,这样我便可以在舞台上继续磨炼自己的技艺,而非整天待在练声房的同时还得在外面兼职。

我在给伦敦的皇家歌剧院试音后,对方给穆尔的回信上说:"我们很喜欢她,因为她听上去不像美国人。"事实证明,我的斯拉夫血统确实是个优势——宽大开阔的脸庞与独特的音色令我显得与众不同。说来奇怪,我在念本科时,波茨坦的一位戏剧老师也对我有过类似的观察:"你特别适合舞台,因为你的脸架子很大。"即使当时我并没有被冒犯的感觉,但我也没把它当成一种恭维。如今我意识到,大脸庞从远处看效果的确更好,正如人高马大的演员更能在舞台上撑起古装戏服一样。皇家歌剧院的反馈也让我第一次意识到,我的美国公民身份可能会给我的职业生涯带来不利的影响。美国人想要在欧洲歌剧世界里占有一席之地通常面临的是一场文化和嗓音上的硬仗。人们通常认为我们是优秀的学生,我们非常专业,而且技巧也过关,不过尽管他们有大批歌手可供选择,但欧洲歌手几乎总会是欧洲公司的首选,而且往往也会是美国公司的首选。这样的偏好并非不可理解,因为歌手若恰好能运用其母语演唱歌剧定会听起来更加自然。此外,彼时人们觉得美国人总有些平淡沉闷,而且嗓音的辨识度普遍都不高。一旦我明白了这一点,便确信我得更加专注于攻克语言关,并尽可能熟练掌握多门语言。

我接下来的试音是面对日内瓦歌剧院的负责人乌格斯·加尔（Hugues Gall）。对方要求了几首咏叹调，于是我便唱了《美好的时光飘然无影》、露莎卡的咏叹调、《卡门》（Carmen）中米凯拉的咏叹调和帕米娜的《我失去一切的幸福》。加尔和他的艺人统筹坐在观众席上，他们在我的整个演唱过程中都在大声密谈，我自然为我的处境感到可怜，我确信他们甚至都不在听我唱歌。我忍不住想，他们肯定对每个音符都讨厌透了。试音结束时，加尔站起来，颇为正式地问道："请问您能到我的办公室来一下吗？"唔，至少他还挺礼貌，他可能想把我带到一边，感谢我千里迢迢一场到来并私下拒绝我。呵，真是神来之笔。然而我进入他的办公室刚坐下，他竟陆续把五个角色的邀约摊在了我面前。这一下便开启了我在欧洲的职业生涯。

乌格斯·加尔与克里斯托夫·艾森巴赫一样在我心中都占有重要的一席，因为他们俩在我的职业道路上都给予了悉心照顾。与克里斯托夫建立的是我的歌剧和音乐会曲目库。我首次出演施特劳斯的歌剧角色、一些莫扎特的歌剧以及施特劳斯的《最后四首歌》（Vier Letzte Lieder）都是与克里斯托夫合作的。乌格斯则试图把我介绍给其他重要的经纪人，即使很多时候得到的答案是"不，她可能适合你，但不适合我们的剧院"。参与栽培青年人才的极大满足感之一便是你能在歌手成名后说："芮妮·弗莱明？啊对，我一开始就觉得她前途无量。"这换来的自然是我对他们由始至终的忠诚。

大都会歌剧院是一众还未对我抛出橄榄枝的剧院之一。甚至在我赢得了大都会的比赛之后，穆尔仍被告知"她的定音高有问题"。被认为是"特别的"是一名歌手非常宝贵的财富。女高音可以有完美的技巧，但远不止于此，她的嗓音里需要有一些灵光一现的特质来使人们记住她的歌声。我很小的时候在肖托夸①的活动上表演过，女高音弗朗西斯·因德（Frances Yeend）和她做声乐教练的丈夫吉姆·班纳（Jim Benner）听了之后认为我的嗓音很独特。他们耐心地解释说将来这会是获得真正的成功所必不可少的要素。我肯定那时自己的脑子里正好跟这个概念对上了。这么多年过去后，这恰恰是我的嗓子所需要的：成为一个一听就能被辨认出来的声音。从芝加哥歌剧院的反馈中显示我是"一个二流歌手而非一流歌手，所以并不适合他们歌剧院"。所以说，虽然我有一些重大的突破，但我尚未到达金字塔的顶端。从某种程度上讲，这些拒信比我职业生涯早期的那些更令人失落，因为现阶段的我可真的认为自己把一切能做的都做到位了啊。

尽管如此，我还是有很多值得高兴的事情。考文特花园（皇家歌剧院）选中了我来演唱凯鲁比尼法语版《美狄亚》（*Médée*）中的迪尔斯，随后我于日内瓦首次亮相，在《女人心》中饰演费奥迪丽姬。纽

---

① 肖托夸（Chautauqua）是十九世纪末期与二十世纪早期在美国非常流行的成人教育运动（同时也指其集会教育形式）。在二十世纪二十年代中期以前，肖托夸集会在美国农业地区广为传播。肖托夸为社区提供娱乐与文化教育，与会成员包括了当时的演说家、教师、音乐家、艺人、牧师和其他各方面专家。但这一运动随着广播、电视、电影等的崛起而逐渐消亡。

约城市歌剧院聘请我在《艺术家的生涯》中演唱咪咪,这个角色我仅仅唱过两次,这是其一,并由此获得了慷慨的慈善家丽塔(Rita Gold)和赫博·戈尔德夫妇(Herb Gold)赞助的年度首秀艺人奖,早些年在茉莉亚的时候也是他们帮助我获得了萧莎娜基金会的拨款资助。一年后到来的理查·塔克奖(Richard Tucker Prize)是我众多比赛中最重大的胜利,并赢得了另一张信任票。它在当时还是个需要参加试音选拔的竞争类奖项,如今委员会则将它直接赠予一名当之无愧的年轻歌手。这个奖项带来的 25 000 美元奖金使我能够完全专注于音乐(我也希望这能让我不必再担心如何支付房租的问题)。它也让我上了电视,让更多观众认识了我:这标志着我真正进入了歌剧界的核心圈子。我亦时而在小剧院里演出,但那并不是特别顺利。我在加利福尼亚的一次演出遭到了严厉的质疑,幕间休息时剧院总经理来到后台质问我是否在收声唱(意思是为了保护嗓子"弱声地唱")。我并没有这么做,可我显然犯了个极大的错误。我可能太专注在听自己的声音,又或者以一种自以为比较艺术的方式在唱,但不管是什么原因,当晚我的声音就是没有传出去。那场演出的反响和乐评让我感到很失落,可当我把这个事情告诉贝弗莉的时候,她只对我说了这么一句:"听着,你得对自己更宽容些,因为即使你已作为一名专业歌手出道了,你依然在学习,而这其中涉及的范围极广,你将伴随其他人的苛刻审视在工作中不断前进。"

《费加罗的婚礼》见证了我在巴黎歌剧院的首次亮相，那是1990年的平安夜。闪耀簇新的巴士底歌剧院在其辉煌的历史中呈现了一众伟大的艺术家和歌剧首演，如今它亦赐予了我在这里演出的机会。我怀着崇敬的心情来到这里、来到巴黎。嗨，巴黎实在太讨人喜欢，现在我都把它当成第二个家了。此次上演的是乔尔焦·斯特雷勒（Giorgio Strehler）执导的华美制作，我先进组排练，直到露西娅·波普（Lucia Popp）抵达。她会演唱前面的五场，而后由我接棒完成余下的场次。我由衷地喜爱她那一类的嗓音——纯净、让人晕眩、看似毫不费力——而且她令我再次有幸感受到一位伟大歌唱家的慷慨善意。她并没有在再三掂量我们之间的竞争关系后小心翼翼地做出反应，而是立即邀请我共进午餐。她谈到了一些足以令当时的我十分费解的事情：她坠入了爱河，并且觉得她在事业上已付出了足够多的努力，所以是时候享受生活、全身心地投入恋爱的甜蜜怀抱里去了。我敢肯定听她说这番话时自己一脸茫然，因为彼时我极其向往到达她那个高度，成为一名人气高涨的伟大艺术家、唱片大卖的明星，所以我无法想象在我看来她是身在福中不知福的那些想法。然而当时我并不知晓原来她已身患绝症，我亦不太确定她自己是否想象过她将在短短几年之后便离开人世。

终于在1991年传来了大都会歌剧院的喜讯，我拿到了伯爵夫人一角的替补合同。某天上午10点，我接到通知将顶替身体抱恙的费莉西蒂·洛特（Felicity Lott）上台。这便是前文提到的让人欣喜若狂的来电之一，如同艾丽卡·加斯泰利打来告知我被茱莉亚录取了的那个电话一般。我和瑞克住在一栋类似铁路车厢的狭长公寓楼里，我欣喜地欢呼着在走廊上跑来跑去。我打了几个电话，尽量把所有我能喊来看演出的家人和朋友都召集起来，与我一同分享这个意义重大的时刻。

大都会的《费加罗的婚礼》是让-皮埃尔·波奈儿（Jean-Pierre Ponnelle）于1986年执导并已位列经典的制作。我记得自己平静且胸有成竹地走上舞台，几分钟后山姆·雷米和弗雷德里卡·冯·斯塔德也出场了。我对这两位艺术家满怀敬佩之心，可之前却从未有机会相识。而此刻，我竟能与他们一同站在大都会的舞台上演出！这自是我人生中需要多谢莫扎特的众多时刻之一。

我从来没有主观选择成为擅长演绎莫扎特作品的歌手，我反倒觉得是莫扎特选择了我。单凭饰演伯爵夫人的这些演出我已为自己的国际歌剧事业奠定了较为完善的基础。像我这样有幸如此快速如愿以偿的例子其实并不多见，因为历史上有许多伟大的歌唱家，譬如迪特里希·菲舍尔-迪斯考，从来没有登上过大都会的舞台。很少有艺术家包揽整个国际市场，大多数宁愿只专注在两三个市场上。不过正如穆尔提醒我的那样，获得聘用很容易，但返聘才是目标！伯爵夫人的选角难度给我带来了好运，由于她的唱段极其直白地暴露嗓音，所以演唱这个角色必须得有纯净、统一的音色，完美的音高和声音质感，与角色相符的气质以及如钢铁般的意志。彼时我年轻且求知若渴，因此我满怀热情地拥抱了这些机会。假如有人在我选角之前将它们的难易指数表摆在我面前，我想我会跳过伯爵夫人而更乐意去世界各地演唱咪咪，因为咪咪那个角色相对更容易。然而伯爵夫人在如何唱歌方面给我上了一课，从这点上看，莫扎特在我离开学校很久以后依然把我留在了好学生的角色里。最终大都会召我去首次登台亮相的时候，伯爵夫人这个角色已深入骨髓，与我合二为一。

1992年，我怀着第一个女儿阿米莉亚离开纽约，前往英国的格兰登堡和伦敦皇家歌剧院演出三个月。虽然事业的顺利起飞让我心下宽慰，但同时我亦感到排山倒海似的压力向我涌来。我不愿离开瑞克太长时间，加上目前我对自身状况下所面临的一切工作都感到异常焦虑。我在欧洲转机时，乘务员拿走了我的随身行李，但我悲催地忘了问她要托运单，而这里面包含了我所有的重要物品，包括抵押贷款的文件以及我们为迎接宝宝出生而准备购买合作公寓①的申请材料。结果行李不见了！接下来的每一天我都会回到航空公司办事处查询申辩，可他们怎么都找不着我的行李，直到两周后他们发现它辗转去沙特阿拉伯兜了一圈（我猜所有时髦

---

① 纽约公寓出售分为两种：一是 Condo 产权公寓，另一种是 Co-op 合作公寓。Condo 拥有产权，Co-op 只有股权。海外投资客大多喜欢投资 Condo，出租不受限制；而 Co-op 在出租上有一定限制，并且在购买程序上相对繁琐，需经过管理委员会的严格面试。

的行李都想往那儿去吧），最后它终于回到了英国，奇迹般毫发无损地被送达格兰登堡。

行李回来之前，我在怀孕的第五个月开始见红。我独自一人待在雷维斯镇外24公里处的一个偏远公寓里。我曾认为在演出之前把自己与外界隔离开来是一件好事，因为这样我的工作效率会更高，无论是学习乐谱还是在傍晚练声，或者如此次一般大批地回复我带来的信件（估计得有一年的量）。而此刻我才明白这其中还有过度隔离一说。

格兰登堡歌剧节的管理团队找了一名全科家庭医生来出诊，这样的服务在英格兰乡村依然可见。他命我躺下别动，把脚抬高了平躺五天，否则我会失去我的宝宝。这意味着我无法做饭，上洗手间亦得速去速回。歌剧节的工作团队十分亲切友善，每天都派人来照料我，给我送食物。假如我和瑞克一起在纽约、在自家的床上经历这样的状况都已足够糟糕，更何况我现在孤身一人，怀着可能会失去宝宝的恐惧，这种感觉实在叫人无法忍受。我没有足够的钱跟家人、朋友们整天泡在电话上，所以我只能自己干等了。

最终我们俩都恢复了，直到阿米莉亚出生前的几个星期我才停止了演出。孕期里唱歌的美妙之处在于，宝宝给我提供了腹壁通常要花数倍的努力才能达到的气息支持。怀孕即相当于肚子里装进了一个能支撑横膈膜的轻巧柔软的垫子，这使唱歌变得非常容易，直到孕期的最后几个月留给气息的空间不多了。然而只要我在肋间呼吸,尽可能使胸腔水平扩张到最大并保持胸口和背部打开,并且比平时呼吸得快一点就又能解决问题了。

我生完宝宝之后再回去唱歌才是真正的挑战,但我没有时间去重新训练气息支持所需的腹肌力量了。我得在工作中找回感觉。阿米莉亚一个月大的时候,我把她带去了达拉斯,在那里我首次演唱了《叶甫盖尼·奥涅金》中的塔缇雅娜。在最好的状态下背诵俄语歌剧已然困难,而现在看起来这几乎是个不可能的任务了,因为我就像任何新晋母亲一样放弃了夜晚睡觉的时间。正是那个时候我才发现生孩子与记忆力其实是相互排斥的,拿我的情况来说,我自己也确实无法长时间集中注意力,而这恰恰是帮助记忆不可或缺的要点。俄罗斯指挥和其余大部分俄罗斯演员阵容都表示了理解,而我也正是从这一轮演出开始着手打造出带着小孩子满世界跑的生活。

短暂地回了趟纽约之后,我带着阿米莉亚和新保姆(一名年轻的歌手)飞去了米兰,在斯卡拉歌剧院首演了《唐·乔瓦尼》中的艾尔维拉。我开始学习如何准备旅行所需的一切:婴儿食品、配方奶粉、纸尿片、婴儿车,而且很快还会加上便携式高脚椅、弹跳椅和学步车。碰上长达六周的国际旅行,在打包技巧和如何喂养宝宝方面还真得下点功夫。贝弗莉曾称我是有着钢铁意志的大地母亲,我觉得这基本如实地描述了我目前的状况。

我在斯卡拉的那段日子并不十分愉快,这在很大程度上是由吉亚拉厅(Sala Gialla),或者叫黄色沙龙(Yellow Salon)的传统造成的。那个大厅是剧院用作彩排的一个会议室。当时斯卡拉的所有歌剧制作都有两套演员阵容,最终会分为 A 组和 B 组。一般情况下歌剧公司会安排替角待命。换句话说,假如拟定演出的歌手取消,则由另一名歌手在最后一刻补位。然而在一部歌剧本身就安排了两组演员的情况下,演员的组合配置在所有人到达之前就已拟定并签好了合约。斯卡拉则不然。音乐总监里卡尔多·穆蒂(Riccardo Muti)会与两组演员分别进行排练,每位歌手依次出来演唱自己的角色(实际上是清唱),而穆蒂会看情况对调演员的组别。在场的有大明星级别的歌唱家,还有我们剩下的其他人,大家都在争夺 A 组的角儿。在托马斯·艾伦、卡罗尔·范尼斯、塞西莉亚·巴托丽(Cecilia Bartoli)、文森·科尔(Vinson Cole)和已故的哥斯达·温伯格(Gösta Winbergh)这个星光熠熠的豪华阵容里,我不巧是其中相对年轻的歌手之一。但撇开这种情况造成的紧张气氛,我仍为穆蒂的才华所折服。他极富人格魅力,管弦乐团的演奏经他调教后着实大放异彩。

最终彩排后,我接到了艺人统筹的电话说:"大师有点担心你,他不想让你被喝倒彩,所以他不认为你该在首演之夜上台。"可事实上,我之前已被告知由我来唱首演之夜,再者我向来都是跟 A 组演员一起排练的。我很快地思考了下我的处境后便回答:"好,没关系,真的,但我现在要走了,我最好还是回纽约吧。"他极力地安抚我,并向我保证大师会给我致电。穆蒂的确来电话了,并说了一番同样的话,我依旧认为这实在太打击人了，我宁愿坐下一班飞机离开。如今我已有了相当的自我认知，由我来唱艾尔维拉不至于会给剧院丢脸。我是团队的一员，我与这个阵容中的其他艺术家相识且相处愉快。最后他们还是同意了让我在首演之夜上台，而我也并没有被喝倒彩。然而我的确在首次出场时的几秒钟内在台上滑了一下跟跄着向后倒去。还好莱波雷洛飞快地冲过来扶住了我，但我该对这场演出的结果心里有数了。美国观众乐于看到不服输的逆袭者。如果我摔在了大都会的首演之夜，仅仅因为我足够勇敢在跌倒的地方爬起来继续前进，他们大概就会跟我签下终身合同。不过欧洲的观众就没那么宽容了。当你在意大利滑倒时，观众们会质疑：这难道就是他们能找到的最佳人选了吗？

1993 年，我在意大利佩萨罗的罗西尼歌剧节上登台亮相，演唱了《阿米达》(Armida) 中的同名女主角。尽管之前我已在欧洲首演了几部莫扎特的作品，而这一次才是那扇大门终于向我敞开的时刻。这是一趟极其美妙的演出经历：我住在罗西尼生前搞创作的美丽小镇上，每天享用新鲜的鱼肉，把我的宝贝卷毛小天使放在婴儿车里推去海边散步，欣然接受众人用意大利语呼喊着"好漂亮的小女孩儿！"卢卡·龙科尼 (Luca Ronconi) 执导的《阿米达》展现了其超常的想象力，戏服和假发套格外吸引眼球。（我们无法低估一件好的戏服在演员对角色的感知上起的作用。）我的人设看起来像是玛丽莲·

梦露遇上朱迪·杰森(Judy Jetson)，再套上一个未来派风格的浅金色假盘发来完成整个造型。当年轻的意大利男低音伊尔代布兰多·达尔堪杰罗(Ildebrando d'Arcangelo)戴上模印了我脸部特征的面具并穿了跟我一模一样的戏服出场时，我的丈夫在观众席上竟分辨不出舞台上的我俩，我简直要笑死了，我不确定我俩之中谁会更不爽。最后一场演出结束时，我们置身于观众撒来的玫瑰花海之中，花瓣洋洋洒洒地飘落在舞台上美极了——一轮完美的演出梦幻般地收官了。我爱极了能叫人完全沉浸于单一作曲家作品的艺术节。无论是罗西尼之于佩萨罗、瓦格纳之于拜罗伊特还是莫扎特之于萨尔茨堡，这些艺术节都会召唤我内心的音乐学者特质，赐予我充裕的时间对某个角色进行深入而全面的揣摩与演绎。

这个职业最让我中意的一点是它提供了不计其数的成长机会。有些情况下，比如罗西尼歌剧节，是因为我有机会演出，我便能在舞台上成长。其他时候，我通过探索自己刻画的角色来加深自我认知与理解，因为我们身上或多或少都有些伯爵夫人的影子。当然总有些东西还是得从音乐本身去学习的。不过对于一名天生的学生来说，最好的培养方式可能是通过一位导师，与乔治·索尔蒂爵士(Sir Georg Solti)的结缘令我同时找到了一位优秀的老师和一位宝贵的同行。

索尔蒂在其执棒的《女人心》中原定了另一名女高音演唱费奥迪丽姬，但这个角色对她来说太重了，于是她在最后一刻明智地选择了退出。类似的情况已在我的职业生涯中发生过多次，我既得益于别人的取消，亦多亏了自己能在短时间内快速上手的能力。迪卡（Decca）唱片公司的艺人与制作部高级副总裁埃文斯·米拉加斯把我推荐给了索尔蒂，因为他在两年前的夏天遇到过类似的状况，当时《伊多梅纽斯》（Idomeneo）中的伊利亚一角意外出现空缺，他便急召我赶往坦格伍德。因此他了解我能在重压之下保持出色的工作。

索尔蒂给我致电的时候我正在大都会演出由瓦列里·捷吉耶夫指挥的《奥泰罗》（Otello），那是我的苔丝狄蒙娜的角色首秀。我身在第二组演员阵容，而大都会亦在最后几场演出时慷慨地给我亮了放行绿灯。当时我已格外感恩，然而后来当我意识到《女人心》的演出对我的意义有多重大的时候更是对大都会感激不尽。飞机抵达伦敦时是我的纽约时间凌晨两点，而早上九点我便直接赶到索尔蒂的工作室，将整部歌剧从头到尾唱了一遍——这可不是歌手们在一般情况下会做的事情，不过间或心里有数自己能经得起这样的考验也不错。我一下便被索尔蒂的工作强度所震撼——更不用说在他工作室的窗边排列着的32次格莱美获奖纪录。仅仅站在他面前我便已备受鼓舞。

我们在他那阳光充沛、俯瞰漂亮花园的工作室里一同工作了实打实的三个钟头，仪态威严的索尔蒂与他极深的音乐造诣——更不用说他美丽且善解人意的妻子瓦莱丽端来的我们迫切需要的咖啡——很快让我的时差变成了遥远的记忆。与索尔蒂的缘分打开了我职业生涯中的另一个核心关系圈。我的唱片合同很大程度上要归功于索尔蒂对我歌声的喜爱，如同伯乐寻到千里马般的欣喜。当巴黎歌剧院的加尼叶宫经过长时间翻修之后重新向世人打开它的大门，我们在开幕之夜一同演出了《唐·乔瓦尼》，从那时起索尔蒂便称我的嗓音为"浓稠的高脂奶油"（double crème）——这个花名一直跟随我至今。

# 第六章　接踵而至的挑战

我维持着每年接5到8个新角色的疯狂状态直至1995年,在此期间,甚至有一阵我得在14个月之内按计划演唱10个新角色。一谈及学习新歌剧,我便化身拖延症患者,不是因为我懒,而是由于我排得密密麻麻的档期迫使我得一个接一个地快速学习新角色。最终,在压力下工作的刺激感上了瘾,并形成了这种我至今仍难以突破的工作习惯。(我前任经纪人马修·爱普斯坦对我的昵称是大胆妈咪〔Mother Courage〕。)当我怀上小女儿塞琪时,按计划我会身处休斯敦,在克里斯托夫·艾森巴赫的指挥下首次演唱《玫瑰骑士》中的元帅夫人一角。在这种情况下我深感焦头烂额,我必须在两周之内学会这个角色,这样我便能准备好在抵达休斯敦的同一天上台进行带妆彩排,因为在维也纳的演出占了此前所有的可用档期。当我打开乐谱准备学习此剧时,我自以为这不会是个可怕到无法完成的任务。毕竟元帅夫人在第二幕根本就不用开口,第三幕的出场也都几近歌剧的尾声了,而且通过以往的音乐会演出,我对最后的三重唱早已了然于心。

可我万万没想到的是第一幕竟然这么难,有这么多台词、这么多对话,还这么长! 那些密密麻麻的唱段全都是半音阶和节奏上的挑战。光照着乐谱看都已经很令人费解了,更何况朗读并背诵全部! 我在维也纳演出期间租了普拉西多·多明戈(Placido Domingo)的一套公寓,如果我现在闭上眼睛,墙上的壁纸和照片、钢琴等一切依然清晰可见。整个公寓已永远铭刻在了我的脑海里,因为后来我终日坐在椅子上研究乐谱,从日出到日落。抵达休斯敦的时候我已成竹在胸,并由此展开了我与史上为女高音所作的最伟大的一个角色的一段爱恋。施特劳斯、俄语或捷克语的任何作品都将永远镌刻在我的记忆里。倘若某些角色在首次学习时特别劳心费神,那么即使我在职业生涯中并不经常演唱那些角色,我也能今天接到通知明天就给你唱出来。我曾在学生时代出演过布里顿的歌剧《旋转的螺丝》(The Turn of the Screw),而几年之后我在演出前一天接到通知要再次演唱这部歌剧。我惊讶地发现自己竟然能在 24 小时之内回忆起整部作品。另外,一部歌剧的重复演出也有助于巩固我的记忆。我不仅能唱《唐·乔瓦尼》中的三个女高音角色(尽管我需要一点时间温习一下采琳娜的部分),我大概也能唱莱波雷洛和乔瓦尼。若你多次出演同一部歌剧,你会对剧中每个人的角色都了然于心。

塞琪于 1995 年 8 月出生,与之前怀阿米莉亚时一样,我一直工作到怀孕后期。按计划我将与多明戈一同演唱《奥泰罗》来开启大都会新一轮的演出季。无论是与他一起演唱他的拿手剧目还是考虑到新演出季开幕夜之重要性,这个机会都着实令人兴奋,所以在塞琪出生两周半之后,我便投入到了排练之中。从那时起的两周后就会迎来开幕之夜,我最后倒也顺利过了关。我的住所离大都会只有五个街区,这可是极大的便利,而且鉴于我们都熟悉这版制作,排练也不怎么费劲,但真正演出时却并不那么轻松。有瑞克和我的家人一起在纽约帮我,可比阿米莉亚出生那会儿我自己抱着孩子去达拉斯演出容易得多了,而且这次不用学习一个俄语新角色亦减轻了我的负担。不过那时候能挺过来主要还是因为我仍然年轻,有充沛的精力与坚强的意志。

对我而言,孩子是一件极其美好的天赐大礼。只有时间会告诉我,女儿们是否同样感到幸运,但至少到目前为止,她们看似是快乐且适应力很强的女孩。她们很小的时候很好带,因为我只要把她们裹起来一并带上路即可。在我的日程几乎完全是歌剧演出的日子里,我们只需前往一个新的城市,找一间公寓安顿下来,在同一个地方待上一两个月。只要我、她们目前的保姆、她们各自的玩具和其他随身物品所在的地方,她们就会把那儿当作是家。她们似乎并不介意自己的家不在一个固定的地方。瑞克有时会来探望我们,而我们回到纽约时，他基本上会接管一切有关照料孩子的事务，这样他也拥有了跟她们在一起相处的时间。那真是个完美的生活状态。我拥有了我想要的一切，我亦避免了因工作需要离开孩子而产生的痛苦和内疚感。我尽可能长时间地保持这种状态，甚至在有大段歌剧演出的时期，我把女儿们转到了休斯敦和芝加哥的学校。阿米莉亚在巴黎延长了她的幼儿园学年。两年后，孩子们双双进入了双语学校念书。由于巴黎的学年一直持续到七月中旬，这意味着她们得额外多上几周学，不过我希望她们尽可能多接触些其他语言。

自从阿米莉亚上了一年级且课业要求变得更高时，我明白我们不得不对现状做出改变了，因为瑞克和我都认为姑娘们需要接受扎实的教育并结合稳定的社交生活——旅行家教在我们这里可行不通。最后，我把之前几乎完全是歌剧演出的行程表——按这个来，我一年里得有十个月是在路上——转变成了一个歌剧和音乐会相平衡的档期安排。我大致保证每季只在大都会演出歌剧，还有夏季的欧洲，这样姑娘们便能与我同行，除了极少数的例外情况。而在一个演出季剩下的时间里，我只做短途旅行，通常是为期五天到一周的三场音乐会，而不像一轮歌剧的档期，在六到十场演出之前需要进行三至六周的排练——你有两个月得全身心地扑在这上面。尽管如此，这个方法还是面临了一些难题，因为歌剧通常提前五六年就计划定档了，要围绕着校历、学校的重头戏剧和舞蹈表演来安排工作几乎是不可能的。所幸音乐会的定档比歌剧晚得多，因此时间上的灵活让我有时只需提前一年确定演出日期即可。我为拥有生命中的两大财富而感到万分幸运：既有激动人心的事业带来的满足感，同时也享受着一段相互分享和无条件给予爱的母女关系。阿米莉亚和塞琪毫无疑问地确信她们永远是被排在第一位的，但她们亦亲眼看到了我在工作中所体验到的快乐。正如我在我母亲的人生中所看到的那样，我个人也有同样的满足感，而我也希望将来我的女儿们亦是如此。

　　然而即使我试图管理好档期和留给女儿们的时间，我也没有应付好其他的一切。1998 年初，我和瑞克开始讨论离婚的问题。大部分人看我们这一对，可能会认为我们的婚姻破裂是由我的事业造成的，可事实上恰恰相反。瑞克和我坠入爱河时我们正生活在不同的国家，我之前经常需要出差的时候我们也相处得很好。然而当女儿慢慢长大了，我开始有更多时间和他们一起待在家里了，我们最终被迫去面对我们之间的问题，其实与一般夫妻间会产生的问题没什么两样。我们变得越来越疏远。

　　一开始我感到有些如释重负，因为无论如何终于迈出了第一步。可关于这个浩劫将对我的生活和幸福感造成何等的破坏，我完全没有心理准备。我们之前在很大程度上已过着相对独立的生活，也一直是乐于奉献的用心父母，所以我天真地以为我们的分开并不会造成太过剧烈的变化。然而我的潜意识却不这么想，而且不久就把我打倒了——那是沉重的一击。

就事业上而言,1998 年伊始形势一片大好。一月份我和普拉西多·多明戈、丹尼尔·巴伦博伊姆（Daniel Barenboim）和芝加哥交响乐团一同演出了一场通过电视转播的音乐会,一周后我又赶往克利夫兰演唱了施特劳斯和莫扎特的作品。我在到达的每个地方唱起来都轻松得叫人难以置信,我尽情地享受了在舞台上的每一分每一秒。我把女儿们也安顿好了,她们将陪同我去芝加哥进行一轮长期的歌剧演出,并分别被那里的两所法语学校录取了。虽然瑞克和我已开始筹划离婚事项,但我们仍设法把女儿们的需求放在第一位并一起好好地照顾她们。我这才大大地松了一口气。

随后于芝加哥歌剧院出演伯爵夫人期间,我在唱《美好的时光飘然无影》时遭遇了演出焦虑。这突如其来的恐慌杀得我措手不及。那首咏叹调从来都不容易唱,但它的确是我已有过多次经验的一首作品。忽然之间,每当听到前奏响起,我便发现自己越来越紧张,而且似乎无法摆脱这种状态。事实证明那首咏叹调在整轮演出中成了最困难的部分,尤其是当中的某两个乐句,一到那两句我就开始害怕,身体开始紧绷。歌剧演员确实该害怕恐惧,因为它会阻碍我们的肌肉放轻松并进一步破坏气息。我意识到其实我有充分的理由深感压力重重。除了离婚之外,我在接下来的几个月里面临着接踵而来的三个新角色:《阿拉贝拉》（Arabella）和《卢克雷齐亚·波吉亚》（Lucrezia Borgia）中的同名女主角、安德烈·普列文的全球首演歌剧《欲望号街车》中的布兰奇。因此压力会在某处显现是完全合理的。假设它出现在《美好的时光飘然无影》中,嗯,那么至少我已认识到问题所在并挺了过去,可以继续下一个演出计划了。

我到了休斯敦,与我亲爱的克里斯托夫·艾森巴赫一同开始为《阿拉贝拉》排练。我很高兴能接触一部新的歌剧,与我的朋友一起做艺术、有女儿们陪在身边使我备感安心,并得以远离家、远离离婚过程中介入律师后带来的压力。此次学习新角色并没有给我带来什么困难,可我肩颈的肌肉变得极度紧绷——如此强烈的紧张情绪甚至令我开始怀疑首演夜到来之时自己能否顺利唱完整场演出。我设法让自己冷静下来,找到了一个很棒的按摩师,她就像在我身上施了锤子和凿子似的叫我最终挺过了这个美好却也费力的角色。

我从休斯敦出发前往斯卡拉演唱多尼采蒂的《卢克雷齐亚·波吉亚》。我感到身体状况好转了,而在我女儿和来访的家人们的关爱和支持下,我终能把早前《唐·乔瓦尼》的经历抛诸脑后,并将此次演出视作一个崭新的开始。我确实跟指挥吉安路易吉·捷尔梅蒂(Gianluigi Gelmetti)有过一次轻微的争论,我想要在作品中加入一些装饰音和华彩乐段,却都被他明确地一一拒绝了。其实这些添加的部分非常漂亮,在风格上也都是正确的,因为这出自精通19世纪意大利歌剧的杰出音乐学家菲利浦·高塞特(Philip Gossett)之手,自打在佩萨罗演唱《阿米达》以来,我一向与他保持合作。尽管高塞特的学识受到了极大的尊重,但捷尔梅蒂坚持说:"我们这是在穆蒂的歌剧院,所以我们得严格遵守穆蒂的设限。"这便意味着乐谱上怎么写,你就得怎么唱。这次演出本身亦是已上了年纪的捷尔梅蒂的斯卡拉首秀，他估计非常害怕做出任何可能会令穆蒂不愉快的事情。经过一番讨论后，我几乎作出了所有的让步，除了我仍极力游说希望保留的最终场中相当戏剧性的一个华彩乐段。捷尔梅蒂终于应允，我很高兴我们本着礼貌与妥协的精神处理了整个问题。最后一场带妆彩排完美收官，合唱团与乐队鼎力支持，我们的演员阵容亦十分强大。正当我以为一切都顺利进行，真正的演出将更加精彩纷呈时，万万没想到原来这是我一厢情愿的美式纯真。

首演当晚传来的第一个叫人头疼的消息是男高音取消了演出。我猜他大概已经感觉到麻烦正在酝酿中，所以被劝告远离这一趟浑水。幸好我的朋友马切罗·焦尔达尼（Marcello Giordani）本就身在第二组演员阵容。早前我俩曾经常一起共事，能与我的朋友一同分享这个夜晚，我感到格外安心。在我的第一首咏叹调的结尾处，也就是我唱完最后一个音符的当刻，我听到一声巨响，当我往下看时，指挥竟然没了人影儿。观众们不禁倒抽了一口气。捷尔梅蒂显然已经崩溃了，而我和马切罗还继续站在原地凝视乐池，甚至不知道他是否还活着，尽管那是我所担心的最坏的情况。最后大幕落下了，我们这才知道他只是昏过去了。15分钟后，指挥调整好了情绪，我们便恢复了演出，虽然这场演出从那开始已每况愈下。在我与马切罗的第一段主要二重唱结束时，剧院里发出了一些零星的嘘声，但我基本并未受其影响。直至我在最终场结尾处的华彩乐段——也就是之前讨论了很久的那个部分——方才爆发了有如野马脱缰般的大骚动,真正的嘘声正式拉开了帷幕。

好了,现在让我们来弄清楚到底发生了什么。这出闹剧的主角是坐在剧院最顶层的一小撮人,大概都不到十个。雷切尔和几个在场的朋友从观众席上目睹了这一切。幸好我们在台上的这些人能从剧院里听清楚的声音很有限,况且若我正在唱歌,除了我自己的声音之外几乎什么都听不到,在这种情况下对我来说倒是件好事了。所以我只能依靠别人的反馈,乐池座和剧院里其他区域的许多观众都冲着闹事者发出喊叫,义正严辞地警告他们别再扰乱演出。尽管如此,尖叫声和嘘声在最后的场景持续不断,这整个场景是卢克雷齐亚的个人秀,描述她终于意识到自己错手毒死了自己的儿子(堪称歌剧史上最荒唐可笑的情节之一)。我仍集中精力在音乐上。谢天谢地,直到一切结束后我才感受到这场骚乱的威力。我开始坐立不安、浑身发抖,这个状态接连持续了数天。

当大幕落下的时候,捷尔梅蒂转身面向观众席,耸了耸肩仿佛在说:"哎,这可不是我的错啊。"然后便留下我们面对观众而自己离开了。演员们表示了作为团队的支持,与我一同向观众谢幕。我可真是天真到头了还打电话给捷尔梅蒂就医的诊所询问他的健康状况。他给我写了封简练的回信,只说了一句:"你的卢克雷齐亚很特别。""特别"在意大利语的语境里并不是什么恭维之词。它顶多能隐含点儿矛盾心理,而在最糟糕的情况下它可就是毫无争议的贬义词。

我设法平复情绪留下来再唱了两场，而非原先定的五场。首演夜之后的演出实际上就再没有人喝倒彩了，乐评人和记者们纷纷对我表示同情，并指责那些歌剧刁民毁了演出的同时还吓跑了世界顶尖的歌唱家。当帕瓦罗蒂在演唱《唐·卡洛》(Don Carlo)时被喝倒彩从而发誓永不回斯卡拉演出后，斯卡拉面临重创，现在人们更可能在那儿看到一部鲜为人知的格鲁克歌剧与岌岌可危的传统票房。我始终未能找出首演夜那群闹事者的真正目的——他们是收了谁的钱来跟我搞对抗吗？他们是在怀念玛丽亚·卡拉斯或是莱拉·根杰尔(Leyla Gencer)吗，抑或仅仅代表民族主义诋毁？（由于那年早些时候美国的一架海军喷气机截断了意大利境内阿尔卑斯山上的滑雪缆车，反美主义的势头在那个夏天来势汹汹。）《卢克雷齐亚·波吉亚》在坊间流传着一个电台实况转播的版本，所以任何对这个事件有所好奇的人都可以据此来判定那到底是一场有预谋的砸场还是仅仅针对我的演出而产生的自发性回应。

我的确鼓起勇气在六个月后回到斯卡拉又做了一场独唱音乐会。我一位有着罗伯特·米彻姆(Robert Mitchum)作风的叔叔说："你是弗莱明家的人，你当然要回去。"甚至莱拉·根杰尔本人还送了花安慰我，让我无须为此忧心，因为整个事件毫无意义。"这太平常了，我都不拿它当回事儿，"她说，"如果你习惯了这种文化，其实感觉就没那么糟糕了。"问题是我并不习惯于这种文化啊！即便我已非小时候那个不谙世事的薄脸皮姑娘，仍旧毫无疑问地改变不了那是一次极度不愉快的经历的事实。

　　当我回到大都会时,蕾娜塔·斯科托在走廊上拉住我,并恭喜我成了那些曾在斯卡拉被嘘的一长串光荣名单上的一员。原来歌唱家们会攒起自己在斯卡拉的糟心经历,然后跟交换棒球卡似的相互交流经验。"菲奥伦扎·科索托(Fiorenza Cossotto)被嘘过。她当时正以美妙的歌声演唱奥菲欧,他们竟然给她喝倒彩,天哪,他们为什么会嘘一个唱奥菲欧的歌手啊?"蕾娜塔还提到帕瓦罗蒂,并告诉我她自己被嘘之后就再也没有回去过。"独唱音乐会可以有,但歌剧就拉倒吧,"她这么说着,并在离开前亲了亲我的脸颊。

　　就连米雷拉·弗雷妮都好心地告诉我说她在斯卡拉唱维奥莱塔的时候如何被狂嘘(我被逗乐了,原来被嘘甚至还分程度)。那是她的角色首秀,是职业生涯中一个相对早期的演出,而她毫无疑问完成得很漂亮。"我原定在那之后是要唱《艺术家的生涯》的,但我觉得这根本不可能。可指挥让我必须立刻再次回到台上。当时我是抗拒的。我说不行,我做不到,但他说没别的法子了。"她最终鼓起了勇气在一个月后演唱了另一部著名的意大利歌剧,并取得了巨大的成功。假如歌剧界里有表彰英勇与坚毅的奖牌,米雷拉·弗雷妮为此该获得一枚,并且上面得镶满钻石和红宝石。

　　即使其他女高音都为我打气、赠予我无价之词,那一年的压力还是积聚到了让我感到自己仿佛在一只老虎钳当中求生,整个世界都在朝我挤来,压得我透不过气。这已经影响到我的身体健康,我甚至不知道还能否日复一日地唱歌。中声区里任何直白的音高都令我感到可怕与不确定，好像我刚刚从梦中醒来，发现自己赤裸裸地站在舞台上。尽管如此，我的恐惧仍停留在了内心，我并未表现出心中的焦虑，直到拉维尼亚音乐节的室内音乐会。我身处于一个让我感到舒适的地方，面对一小群观众演唱，由克里斯托夫给我伴奏，这对我可谓是难得的优待。按理说这场演出没有任何压力，可当我把舒伯特的《岩石上的牧羊人》（The Shepherd on the Rock）唱到一半时，我突然遭遇了令我几近麻痹的演出恐惧症。在这之前一切如常，并且没有任何征兆预示着它的来临，可我的喉咙猝不及防地完全紧闭了起来。我感到异常痛苦。接下来的两天，我坐在酒店房间里想：呐，看来你就是得放弃唱歌了。我接下来会有一些备受瞩目的重大演出，包括《欲望号街车》的全球首演和之后在大都会的《费加罗的婚礼》新制作。取消演出和在不稳定的状态下完成演出到底哪个更丢脸，我拿不定主意。

要不现在就退出舞台吧？毕竟我已经拥有了一段精彩的职业生涯。我已经实现了超越大部分歌手都梦寐以求的成就。我的成就亦比我自己所梦想的要大得多了。哪个职业值得忍受这般重压？我可以在中西部某地找一份不错的教学工作，同时抚养我的姑娘们，这就够了。我会把我崭新未来的所有细节在脑袋里铺开，可接着便会经受另一波生理和心理上的焦虑起伏，它让我的手发抖、牙齿打颤。我不知道自己发生了什么。我只知我处于一种痛苦崩溃的状态。我记得几周后，我坐在自家餐厅的窗边，呆呆地望着窗外的参天古树出了神，祈祷这一切能就此停止。

我一直是这样一个积极能干、勇往直前的人，所以这种痛苦令我感到自己极不中用，尽管换了任何人都自会产生无力感。我觉得自己一无是处。甚至那些最简单的事情，比如给女儿穿衣或者做早餐都变得近乎不可能，需要用尽所有我还能激起的一丁点薄弱的意志。

在我那段心灵的黑夜①时期，《60分钟》(60 Minutes) 来给我那迷人刺激的歌剧演艺人生拍摄了一集节目。该节目组的工作人员跟随了我六个月左右，在这期间我倒还勉强保持了自己的状态。我记得有一个早晨，他们到我家里来录制，我把我的公关玛丽·卢·法尔科内拉到一旁说："听着，我真的做不到。"我浑身颤抖着。当时我正如曾在特别糟糕的情况下所说的，钻进了隧道，就好像一切都发生在离我极其遥远的地方。一旦我钻进了隧道，我就很难再专注于别人说的话。这是感到恐慌的一个症状，虽然并不经常发生也不会持续很久，但当它突然向我袭来时那便十分恐怖。作为我一贯的坚实依靠，玛丽·卢直直地盯着我，假如贝弗莉在场的话她也会从这样的眼神里给我传递从容不迫的坚定。她说："你当然能做到。"她把我安顿好后便让我出去面对摄像机。

---

① 心灵的黑夜(dark night of the soul)：心灵的黑夜出自十六世纪西班牙神秘文学家圣十字若望的诗，它是用来描述一个人精神生活中特定阶段的一个术语，被用作比喻生命中一段孤独凄凉的经历。

那段时间里，我从未停下来，我从未退缩，亦从未取消演出。我之所以能继续走下去，很大程度上得归功于和我一起共事的人们以及我的朋友与家人，他们一直在关心、照顾着我。时至今日我仍常常回想，假如当初我停下了脚步，那我的职业生涯就真的终结了，因为我大概再也找不到一条能让我重新开始的路了。值得一提的是，当我现在回看《60分钟》的录像带，我觉得应该没人会怀疑拍摄五分钟前我还在卫生间里对着镜子说："我做不到……我做不到啊！"

经历了这一切之后，我意识到只有我的两个女儿才能够把我从迷雾中解救出来。她们会从学校带回自己画的图画、书本，所有在学校里发生的故事和她们的亲吻，我只需简简单单地融入她们便好。每当我与女儿在一起时，我便格外清楚我是谁。我是她们的母亲，我爱她们。

尽管我以往也经历过演出焦虑，但它从未跟着我离开过舞台。当我为《欲望号街车》开始进行排练那会儿，每一次的采访都变得如坐针毡。过去我总是开玩笑说："你想让女高音谈谈自己？那么两小时后请你务必要打断我，这样我才能赶上下一个采访。"而现在我满脑子所想的仅仅是，我怎样才能组织出一句聪明的话语？我怎样才能控制住如此强烈的焦虑情绪？谈论工作的每一分钟都让我头皮发麻。

说来奇怪，我原以为会令我堕下悬崖的事件反倒成了救赎我的契机，那便是演唱布兰奇·迪布瓦（Blanche DuBois）一角。有一阵子我的确质疑过自己的心智健康,正当我迟疑自己还能否恢复如常时,布兰奇这个带着阴郁和恐惧的角色给我提供了一个能宣泄一切的出口。我也非常有幸能与安德烈·普列文推心置腹地合作。他一如既往地值得信赖,并且很大程度上能令我深感安心。

事实上,那版制作的阵容星光熠熠,剧组的每一位都十分出色。导演科林·格雷厄姆(Colin Graham)不声不响地规划安排,仅用短短三周便成功撑起了这个在音乐和戏剧性上都相当庞大复杂的作品。好在布兰奇这个角色很适合我,如度身定制一般,所以我并不需要克服任何声乐上的障碍。安德烈对音域方面的一些修改格外开明,他把原本的中声区乐段专门为我改得更加华丽炫目,而且在整个过程中我们都合作得非常愉快——这是与在世作曲家一起共事所能获得的一大满足感。而我要做的便是一门心思、全力以赴地唱好这轮演出。

到目前为止,我的上台恐惧症已然是一个全面爆发了的事实。好在这段时间与我感到焦虑的任何时候一样,其实我的痛苦很大程度上来源于上台前的怯场。我在黑夜里惊醒,发现自己浑身湿透;我在屋子里来回走动,一想到自己有演出任务便深感惊恐、备受折磨,可一旦我真的走上舞台,我的脑海里就会出现一个声音说道:行了,她挺不容易的,我们歇一歇,现在让她安心表演吧。这是一个奇怪的现象,但如此倒还能叫我继续支撑下去。若换了我在台下感觉良好而一上台却手足无措那可就更糟了。我时常会想到劳伦斯·奥利维尔(Laurence Olivier)在舞台上演到一半因无法继续下去而不得不中止演出的前车之鉴。那是我一直以来最最害怕会发生的事情,我一遍遍地想象自己木然地盯着台下的观众,直到最后不得不说"很抱歉,我做不到",接着试图带着一丝已成泡影的尊严走下台去。

临到《欲望号街车》开始排练时,我在纽约拜访了我的内科医生波斯特利,还半开玩笑地对他说:"拜托您不如告诉我,我得了脑瘤。"我颤抖得厉害,甚至都开始怀疑我在身体上是否有什么不对劲。他说这可能只是焦虑(什么叫"只是"!),并提出了一位能帮到我的完美人选——擅长处理成功冲突的精神科专家艾伦·霍兰德(Ellen Hollander)。之后我在旧金山的期间每天都跟她通电话,我感到自己与唱歌、表演之间的关联(更不用说我的身心平衡)好像仅仅靠着这一根救命稻草在维系似的。霍兰德医生给予了我极大的帮助来度过这场危机,她解释说很多因素都可能引发成功冲突。她告诉了我一位女演员一夜成名后将成功拱手相让的故事。在余生中她始终认为这是她最最正确的选择并从未后悔。假如我真的放弃一切、退出舞台并成为一名教师,我想我也会这么说,且无疑乐于这么做。我会回顾以往的生活方式慎重地下结论说:"的确,那样的人生也很棒,可你现在给我再多钱我也不干。"看看芭芭拉·史翠珊(Barbra Streisand),她离开舞台都超过 25 年了,奥利维尔也退隐 7 年了,还有卡莉·西蒙(Carly Simon)。而在我们的圈子里,卡洛斯·克莱伯(Carlos Kleiber)、格伦·古尔德(Glenn Gould)和罗莎·庞塞尔(Rosa

Ponselle）无一不早早地退出了舞台生涯。

精神科医生大体上会把我的恐惧或多或少地归咎为潜意识作祟的结果，她会说："你走得太远了，你不该脱离主流，你已经偏离了你扎根的地方。你是一个天生的失败者、永远的第二名，这个巅峰位置并不属于你。"如此的典型症状绝非仅限于成功的个人。它能轻易地影响到刚刚在最顶尖的酒店找到工作的女服务生，一如它对一位国家总统所造成的影响。以演艺界为例，有多少个一夜成名的艺人很快用毒品或酒精摧毁了他们的职业生涯，甚至自杀。这些举动完全是相互关联的，而且都不甚理智。所以在我经历离婚的同时遭遇演出焦虑并非偶然，事实证明这超出了我心智所能承受的范围。离婚本身已经很痛苦了，可若再加上失去歌手身份、失去事业的可能性，那可实在太叫人痛苦了。

我身体里的每一个细胞都尖叫着——不！我做不到！演出恐惧症会让你觉得仿佛一旦走上舞台你就会死了似的。这种情况下，一名优秀治疗师起到的积极作用是不容小觑的。人生中有太多问题以及我对其作出的回应是我无法理解的。当你开始把自己推出舒适区，尤其是当你有自我破坏的倾向时，在这些方面获得一些指导会有关键性的帮助作用。尤其作为女性，彼时的我并未感到自己身处于一个宣扬女性成功的社会。第二名、亚军、崇拜地仰望赢家一直都是我最喜欢的角色。

等到回纽约演唱伯爵夫人之时，其实我比在旧金山时感到更为恐慌。尽管我在《欲望号街车》那会儿一直害怕舞台，但由于它的音乐是为我的嗓子而作，所以在演唱方面我是完全收放自如的。然而即便伯爵夫人是我最常演唱的角色，但它给我的挑战却从未停止过，《美好的时光飘然无影》依然棘手，时时触动着我的神经。我能感觉到自己又钻回隧道里去了。首演之夜的第二幕上演前，我在候场的时刻又开始幻想自己能否以某种优雅的方式溜出剧院而不被人注意到。此时贝弗莉·约翰逊来到了我的化妆间。她那双蓝眼睛极具穿透力，她紧紧地握住我的手说道："你会做到的，你会站上舞台高歌。"她完全能体会到我的感受，但她不允许我拒绝或退缩。她就好像把她自己每一分每一毫的力量和意志都倾注进了我的身体。即便到了今天，我仍能看到那个瞬间她那双令人动容的眼睛，而记忆亦给予了我力量。她在我的生命中拥有极大的权威，她亦能真正理解我的挣扎与奋斗到底有多强烈。她离开之后，我在出场前的最后一刻开始坚信自己不再孤单。也正是那个时候，我感到老虎钳开始在我的胸口松动而后悄悄地溜走了。这并不代表我再也感受不到恐惧了。然而在接下来的八个月里，笼罩在我身上那可怕而令人窒息的黑暗逐渐消失殆尽，直至我终能重见光明。我又能唱歌了。

当晚我出场唱完《爱神垂悯》时，上台来跟我团聚的正是我六岁大的女儿阿米莉亚。此前这版制作的导演乔纳森·米勒（Jonathan Miller）问过我阿米莉亚是否能扮演伯爵与伯爵夫人的女儿这个虚构的角色。我下意识地说不行——这感觉女儿像被利用了似的。可紧接着他又提醒我这场演出将在电视上转播，并提到我俩同框的录像该会是多么美妙的纪念。我说我得去问问阿米莉亚的想法，而她得知后雀跃不已。于是她便站在了这里——我那可爱迷人的金发小姑娘在我生命中一个潜在的转折点握着我的手，信心十足地站在大都会的舞台上。临近歌剧尾声，整个演员阵容齐聚舞台，一同高歌欢快的大合唱以传递这个故事背后的寓意。其间我忽然听到一个非常响亮的童声与我们其他人的歌声并驾齐驱。是阿米莉亚？一时之间我有点儿尴尬，因为我意识到之前没人告诉过她别参与演唱。但鉴于大伙儿都在唱，那为什么她得安静地待着呢？她并不知道台词，可她编得还挺好。她尽全力地唱着，而在那一瞬间我感受到了在很长一段记忆里都不曾有过的喜悦。这部作品我大概都唱过一百遍了，但今天晚上是阿米莉亚的首次亮相，我俩在一起作为一个整体，健康、快乐地手拉手面向全世界。

# 第七章　行业运作

　　我在学校里学到了关于成为一名歌剧演员的所有宝贵经验——无论是胸腔共鸣、外语、风格，还是如何唱出高音——但是从来没人给我培训过，当我去国外演出时得确保机票费用已经涵盖的问题；没人对我提过任何一句关于演出契约、访谈或是取消演出方面的政策规矩。总之，没人给我解释过这个行业的运作方式。人们不会自觉地把商业视为艺术家们的顾虑，更不用说艺术家本人了。人们猜想我们该如小鸟一样：与生俱来、自由自在，按心情在开花的枝条上啼叫着我们的曲子，以种子为生。可如今是现代社会，即便是最最深刻的艺术灵魂那也得按时缴税啊！出于这个原因及其他多种因素，青年歌手有必要对这个职业的业务范畴有相当的认知。任何人都不能想当然地走上大都会的舞台，张口就来一段咏叹调，不论她的嗓音是多么惊为天人。档期编排只是这个职业的众多必要条件之一。

如今，四面八方的演出邀约正以惊人的速度蜂拥而至，如何在它们之中做出选择令我深感无力。我在世界各地的新晋独唱音乐会业务也需要专职预约人员的打理，所以经过了六年的合作与一个精彩的事业开端后，我和穆尔·哈伯德拆伙了。他现在已离开了布雷斯林经纪公司并着手创立了一家刚起步的公司，而在这个节骨眼上我恰恰需要一个大公司的支持。于是，我与隶属哥伦比亚艺术家管理公司（或其更为人熟知的名字 CAMI）的马修·爱普斯坦签订了经纪合约。作为那个老爱说我是他认识的歌手里最有雄心壮志的经纪人，穆尔慷慨赠予了我最后一件礼物：把我介绍给了资深艺人公关玛丽·卢·法尔科内。玛丽·卢的那家独立精品公关公司的客户名单上还未涉及过歌手，她与仅有的其他两名员工已为西方世界的一些乐器演奏家和几乎所有重要的交响乐团担任过公关策划。我极其有幸让她也带上了我，也许有部分原因来源于我和已故的艾琳·奥格之间的交情，她与露西娅·波普一样，早年便屈服于癌症病魔之下。艾琳曾是玛丽·卢的朋友也是客户，而我跟玛丽·卢的初次见面便在那场我参与演出的艾琳纽约纪念音乐会。

玛丽·卢和马修迅速成立了一个团队来为我的事业布局，成员包括他俩以及我新签的唱片公司迪卡的各位高管。我还记得那些个我端坐好几个小时光听他们讲话的会议，自己好像又变回了学生，因为我意识到在自己身处的这个行业，我仍然有太多需要学习的东西。

马修和玛丽·卢在打造音乐家的事业上均有一套相当成功的经验。他们的一个前期目标是两年后我在卡内基音乐厅的独唱音乐会首秀，并预期票房一定会大卖。在宣传节奏上玛丽·卢有着敏锐的触觉与强烈的意见——何时该写一篇文章、该登在哪里——她知道该拒绝哪些机会来避免过度曝光。一般情况下，别在事件发生之前追求过多的新闻，这会使期望值达到无法满足的高度。一个资深的公关策划人能稳步平缓地建立一切，对需要做些什么拥有精准的眼光。减少宣传或其他与之相关的任何观点对我来说都是全新的概念，而且乍一听似乎完全不合逻辑。"你可不希望自己被炒作，"玛丽·卢说，"我们将专注于一个稳步向上的轨迹。"

我一想到"长江后浪推前浪"便深感恐慌，我认定会有其他歌手超越我，一骑绝尘地把我甩在那干旱枯竭的尘土之中。可玛丽·卢坚持自己的看法，而随着时间的推移我终于明白了她那些观点里所蕴含的道理。有太多的歌手还未露面已被吹得天花乱坠，他们还未够时间得以发展就已经在下一波反对浪潮中遭到了不公正的中伤。铺天盖地的杂志文章很容易就能毁掉多年的声乐训练和专业精神，我会变得更像一个新晋选秀明星而非一名严肃的艺术家。我自问是没有过往的经验来指导我绕过这些潜在的陷阱的。

马修意欲帮我在定档和曲目选择上确定重点。他建议我专攻莫扎特、施特劳斯和亨德尔的作品，假设我肯完全放弃意大利剧目，他估计会更满意吧。我理解他的看法，也同意我的确得缩小兴趣范围，可我不愿意放弃斯拉夫作品、新音乐，或是我心爱的法国作曲家——而且我也确实不会完全放弃意大利剧目。美声作品是我的一大挚爱。限制我的演出剧目无异于在船只全速前进的时候突然掉头。我知道我需要做出权衡，因为在面前有太多新作品等着学习的情况下几乎不可能完全保持高质量的艺术诠释。某一时刻，这甚至成了一个关乎生存的问题。我明白我再也不能老为别人而活了。在这个问题上困惑了多年之后，我终于下定决心精简自己的曲目单，但我并不是要把自己局限于某一类作品成为个中专家，以诸如维多利亚·德·洛斯·安赫莱斯、洛蒂·雷曼（Lotte Lehmann）和埃莉诺·斯蒂伯（Eleanor Steber）等歌唱家的职业生涯为榜样。我的品位以及我对探索音乐的热情实在不允许我自称莫扎特或是施特劳斯专家。

就在马修开始为我打理事业的短短几年之后，他便从 CAMI 离职到芝加哥歌剧院去担任艺术总监了。我为他感到高兴，同时亦为自己感到惋惜。他作为一名经纪人所拥有的实力与信念在如何掌握大局观并制订一个长远的计划，甚至是一份完整的职业规划上教给了我太多太多。他强调进攻而非防守——积极主动地决定自己想要什么工作，而非被动地仅从送来的演出邀约中挑挑拣拣。无论作为艺人经纪还是作为一座全球顶尖歌剧院的艺术总监，他已成为业内最具实力的幕后推手之一。有他在场的演出必定令观众们热血沸腾，他会在整场演出中慷慨随性地为歌手们欢呼喝彩，他的声音能响彻整个剧场。其实我有一套现场歌剧录音就选择了有他出席的那一场,他的到场显然令那晚的演出更加激动人心。最重要的是,他是我在这个行业见过的最富有热情的人。在我该往哪个方向发展的问题上我们并非总能达成一致的意见,因为最终我在吸收了大量信息后也形成了一些自己的想法,但是我依然万分感激他给予我的建议和关心。

马修建议我继续在 CAMI 与亚历克·特鲁依哈夫特合作,于是经过了一连串的会议、思虑和我惯常的求助轮询,我与他签了约。亚历克完全接纳了我想尽可能多地留在家陪女儿的诉求,因此他在增加独唱音乐会和乐团合作音乐会数量的同时设法大大减少了我的歌剧演出。他考虑周全,为人极其正直,备受尊重,说话语气柔和却也极具分量……哎,你懂的。一部歌剧的制作需要你留出至少四周,可能长达八周的时间,充其量我大概也就年复一年地在同样的六个城市来来往往。独唱音乐会和乐团合作音乐会却能让我每年在多达三十座城市间穿梭,为那些平常无法见到我的人演出,同时我又有更多的时间待在家里。我在上了亚历克的艺人名单后不久,他便离开 CAMI 跳槽去了 IMG 艺术家经纪公司,而我亦一并过档跟随他至今。说到与我共事,亚历克的工作可真是不容易。他得时不时地给我施加压力,鞭策我专注于曲目编排与练习,由此令我想起了莱昂泰恩·普莱斯曾告诫我必须摒弃外界的噪音并集中注意力在我的嗓子上,她说:"你不会通过尽力取悦大家而获得任何东西。"

就工作而言,我那个时期的主题曲无疑是《我只是个不会说不的姑娘》。尽管我从未觉得拒绝一个不适合我的剧目是件困难的事,但光是控制好来势汹涌的档期安排就几乎不太可能。问题在于不同类型演出的定档速度不一致。五年前看起来完全应付有余的行程——也就是歌剧演出定档的时间——过两年再看可能就变得相当紧迫了,因为我漏算了最后一刻才得知的新闻访谈,电视节目的露面,孩子们的马术表演、音乐会和病假,以及我自己与家人、朋友共度的时光。

从属专业经纪公司的一个重要优势在于其高效安排全球巡演的国际演出预订部门。亚历克是我的全球经纪人,他常驻纽约,统筹我所有的档期并专门针对我在美国的演出安排。欧洲的大部分业务则由与我合作已久、常驻巴黎的经纪人彼得·威金斯(Peter Wiggins)负责。IMG 的伦敦分部还有额外的巡演经纪人负责全世界范围内的大型音乐会和其他形式的露面。他们一般会收到或建议一些演出邀约,并通过亚历克给我拿来,我做出的选择一是基于自己的行程安排考虑,二是看项目是否在艺术上令人感兴趣或具有重要意义——比如与享誉世界的乐团或指挥家合作,或是一个能在公众面前获得曝光的机会。随后我的经纪团队会与对方洽谈合同条款,就歌剧来说通常包括往返机票,但不包含住宿,而近来连音乐会的演出合同都开始不包含住宿了。经纪团队按演出费用的一定比例收取佣金,在欧洲大陆的演出则需与那里的经纪人分摊佣金。亚历克一并帮我洽谈唱片合同,亦包括版税、预付版税和唱片录制期间的每日津贴。我在迪卡八年，直到最近才收到我的第一笔小额版税，这意味着我的唱片要达到盈利得花这么长的一段时间。

有时候我仿佛觉得与经纪人们、迪卡和各个公关营销团队之间的沟通本身就是一份全职工作。为歌剧与独唱音乐会演出协调档期、录制唱片并参与宣传、在新闻访谈中推广我在一些新城市里的演出等，我时常觉得自己就是芮妮·弗莱明公司的董事会主席。某种程度上讲，它的确就是一家我们通常意义上所说的公司，一切重大营销法则均适用于此。

我的一位好朋友一年前听闻我就媒体对古典音乐设置玻璃天花板的感叹后，把我介绍给了资深好莱坞幕后推手桑迪·加林（Sandy Gallin）。他指出，尽管我可能已经在古典音乐界取得了极大的成就，但一般民众对此可能知之甚少。他告诉我说："除了你已作出的努力，你现在需要的是一个有号召力、能让你上电视的人。"桑迪把我介绍给了PMK的帕特·金斯利，她是一名极具影响力的好莱坞公关策划人。她亲切地答应为我提供帮助，并且试图通过电视露面的机会和其他一般不接受歌剧演员的媒体渠道来吸引更多的观众。

现阶段的我有时觉得自己似乎在后勤上花的时间比在歌唱艺术和表演本身上还多。我会仔细核查每一项旅行日程、采访内容、唱片录音、曲目选择和节目单（由于现在歌剧演得少了，节目编排成了我的一项极其耗时的工作），弄得我都有了错觉，觉得自己不是在安排巡演而是在筹划某一军事行动。我曾认识一位女士，她习惯保留一本日志，记录她主办过的所有晚宴：包括招待了什么食物、喝什么酒、宾客名单、谁坐在谁的旁边、她们穿了什么衣服、席间讨论了什么话题、用的餐盘和桌布口巾、播放的音乐，等等。这些微小的细节并不亚于我在保持事业稳步前进上所要照料的方方面面。我得记住我在纽约唱过什么，以免在同一个地方频繁地重复演出曲目。在波茨坦爵士俱乐部的日子已经一去不复返了，那时每个周末我拉开嗓子唱同样的歌曲完全没问题，我只需惦记自己的暖场笑话是不是够新鲜。而现在我还得记录自己在全世界的不同演出场所都穿过哪几身礼服。为什么？相信我，假如我再次身穿去年已亮过相的礼服裙上台，巴黎的粉丝们是绝对会留意到的。

所有这一切的核心是我的演出档期表。提前五年为歌剧定档的模式源于对鲁契亚诺·帕瓦罗蒂和普拉西多·多明戈所带动的流量做出的回应。他们的演出场次若包含在套票中出售，估计能把整个演出季都卖个精光，所以他们的演出邀约竞争异常激烈。单一的交响音乐会可以提前三年开始策划，但通常在演出前大概一年至十八个月才会签订合同。一般来说，筹备一轮以交响乐团或钢琴伴奏的独唱音乐会巡演要不了那么长的时间。理想情况下，新唱片也会通过巡演或其他相关的演出来进行推广，然而考虑到录制完成之前的行程可能已经填得满满当当，所以相应的时机依旧难以掌控。演出档期之外，我还得加上个人与业务的需求，因为唱歌只是大局的一部分。策划访谈是为了推广巡演和其他业务活动，这可能需要花上一整天去面对媒体一个接一个的采访。拍摄宣传照、出席活动也得列入日程表，以及我照常得在早上七点起床把我女儿送去校车站。

安排档期时，我还需细致周全地考虑到不同角色之间的衔接。歌唱风格的极端变化并不利于嗓子的保健与寿命，因为这会使肌肉疲劳负压，亦会对神经和演唱技巧产生负面作用。援引解释玛丽亚·卡拉斯嗓音过早衰退的一个因素，就是她接连演唱了威尔第、美声甚至瓦格纳歌剧的角色。所幸我从未被请求演唱"一切作品"。乔治·索尔蒂爵士在我们一同合作的三年时间里向我提议了伊索尔德、《费德里奥》(Fidelio) 里的莉奥诺、《命运之力》里的莉奥诺拉这些角色，但是我明白他仅仅是想要在他指挥的作品版本里听到他喜爱的一个嗓音，是什么剧目并不重要。相反，混合了歌剧、与乐团合作的音乐会和独唱音乐会的档期安排（只要中间有几天时间休息缓冲）更有利于保护我的嗓子。连续演唱太多莫扎特的歌剧会令我的嗓子变得过于克制而害怕放声高歌，可若时常在两种风格极端的歌剧间来回切换则会令我更加难以轻柔、细腻地演唱。尽管我一直感到有必要让自己尽可能地尝试各式各样的音乐，但我总是小心翼翼地把嗓子的用度控制在适当的范围之内。

唱片的筹划与曲目编排是迪卡、我的经纪团队和我自己的共同努力，这个过程出人意料地费心，因为它不仅涉及曲目选择，还要决定何时录以及跟谁一起录。在一个完美世界里，我可以选择一些我喜爱的、适合我嗓音的、无论家喻户晓还是鲜为人知的作品；我之前已经演绎过这些作品并已具备深层次的解读；我将与最高水准的指挥和交响乐团抑或钢琴家合作。很显然，我们的世界并非完美。当我与克里斯托夫·艾森巴赫和休斯敦交响乐团录制施特劳斯的《最后四首歌》时，我从未唱过这部堪称女高音音乐会曲目试金石的作品，况且此前已留存了多版极为出彩的录音。我用了 24 个不同的演绎版本——一些是发行过的唱片，另一些是演出盗版录音——试图从现存的所有有记载的历史录音中去揣摩这部作品。所幸它首演于 1950 年，这一切还是有可能完成的，我从首演这部作品的挪威戏剧女高音歌唱家科尔斯顿·弗拉格斯塔德（Kirsten Flagstad）着手。储备了这些知识以后，我开始形成自己的解读，即使在没有演出经验的情况下也得努力做出一个我自己的版本。任何一种解读的存在均源于我们在音符与音符之间找到的独特之处，这是我们除了音色以外能令自己脱颖而出的唯一途径。能出色地演唱一个乐句仅仅是开始，能不能提出一些新颖的观点？能不能表达一些个性化的东西？我们梦想有一天我们的天赋、才智和灵感能引领我们从歌手登上为人称颂的艺术家高峰。

从前，像乔·维克斯（Jon Vickers）那样的歌唱家即使从未在舞台上演过《奥泰罗》，他都可以直接把这个角色的首秀灌录成唱片（一如他给 RCA 录制的那套），并在 15 年之后仍有机会再录一次，甚至还能加上录像。再近一些的有普拉西多·多明戈，他灌录了三套《奥泰罗》唱片并同时拥有多个录像版本。如今,歌手们想要拥有大把的录音机会已经不现实了,即使是他们最拿手的角色亦无一例外。因此,灌录一张什么样的唱片、在职业生涯中的哪个节点上发行等决定必须经过周密的考虑与权衡。幸亏这种情况倒也有些好处。由于我没有时间通过演出来发掘自己的极限,所以我更倾向于冒险,尤其与克里斯托夫这样试探极限从不犹豫的指挥家一起合作的时候。还有首次演唱一部作品的那种新鲜感,因为随着在往后的诠释中加入更多的深度理解,便再也不会有那种感觉了。这就是我为何喜欢将一些新作品融入我的专辑曲目与独唱音乐会节目编排的一个原因。到了实际选择曲目的时候,我身上那股子研究院的书生气又回来了。拿我近期的亨德尔专辑来说,我得仔细研究我能弄到的每一首合适的咏叹调。由于不愿花时间去挖掘成堆的手稿而意外错失一些鲜为人知的精品佳作?我可不想冒这个险。我从已知的音乐清单着手,时常到最后会划掉大部分最初的备选曲目,因为那些新发现太叫我兴奋了。接下来的一步是该定什么专辑主题:意大利咏叹调?通俗还是圣颂?各式巴洛克曲目还是只编排亨德尔的作品?在这个过程中,我会得到唱片公司、其营销人员、我的经纪团队以及理想情况下还有一位音乐学家专业的帮助。轮询依然是我最喜爱的一种做决定的方式,我会向我的专业顾问、朋友与父母征求意见。

再者,独唱专辑的曲目编排少说也是个艰巨的任务。我和让-伊夫·蒂博戴(Jean-Yves Thibaudet)都不知花了多少时间阅读大量的歌曲文献,最终才定下了我们《夜曲》(Night Songs)专辑的曲目单。我们一开始并没有明确的概念,通过反复试错,我们最终意识到我们深受19世纪末20世纪初音乐的吸引。我想要确保让-伊夫在琴技上受到的挑战能足以实现他在此次合作中的价值,同时也希望挑选到适合我自己的作品。我把每张专辑都当成最后一张来做,使得选曲过程异常焦躁、令人抓狂。我在为独唱音乐会巡演编排曲目时也会犯同样的强迫症。我通常以同一时间取悦尽可能多的观众为目标:一次在广为人知的艺术瑰宝、一些生僻的探索、精湛技艺的展示与更为亲民的票价之间的平衡。我们很难去预测公众对于一整晚歌曲的期待,但我仍会试着按照悉尼、苏黎世和堪萨斯城观众之间的差异调整曲目单,避免重复以往的演出曲目。

在我职业生涯早期的一场独唱音乐会演出期间,主办方抱怨说歌唱家对观众失去了以往的尊重,因而使大家对这个艺术形式的兴趣与演出上座率急剧下降。他谈到,在一场早年的独唱音乐会上,杰罗姆·海因斯(Jerome Hines)带去了他的戏服并为观众们演唱了多个完整的歌剧场景,若非如此,这些观众可能不会有机会听到他现场演唱他最拿手的那些角色。我将主办方的这番话牢记于心,并自此格外留心公众的需求。我提醒自己,我们的首要角色是艺人。如果观众不能被感动、有所领悟、受启发而反倒像是来受教训似的,那他有什么理由离开自己舒适的家、电脑和电视呢?在主办方提到的公众对独唱音乐会兴趣骤降的时期,我还是一名学生,我也记得那些叫我感到无聊的独唱音乐会——一位作曲家最生僻亦是最无趣的曲目充斥了纽约的演奏厅,而彼时的我甚至还未听过知名艺术家们演绎的这些作曲家的经典作品啊。光听到一首《魔王》(Erlkönig)就已经能叫我欣喜若狂了。不过,拓宽视野、给听众们一些挑战亦是一个重要的考虑因素。尽管一场全美国作品的世界首演音乐会可能遭遇负评,可我会确保下一场演出的曲目编排包含那些广受大众欢迎的咏叹调。我与让-伊夫的曲目策划有明确的时间性,但它亦为那些 CD 收藏不计其数的发烧友们呈现了一组相对陌生的曲目作品。

在制定任何生活日程安排表时,我的两个女儿毫无疑问都会作为我的优先考虑对象。我像任何一个母亲一样在学校选美、家庭作业、医生预约、生日派对、促膝谈心和解决纷争之间忙忙碌碌。如今我得确保自己只踏上短期旅行,并尽量挑一个有趣的地方,这样她们便能在学校放假期间前来与我会合。姑娘们格外高兴地把巴黎当作第二个家,到了夏季,我们常常会在那儿待上一个月。巴黎完完全全就是一个可供孩子们肆意嬉戏的乐园,我们亦不断地在探寻其中隐藏的一些乐趣。参观巴黎植物园和吃 Angelina 甜品店的热巧克力是每次必做之事。我希望她们身为档期安排超额的歌剧演员的女儿能够享受并得益于这个身份。她们已经走遍了全球,也把欧美许多国家的首都都视作了自己的家。她们也伴随我一起去了日本和澳大利亚巡演。有机会通过小孩子的视角来看这个世界对我或者对她们而言都是一份极好的礼物。我为拥有这两个适应性强、淡定且独立的孩子感到万分幸运且喜悦。

当然，我无法独自应付这一切。从安排我的大都会演出到整理行李，我在方方面面都有帮手，而且我一向坚信若自己身边没有一个全能保姆我可什么都不是。然而我亦不可能对生活中的任何一个小细节视而不见。毕竟，这是我的生活、我的事业，因此确保一切顺利进行的最终责任在于我自己，尽管时而看似那样艰难。

经历过那么多次旅行之后，我在机场填写入境卡的瞬间仍会有一丝的不确定。我在职业一栏该填写什么：歌手？歌剧演员？音乐人？艺术家？名伶？一姐？假设我抵达法国去度暑假，我是一名歌剧演唱家，一名歌手，还是抒情歌唱家？[①]我不确定自己是否知道正确答案，这可能是某种形式的生存困境吧。在高中的职业介绍会上，大厅里站满了医生、消防员和工程师，可大概很少有学生会谈论成为一名歌剧演员的职业可能性。

我一直想了解自己这门事业在这个世界上的职业地位，为了做成这件事，我花了多年时间汇集自己的经验与智慧，并软磨硬泡地让我的经纪团队和唱片公司跟我分享了一些真实的信息。我是一个音乐人，且主要的专业方向是古典音乐，因此我坚信我有责任去了解这个行业本身的机制以及古典音乐在当代文化上的角色转变。如果您

---

① 　原文中用了三个法语单词：cantatrice、chanteuse 和 artiste lyrique。

对我的形象设定是一位不食人间烟火的超然艺术家,万万不可用事实、数字和营销术语来玷污她的玻璃心,那么请务必跳过本节。

尽管一张施特劳斯歌剧选段的新专辑永远不会让麦当娜有危机感,但古典音乐确实拥有一大批观众。与大部分流行音乐形式不同的是,限制了众多流行歌手职业生涯的语言障碍并不会影响古典音乐在全球范围内的推广销售。拿最近的、上世纪五十年代来说,古典乐唱片占了全美唱片总销量的 25%。虽然我们近期内不太可能再达到同等的水平,但古典音乐的确占有一席之地,分别为美国市场的3% 以及全球市场的 3.2%,这意味着几近 10 亿美元的年销售总额。然而,若以 2003 年为例客观全面地看待这个问题,全球所有的录制音乐中有 37% 在美国售出,所以在这个全球最大的音乐市场中,即使只占 3% 的份额亦不容小觑。

虽然有史以来我们一直在唱片业备受眷顾,得以保持一片纯净的艺术氛围,但如今的古典音乐人如其他任何表演者一样受制于市场营销原理。我们不得不考虑唱片销量的百分比以及观众群的人口特征。现在我们成了一个品牌,每个品牌都在争相吸引 19 至 39 岁之间具有可支配收入购买者的注意力,而实际上美国退休人员协会(AARP)——通俗地讲即是被大规模忽略的 50 岁以上的人口——拥有 3 500 万名总收入更高的成员。(唱片行业中的其他音乐类型甚至瞄准了 13 至 16 岁年龄段的购买力。)另外,年长的人更有可能成为歌剧票友。倘若我们打算在这个行业里继续生存下去,我们得愿意去探究如何同时向这两个群体进行推广销售。现今大多数人接受古典音乐的熏陶都不如他们的父母和祖父母多，成长在那个年代的他们对古典音乐的信念一如对严肃文学，是"对你有好处的"。而我们的现状是丈夫被妻子拖着去听音乐会，又或者是托了企业赞助项目赠票的福由，老板带着手下几个高管出席，但那样是远远不够的。我们需要传播对音乐的热情，激起民众的兴趣而成为歌剧发烧友与音乐会乐迷。

在歌剧院欢度一晚会叫人破费这个事实毋庸置疑，可这与我们为其他形式的娱乐支付的价格是等值的。一场美式橄榄球比赛 50 码线的座位或是一家四口观看纽约尼克斯队比赛的前排座位门票——一旦你再加上可乐、热狗和 Cracker Jack①——就不便宜。现在一张百老汇的演出门票往往也要 100 美元，若恰巧碰上一售而空的火爆剧目，那门票极有可能被炒到天价。反之，尽管帕瓦罗蒂的演出最好的座位大概得接近 300 美元大关，可最低票价的站立席也仅售 10 美元而已。

有时候让所有人重新考虑一下自己的立场只是需要一点儿激励政策罢了。波士顿的亨德尔与海顿协会通过提供免费停车服务将其最高票价的销售额提升了 20%。一些公司将门票与餐饮打包出售，并在中场休息时提供免费饮品。这些措施并没有削弱音乐的重要

---

① 一种零食，用焦糖裹在玉米花和花生外面混合而成。

性,他们只是说:"如果您做出了努力前来观演,那我们亦会努力做得更好。"歌剧这个艺术形式的天然属性使广大歌剧公司得以在市场营销与广告宣传上抢占先机:他们认识到能以戏剧性作为卖点。歌剧是可以被宣传成性感而时髦的,它再也不只是雀鸣幻想家①的专属了。交响乐团的观念亦终于开始与时俱进。不过,假如你面临着一群年轻的听众,而他们的成长过程中除了接触过"感恩而死"乐队(Grateful Dead)之外并未有任何其他的音乐教育,那这就有可能会变成硬性推销了。在业余团体、教堂与学校的协助下,参加合唱团、学习钢琴和其他乐器曾是儿童成长过程中的常规组成。这些项目在孩子们心中埋下了对于音乐的爱的种子,并且在成年后枝繁叶茂。可惜我们现下的状况往往是既不播种,也不开花。

解决问题的根本不仅在于如何让更多的人走进歌剧院和音乐厅,另外也得想办法提高唱片的销售额。现在听古典音乐的人比以往任何时候都要多,但他们大多通过电台来收听。若是想听我最近的歌剧演出如《阿拉贝拉》《海盗》(Il Pirata)中的伊莫吉恩或者是《茶花女》中的维奥莱塔,比起其他任何途径,人们更有可能在电台的现场转播中收听到这些作品。这其中就容易涉及价格问题——CD的

--------

① 雀鸣幻想家(canary fancier)借以描述某种歌剧迷,他们只喜爱听伟大歌手的歌声与炫技带来的快感,他们对于歌剧的喜爱仅仅停留在由著名唱家发出的纯粹美妙的歌声,而对于歌剧作为音乐与戏剧的有力结合并不真正感兴趣。通常美声剧目(bel canto)是他们的最爱。

制作和销售成本高昂——亦涉及产品饱和的问题。毕竟，一个人会需要几套贝多芬第九交响曲的录音呢？

这个行业不仅需要付费观众和唱片销售的支持，还需要借助各方的捐赠来保持歌剧与交响乐的生命力。没人会认为小甜甜布兰妮需要捐款来帮助维持她的事业，可古典音乐迫于无奈必须寻求赞助人的支持。在上世纪五六十年代，由于欧美政府对社会问题更加关切，因此文化机构主要受益于慈善捐赠。然而随着公共基金在各个领域的大幅削减，公众理所当然地更愿意把可自由支配的资金赠予安养院、流浪汉的收容所和教育事业，而非艺术机构。演出场地的建造倒是一部分例外，因为这其中牵涉到砖块、砂浆以及捐赠者铭牌等有形实体，而非"年度运营预算"那样的抽象概念。一般来说，人们喜欢建造事物，却不太愿意持续支持后期的维护工作。

我们在音乐上的文化品位已经发生了方方面面的变化，比如电影配乐作曲家近来大受欢迎。当霍华德·肖（Howard Shore）邀请我在《指环王 3：王者归来》的配乐中演唱时，我才对这个类型的音乐有了第一手的经验。我与霍华德初次见面时他说："我很乐意让你来演唱，但同时我想跟你说明，你有可能不太愿意执行我们的声乐与音乐概念。"他告诉我，他正在寻找一种中世纪时期的声音，而我的歌声必须要达到极其纯净、如吟颂般的音质（这话像是从威廉·克里斯蒂〔William Christie〕的口中说出来的！）。我听了之前的原声带后便全然明白了他的要求，于是我说："我很乐意尝试。"我进行了五场三至四小时的录音时段,最终剪辑成了影片里十分钟左右的音乐。

在电影配乐上运用的录音技术与灌录一张譬如施特劳斯选段合辑之不同令我大开眼界。我们在录音棚录制古典音乐的过程几乎就跟一场现场演出相差无几,一首曲子要配合乐团紧巴巴的时间,只能录制两到三次,然后最小程度地进行调音修正。任意一场三小时的管弦乐录音时段大约能有十五分钟可用音乐的预期。做到完美甚至不算一个可选项,因为与管弦乐团一起录音的经费根本不允许一遍又一遍地重来。然而,原来把托尔金(J.R.R. Tolkien)小说拍成电影的制作团队的确有用不完的时间可以做到尽善尽美,亦请得起伦敦交响乐团为其工作数月,光一部电影就有三四十场录音时段——这样的工作环境在古典乐界简直是难以想象的奢侈。再加上关于精灵语言正确发音的那些研讨,我可以肯定地说,这是一段绝无仅有的人生经历。

为了让我的嗓音达到他们期望的完美程度,我得思考自己在男童女高音便可达到的效果之上还能贡献些什么。制片人要我把歌声里每一分每一毫的情绪表达统统去掉,以便发出最最干净的声音。他说:"记住,没有颤音,音调之间没有连接,没有力度强弱。"接着他又说:"好,现在你能加一点情绪进去吗?"我被弄糊涂了,为了实现他预期的声音,我已经排除了所有用于情绪表达的标配:颤音、滑音、连音和强弱。倘若这些工具皆不可用,那我对如何在单纯的音高之上创造出一些新东西可一点头绪都没有。

令我惊讶的是,最后的成品比我在录音时听起来丰富、温暖得多,我的这些小段演唱亦毫不违和地融入了电影之中。这段经历令我对电影工作者满怀敬意。他们有着非凡的耐心与恒劲,因为他们投入的时间是无穷尽的——以《指环王》系列为例,这可不只是数个小时,而是数年。仅在那一个月之后,我灌录了一张亨德尔咏叹调的唱片,我欣喜地发现这段深度训练耳朵以辨别那些变化最细微的颤音与强弱的经历完美地适用于巴洛克风格。这真是精灵音乐带来的意外收获!

许多人认为拯救古典音乐的答案在于利用公众对名人的狂热,找一些能让这个行业看似不那么"古典"的艺术家。其他人则预言所谓的"名人崇拜"必将是一条毁灭之路。过去十年来,我自己对这个问题的困惑亦从未停止。更糟的是,我的录音事业恰好始于这个行业正面临的最艰难的转折之时。我到底要怎么融入这样的文化大背景呢?

仅凭恩里科·卡鲁索(Enrico Caruso)一人的唱片需求量便一下子将留声机从新奇的玩意儿变成商业化产品了。卡鲁索主宰了音乐世界,尽管歌剧演唱家一直是他的首要角色,但他那些那不勒斯歌曲同样受人喜爱,亦如咏叹调唱片一样大卖。他的全套录音至今仍在发行,这在灌录唱片的艺术家之中是极其罕见的。

很大程度上多亏了卡鲁索,才使得20世纪初的歌剧演员成了备受追捧的名人,他们甚至还是默片争相邀约的对象。在欧洲,大美人丽娜·卡瓦列里(Lina Cavalieri)出演了一部《曼侬·莱斯科》(*Manon Lescaut*)的电影;在美国,杰拉尔丁·法拉尔(Geraldine Farrar)拍了一版人气爆棚的《卡门》,至今仍在放映。然而特别令人啼笑皆非的一点在于,20世纪下半叶拍摄的歌剧演员传记电影改由非歌手的女演员出演,而演唱部分则运用了配音。

一旦将声音注入电影,歌手便无处不在。格蕾丝·摩尔(Grace Moore)、珍妮特·麦克唐纳(Jeanette MacDonald)和尼尔森·艾迪(Nelson Eddy),还有马里奥·兰扎(Mario Lanza)皆可被视为跨界艺人,他们是受过良好训练的演员,能把流行歌曲与核心的轻古典乐带给更多的观众。尽管狄安娜·窦萍(Deanna Durbin)从未有过严格意义上的歌剧事业,但她在30岁退休之前拍摄了22部音乐电影,并在每一部里都至少尽力演唱了一首咏叹调(且唱得很好)。20世纪三四十年代她红极一时,一跃成了美国收入最高的女性,在某些年更高居最畅销票房女星宝座。想象这一切都只靠唱咏叹调!

如今,"跨界"已成为这个时代的关键词。跨界其实是建立在流行艺人发展模式的基础之上。这是从近年的明星事业发展趋势直接拿来的经验,即由一众具备舞蹈能力的漂亮脸蛋组成的偶像团体。他们的唱片通常不会跨国发行,有些团体实际上还是拿薪水而非收版税的。如此一来,只要乐队走红,公司便能收获丰厚的利润;又或者反之,公司将会在宣发方面付出一笔巨额的费用。形象显然比内容重要得多,并多以古典曲调或原创素材、灯光秀、服装与编舞来加强效果。跨界无疑是有市场潜力的,而且它的目标是一个极为庞大的观众群。

由安德烈·波切利(Andrea Bocelli)的 CD《浪漫曲》(Romanza)那惊人的销售量而衍生出了一系列成功大卖的唱片,这些歌手通常被称为歌剧演员,却既没有经过必要的培训也没有舞台生涯。这其中大部分人的歌声也不可能在没有扩音设备的情况下被听到,不一定是因为他们的音量小,而是因为他们缺乏岁月的历练、传声知识和演唱技巧。此外,他们的高音音质纯净而稚嫩,并不具备真正的歌剧嗓所推崇的成熟、温暖的音色。聪明醒目的那些人要么把自己的一夜成名作为电视或电影事业的起点,要么像某些流行偶像那样,寻到一种如专业音乐人那般的发展方式并假以时日完成转型。

讽刺的是,这些跨界曲目为表演者带来的成功预示了追求传统古典音乐生涯的年轻艺术家们正面临着几年前并不存在的抉择。年轻的音乐人想要把他们非凡的才华推销给顶尖的唱片制作公司,可若是未得到回应,她们会雇专业摄影师拍摄自己坐在钢琴之上裙摆垂落或是身着紧身礼服缠绕在大提琴周围的硬照。如此一来,那些厂牌便开始感兴趣了。

今天的市场上,至少就那些主要厂牌而言,对古典唱片施行的标准是等同于流行乐的。唱片公司的发行减少了,但对销售量抱有极大的期望,更多的资金花在了宣传上。合同缩短了,并且不再与艺人签订终身合同。然而古典乐与流行乐不同，事实上这笔账不能以同样的方式合计。过去曾有人预计一张古典唱片能在 7 年内收回投资，这也是以往公司愿意实施的一项投资。可到了 1999 年，古典唱片似乎开始以 U2 的标准来被衡量：必须在 1 年以内收回投资。大致上，一套歌剧录音起码要花费 25 万美元来制作，索尔蒂灌录《没有影子的女人》(  Die Frau ohne Schatten ) 时，包括所有营销支出和公司管理费用，总共花了 100 万美元。我录制《露莎卡》花费了约 30 万美元，迄今卖出了 4 万张，而实则需要卖出 7.5 万张才能收回成本。的确，这些录音可能在很长一段时间里都是亏本的。但事实上，即使能做到盈利都远远不够。龙头公司的股东们关心的唯有巨额的利润。

好在所谓的"巨额"亦时有发生。近年来，诸如马友友和约书亚·贝尔 ( Joshua Bell ) 等古典艺术家甚至登上了公告牌 ( Billboard ) 的流行榜。由帕瓦罗蒂、多明戈与卡雷拉斯组成的现象级"三大男高音"人气急剧飙升——唱片销量突破了 1 200 万张。然而，他们的成功到底是掩盖了古典唱片销售的整体萎靡状况。多亏了他们卖出的 1 700 万张唱片，古典唱片销售的平均净利润看似十分明朗，但若有人打算逐一审查其他唱片，那么很容易便能看出其中的巨大亏损。最后，"三大男高音"留下的馈赠实为一系列令人拍案叫绝的衍生品：三大黑人男高音、苏格兰三大男高音、美国三大男高音、爱尔兰三大男高音、三大高男高音、百老汇三大名伶、三位男士与一位男高音、三大魅影、三大女高音、歌剧宝贝、澳大利亚十大男高音以及芬兰三大男低音。仿佛所有的音乐产业从中获得的经验皆在于"三大"似乎是个大众消费者特别乐于接受的数字。

负责唱片录音的高管们忽而把注意力转移到了古典部门，且认为这里所有的项目都应达到其销售指标。被视为"过时了的"高管被赶下了台，大多由年轻的营销导向型管理人才来接替。可问题是，促使"三大男高音"销量飙升的背后的推动力与古典音乐根本毫无关系。他们的成功是一个现象：明星的汇集、与世界杯的关联、声誉斐然的艺术家们在其巅峰时期的出色表演以及一个极有人情味的故事。长远来看，如此爆棚的人气除了有损帕瓦罗蒂、多明戈和卡雷拉斯被视为歌剧演唱家的严肃性之外几乎没有任何益处。灌录那张唱片的时候他们在古典乐界的地位已十分牢固，各自都有相当充实的工作。甚至在洛杉矶举行的一场"三大男高音"演唱会中，一些乐迷听到多明戈演唱麦克达夫或《领袖》(Le Cid)中的男高音咏叹调时表现得激动不已。的确，他们还能在哪里欣赏到这些呢？

一些人指责"三大男高音"现象与另一些超常的古典音乐事件对古典乐行业本身造成了很坏的影响，因为这令身处金字塔尖的艺术家和厂牌习惯于非持续性的高额收入和版税，同时唱片公司亦能获得天价的高利润。这个负面观点可能是多虑了。据我所知，包括我自己在内的任何一位歌唱家都不会因支付的版税达不到"三大男高音"的标准而拒绝一个传承其歌剧生涯的机会。不错，唱歌是我们的谋生方式，有时我们即使辛苦却甘之若饴。对我们大多数人而言，一个极具挑战性的角色令我们在艺术上得到的满足感远比高额的出场费吸引人得多。若非如此,我们当初为何要选择成为古典音乐家呢?

假如我想令自己的商业潜力彻底资本化,那么我会只唱那些最脍炙人口的古典咏叹调,非但不按照原来的形式,还要调整风格来匹配从高科技舞曲到好莱坞电影的一切音乐。歌剧应该就唱得更少了,我会只出演意大利歌剧,而非我所喜爱的那些不太知名的施特劳斯与法语剧目等稀世瑰宝。为了追求更大的销售量,我将只巡演我在唱片里灌录的曲目,而不是演唱一些以往从未有人涉猎的全球首演作品以及施特劳斯、贝尔格和勋伯格的音乐会曲目。我并不反对在一场演出中加入视觉元素,无论通过图像与时尚元素还是通过灯光抑或电影录像。实际上,我倒希望将来有机会能在不影响音乐本身合理性的前提下,把对于皮娜·鲍什(Pina Bausch)作品的想象运用到音乐表演之中。

在谈到诸如奥运会或是肯尼迪中心荣誉奖(Kennedy Center Honors)电视颁奖礼那样涉及大规模观演群众且又时常邀请歌剧演员演出的盛大活动时,我们需要指出的最重要的一点在于:不管是在绿草丛生的小山丘上观看大屏幕还是坐在自己家中看电视,观众群里总会有人是第一次听歌剧——甚至还有可能是第一次听古典音乐。光凭这一点就能让艺术家们的一切付出都变得值得——保持适当的古典氛围与不受妥协的音乐合理性——并继续努力为他们的音乐拓展更多的观众。如果我们再不这么做,那么随着观众群的衰退（至少在西方世界如此），我们将会并理应受到更为强烈的指责。

　　自我为乔治·索尔蒂爵士担任费奥迪丽姬一角后，我迎来了自己唱片事业的一个高峰。他建议他唱片公司的新任艺人与制作部高级副总裁埃文斯·米拉加斯（起初便是他与芝加哥交响乐团的钢琴师贝蒂·布凯里〔Bettie Buccheri〕一同举荐我参与这个演出的）让我成为迪卡的独家签约艺人。埃文斯询问了我在伦敦的经纪人汤姆·格雷厄姆（Tom Graham）我是否有唱片合同在身，汤姆回应时强调说："还未有。"于是我的唱片合同便在埃文斯与汤姆的两次电话会谈中达成，但实际签署耗费的时间要长得多。美国广播唱片公司（RCA）和迪卡都对我很有兴趣，所以我便令人羡慕地在两者之间做出选择。最终我答应了迪卡。

　　与唱片公司签订独家录音合同的安排是十分微妙的。通常要等到发了第二或第三张唱片，艺人才能获得报酬。没有人愿意为艺人的早期录音付出很大的努力和投资，这样会叫艺人从宣传扶持中得益但之后却为别的厂牌做了嫁衣。所幸我与迪卡的高管及其母公司环球音乐最终在这一点上完全达成了一致意见。我相信如今我已被视为这个厂牌里一名从长远看来有持续销售潜力的核心艺人。由此，我了解到除了录音之外我的贡献还在于推广我的唱片，包括寻求古典乐观众之外的更广的知名度。在那些会购买古典乐的人群中——也就是那些曾经接触过古典乐的人群——有5%的人可能会购买一张我的唱片。接下来那15%喜欢古典乐的人们会购买一些吸引到他们注意力的东西，再有25%的人们会购买三大男高音、安德烈·波切利的唱片或是像贝多芬第九交响曲那样脍炙人口的古典作品。而其余的人从来不会购买古典音乐；这根本不管用。

因此，投入宣传是必需的，即使这意味着我得自己花钱，努力让自己超越核心古典艺术家所能达到的惯常水平。我能接触到另外那25%潜在的购买者的唯一途径是在比方说《大卫深夜秀》(*Late Show with David Letterman*)上露面或是在洛克菲勒中心的圣诞亮灯仪式上表演。我充分利用了落在我身上的一切机会。假如我保持不了自己的销量，我便无法继续录制唱片，而唱片是我能接触到更多观众并在我退出舞台之后继续保持自己艺术鲜活的唯一机会。这也是我真正乐在其中的事情。在录音棚里度过一周时光是怎样的奢侈待遇！我只需专注在音乐上，没有不舒适的戏服，不必担心公众或乐评人的喜恶，也不用考虑我是否会忘词或是灯光效果怎么样——只是一次与我欣赏的音乐家与作曲家的纯粹交融。

我的表演生涯与唱片事业是相互关联、相互促进的。这是一个缓慢而稳定的攀登过程，但它至少一直在持续向上。录制唱片给了我与公众交流的平台，这比以往任何时候都有更大的机会让人们听到我的歌声。为什么这对我很重要？我心里可能并没有明确的答案,但它确确实实很重要。也许我是想找回自己年轻时聆听唱片录音的那种感觉,期冀将来有一天我的歌声也能像她们的一样。也许这只是我性格里自带的特质——一个不断努力和完善自我的需求——似乎这样才能组成一个完整的我,又或者那只是持续成长所带来的振奋感。

古典音乐的未来有些不祥的征兆。唱片公司面临着盗版与未经授权的下载服务的威胁。如我们这般已获得成功的艺术家的当务之急是为那些唱诗班和小提琴家们发声,还有刚起步的歌手们。倘若盗版继续猖獗,那这些音乐人就彻底没有工作了。我询问了环球音乐古典与爵士的总裁克里斯托弗·罗伯茨能否在这一章里就录音技术与唱片业的未来对他进行采访。他一直是我与迪卡的长期合作关系里唯一持续不断的纽带,数年前也是在他的帮助下让公司转而支持我的。关于唱片业的未来目前流传着许多可怕的预言:在录音棚里录制的唱片将不复存在;龙头唱片公司即将垮台,而只有小规模经济型厂牌才能从非法下载和盗版危机中幸免于难;歌剧只会存在于演出现场的录音和 DVD 中,或是通过互联网在全世界各地直播。

克里斯托弗解释说,唱片业历来都是由新科技推动的,从黑胶到电子传声器、从 78 转到能长时间播放的唱片,直到最近发展起来的数字录音与激光唱片。我加入迪卡的时候正是唱片业形势大好的年代,那会儿人们纷纷急于以更小、更坚固的数码光盘来取代他们的黑胶唱片。如今未来市场的救星看似会是互联网,这其中的美妙之处在于它提供了无限的选择。按传统讲,每个厂牌会基于一张唱片的销售额是否大于基本维护费用而决定将其保留在公司唱片目录或者下架。可试想一下,一份互联网上的数字目录将囊括历来发行过的所有唱片。不过正如克里斯托弗解释的那样,一首歌在登陆 iTunes 之前必须被压缩成数字格式,而通常人们在前景不甚明朗的情况下会对承担初始开支持有怀疑态度。拿环球唱片举例,每 4 000 首歌中有 1 000 首会放上 iTunes。这个新科技的大众接受度还处于萌芽阶段,但克里斯托弗预测这项技术将在 5 年内快速发展。尤其中国可能会是个巨大的潜在市场,考虑到那里的人们对古典音乐的欣赏、认知和意识,以及有强大的新闻媒体做后盾。然而这项技术的不足之处在于盗版。罗伯茨并不认为零售销量会完全消失,尽管销量正在下降,而且的确面临着巨大的压力。一般来说,除了热卖 CD 之外,其他一切都正被 DVD 所取代,这也适用于古典乐、爵士乐、新世纪音乐与原声带。在录制音乐领域里所提供的可选项亦能同时存在于表演领域。想象一下,只要打开电脑便能置身于一场在东京举行的独唱音乐会。大部分电台爱好者们已经发现了音乐在网络下的这个特质,而图像的跟进只是时间问题。

音乐本身永远不会消失。贝多芬的音乐依然振奋人心,理查·施特劳斯的作品令人震颤,而听听莫扎特甚至能帮助开发智力。我们有责任去学习如何与那些不太了解音乐的观众交流，给他们一个理由来看我们的演出而不是去电影院。于我、于这个行业而言，这将是任重道远的工作，并需要大量的创造性思维。但归根到底，创意思考本就是我们的分内事。

# 第八章　事业常青

　　我亲爱的贝弗莉·约翰逊在身患重病一年之后于 2001 年 1 月离世。从某种程度上讲，那些漫长的岁月帮助了我和男高音安东尼·迪恩·格里菲（Anthony Dean Griffey）为即将发生的事情做好心理准备。安东尼就像贝弗莉的干儿子，我们俩轮流去医院里照顾她。玛丽·卢·法尔科内来访过，并明智地劝我准备好——我不仅将失去我的朋友，还将失去我的老师。而事实上还不止如此：我正在失去我的试金石。

　　"也许有人会想象公众对我们有比实际更高的期望值，"贝弗莉在 1999 年给我写信时说，"大体上讲，我觉得你的观众们已经爱上了你，现下他们光听到你的声音就会很开心。所以我希望我能帮助你、叫你相信你的嗓子正随时待命，你已经孕育它多年并一直对它爱护有加，所以它不会令你失望。我确信这是事实。你不知道当我试图告诉你我对你所实现的成就和你现正做的事情怀有多大敬意时我感到自己可笨拙了。"

贝弗莉惊人的生命力令她一如既往地保持活跃直至生命的尽头。她在 12 月 23 日给我上了一堂课，那天的一切仍历历在目。她躺在沙发椅里静静地听着我唱歌，她那深蓝色的眼睛里透出了无限的喜悦和力量。唱歌对于贝弗莉的意义远甚于我认识的其他任何一个人。第二天我带着女儿去祝她平安夜快乐时，她看上去很疲惫。显然她的情况不太好，几天后我陪她进了哥伦比亚教会医院。我跟她说我会去她家接她，可她坚持要在医院与我见面。她是一位不愿麻烦别人为她做任何事的女士。她不接受家里雇用护工，也不愿被人照顾，因为她无法容忍自己的软弱。她的一生都尽其所能地活出了真我，而当她再不能按她的方式生活时，一切便完结了。当我赶到医院时，我在候诊室见到坐在轮椅上的她，头上缠着围巾，看起来是那么的瘦小。"我为了死亡而来。"她伤感地对我说。

她在世的最后三周对我来说极其痛苦，不仅因为她显然很快就要离开，更因为在最后的日子里她正试图将我推开。回想起来，当时我在为《林肯中心现场》(*Live from Lincoln Center*) 的电视直播排练，考虑到贝弗莉的情况，我不知是否应该直接取消演出。但这已迫在眉睫，各就各位的所有人都需仰仗我来完成这个项目。每天排练结束后，我总在开车回康州前先奔向医院探望她，而即便有时我凌晨两点才到达,贝弗莉通常都醒着。她会看我一眼,然后移开视线,盯着天花板。"哦,是弗莱明小姐,弗莱明小姐来看我了。"她会这样说,那时她只用第三人称来称呼我了。她对我很生气,也许她并不是在对我发脾气,而是因为她意识到自己的生命即将走到尽头。深夜里,我坐在她的床边,总念着和她说说话,而有时我只是静静地握着她的手。我能感受到她强烈的求生欲,她想留下来陪我面对《茶花女》、帮助安东尼完成布里顿《为男高音、圆号与弦乐队所作的小夜曲》,这部作品之前由她的丈夫哈迪斯蒂·约翰逊于美国首演。她希望继续留在我们的生活里,我们又何尝不是如此呢。

1月中旬的时候,我得飞去欧洲演出。我又一次遵循了"我应该做什么"的固有原则:我应该去伦敦,我应该去履行自己的义务而非留在贝弗莉身边。在我离开的两天后,她因肺炎逝世了。安东尼打电话告诉我,她走得很安详。我们并不知道原来那时她因癌症的痛楚已服用了大量的止痛药。我们同样不知道的是她已经96岁了。那天晚上我原定得演唱威尔第的《安魂曲》,可我在伦敦打电话给我的经纪人说:"抱歉,可我真的做不到。"

"你必须得上台,"他对我说,"这是现场直播,我们也没有候补歌手来顶替你。"

那个夜晚让我明白,抛开生命中正在经历的其他任何事情并专注于做好自己的角色不是一项不可能的任务。我对这场音乐会毫无记忆,仿佛我根本不在场似的,可打那时起却有好些人前来告诉我,这场演出有多么感人、对他们的意义是多么重大。

贝弗莉去世后，我花了很长一段时间才从她于我的情义中走出来，在对她的思念之情中自我挣扎并极度纠结于我认为自己本该做得更好的一切。一位朋友告诉我，他的母亲在最后的生命岁月里亦待他如此，有时候人们不愿接受好意、变得疏离，是因为他们极不忍心离开自己最最亲爱的人。不管贝弗莉是否如此，起码就最后那个月我们之间的关系变得如此糟糕而言，这是一个令人安慰的说法。贝弗莉对我的人生留下了超乎寻常的深远影响，她在我迷茫无助的时候仍对我充满信心，在我的生活乱成一团的时候又会为我指明一个清晰的视角。她帮助我找到了自己的声音，并教我如何进一步去塑造、去拓展，以及如何在嗓音里的某些元素偏离轨道时再把它们哄回来。她把声音在每个阶段反复无常的特点汇集起来，为我连成了一条连贯一致的线索。首先我对与她的结缘心怀无限感激，同时也为不幸失去她而深感悲痛。


我的嗓子的确有过令我失望的时刻，那时它看似很任性且不甚可靠。可还有些时候，比如贝弗莉去世的那晚，我的嗓音仿佛成了我真正的朋友一般支撑着我，而非由我来支撑它。声音之脆弱在很多情况下是由于它与意念形成了太过强烈的关联。处理声乐问题并不总像处理技术缺陷那样简单直接，因为信任与信心亦会发挥它们的作用。信任关乎我在舞台上是否能确定当我的意念给我的嗓音下指示时后者一定会照做,那就好比耳朵听到了一个乐句,意念便明确下一秒身体即能重现这个乐句。假如没有这等信任——即没有把诸如"我能足够快速地唱出那些音符;我能完美地呈现某个特定的高音乐段;我能表达乐谱上的渐弱变化"等视为家常便饭——那我便真的一无所有了。再者,倘若缺乏信心,我的身体肌肉就会紧绷到阻碍我的表现,叫我屈从于拳头紧握、指节泛白的状态以及歌手们尽力想要根除的其他一些陋习。

如果我得长时间维持一个音符,我会想象它是动态且旋转的,因为每一个音符都必然有其生命。从某种意义上讲,歌手在维持着一个音符的每一秒时,实际上都在焕发这个音符的新生活力。一旦钢琴的音槌敲击下琴弦,便再也不能将音收回,而即使世界上最伟大的钢琴家也决计无法阻止那个声音的逝去。这是乐器的天然属性。然而就像任何一件管乐器一样,只要保持气息活跃,嗓音便一直能维持同一个音调。但凡出现由于肌肉紧张而造成的任何类型的拖长音,则会将其本身反映到嗓音里变成一个瑕疵。有时候这是一个定音高问题(音符会听上去过于平淡或刺耳),而另一种情况则是音质问题(随着颤音的减慢或加快,音符失去了其美感与平顺度)。每当类似的问题出现时,一个保持事业常青的秘诀是在一段时间内停止唱歌。当你身负贷款,或者你不想叫观众失望,又或者你不愿失去某版特定制作中的一个角色时,要做这样一个决定的确会很艰难。尽管如此,无论一场演出是何等光鲜亮丽、备受瞩目,从中的得益之处仍需与嗓子的长久寿命进行权衡。如何尽可能长时间地保持嗓音健康是每个歌手在其职业生涯里的每一天都围绕于头顶的一大顾虑。

当然,照料好自己的嗓子并不总能得到歌剧院与音乐厅的理解和支持。通常一名歌手多次取消演出会导致其事业产生负面影响,而只有最伟大的艺术家才会被纵容频繁的缺席。比方说特蕾莎·斯特拉塔斯(Teresa Stratas),她总是解释说自己的健康状况很脆弱,可她是一名如此出色的歌唱演员,以至于各大公司明知道不可能指望她每场都出席也仍不惜一切代价争相邀请她。职业晚期的帕瓦罗蒂同样倾向于在最后一刻取消演出,而他几乎总是能获得公众的原谅。拥有这样一副好嗓子,他怎么能够不被原谅呢?

我自己因病取消演出的经历全都发生在了大都会歌剧院。第一次是布里顿的《彼得·格兰姆斯》(Peter Grimes)开幕之夜,不知是何种病毒正在酝酿而最终直接感染了我的声带。不幸的是,当我在后台换上戏服、假发和上妆时症状恶化了,这意味着我的替角也正同步做着一样的事,因为那一刻我们都明白我可能上不了台了。大都会代表在开幕前的五分钟来到我的化妆间,极力地鼓励我上台,因为我还未能下定决心说不。"就一幕成吗? 也为了观众,"他恳求道。我继续练声,而万幸在他身后站着的一位教练听到我的嗓音状况后冒着丢工作的风险摇了摇头。我审慎地听从了她的建议。我们永远不知道在感冒或是喉咙感染时唱歌是否会成了自己的告别演出,所以从这个角度讲,谨慎将换来一片光明的未来。不过,对于任何一名歌手而言,坐在更衣室里泪流满面地卸下妆容准备回家都是灾难性的打击,因为少了她的演出仍在继续进行。

我第二次在大都会取消演出是在近来出演贝里尼的《海盗》期间——这是一部令我感到该极尽自己责任与义务的歌剧。

根据大都会一贯的工作模式,艺人统筹会致电歌唱家的经纪人说:"我们正在为未来几个演出季中的这 10 部歌剧选角,我们考虑由你的客户来担任这些角色。"也就是说,剧目会首先被定下来,然后再选择演员阵容。可有一次,我被召来与总经理约瑟夫·沃尔普(Joseph Volpe)会面,于是我意识到接下来会有一些重要的事情发生。每当我在大都会演出时,我总有一种作为一台庞大机器上的小螺丝钉之感,并从未忘记站在这里唱歌是一种无上的荣耀。正是在这个会议上,约瑟夫对我说:"这里有一份清单,上面列着我们希望你出演的剧目,但同时我们也想知道还有什么别的歌剧你会有兴趣演唱。"这可是约定俗成之外的一个巨大变化:我被赐予了拥有选择权这样的奢侈待遇。约瑟夫·沃尔普的声名主要是基于他生硬的外表,对我来说,他向来是一位对人关怀备至的导师,在个人问题与当下的制作上均给予了我很大的帮助。有一次我在百老汇大道和第 79街彻底毁了我那辆已经开了 12 年的宝马(在曼哈顿城中心毁掉一辆车那可是真的有才),约瑟夫便为我准备了一辆车,方便我顺利完成那轮制作里剩下的排练和演出通勤。当我终于有机会感谢他的周到时,他笑着说:"这不是为了你,这是为了我。我们需要你安然无恙。”最近一次，我在后台入口收到一封亲手递送、叫人担惊受怕的恐吓信，而约瑟夫在我不知情的情况下为我在演员出口安排了安保人员。直到有朋友问“为什么这些人老跟着你”，我才意识到这一点。

这些年来，我们之间的情谊逐渐加深，而今他正给我提供了一个相当难得的机会。当我坐在他的办公室里思考着我想要在大都会的舞台上演唱的角色时，我知道这定会是一部美声歌剧。我自己做了一些研究，发现贝里尼的《海盗》从未在大都会上演过，而且我很乐意如挑战自己一般挑战一下我的观众们。毕竟，虎父无犬女。

那么问题来了。由于《海盗》这部作品鲜有人知，而且我又是那个主动请缨的人，所以不论是为了观众还是为了剧院，我都感到自己责任重大，必须让演出圆满成功。按原定计划一共排了七场演出，而我却不得不取消两场。彼时我和两个女儿住在康涅狄格州一座高大的维多利亚式的房子里。某天下午我正呼唤着楼上的塞琪，而那时我已经感觉到喉咙有点问题了。当她没在短时间内出来回答我时，我做了任何母亲通常都会做的事情：再次叫她的名字，而且很大声。那一刻，我感到了一丝异样的疼痛，噢，不……

我去看了我的耳鼻喉科医生斯拉维特，他给我做了检查之后说：“我可以给你注射可的松，你可以上台，可若你在乎长远的事业，甚至这轮演出剩下的场次和你嗓子的寿命，那就别这么做——不要唱了。”当我让他给我解释我的声带出了什么问题时，他说：“确切地讲，发声实际上靠的是声带振动——看起来就像是被折叠了的内膜或组织。真正称之为声带的是整块内膜的后三分之一,它是被黏膜包围的肌肉,通过振动发声并附着在软骨上,且会在一边出现一小块肿胀。"他作为我的医生这么多年,从未叫我取消任何演出,而每当我对某个问题产生顾虑的时候,他会让我放轻松,并安慰道:"噢,拜托!你没问题的。"而此次,他亲自致电约瑟夫·沃尔普说:"她没法唱。"甚至比失落更糟的是,当我之后再回到舞台,我再也无法对这个角色饱含十足的信心。此次的声带损伤令我感到自己好像一直都过分小心了,所以才产生了这一系列的问题。而收声唱抑或控制音量实际上也并不能保护你的嗓子。喉炎发作的时候有点像低声耳语:最终只会对你的声带造成更大的伤害。好在贝弗莉以前一直在坚持叫我改掉这个放不开嗓子的习惯。我会抱怨:"听起来感觉不对呀。"她则会回答说:"亲爱的,你没放开嗓子。你在担心。别这样,放声唱出来吧。"她有一种不可思议的洞察力,总能辨别出我嗓音中细微的差异并给我指出问题所在。一旦我得到她的允许放声唱歌,那么问题便有了转机,且各部分很快会回归原位并恢复正常运作。

成功的感觉十分美好——直到备受瞩目的演出必须被取消。我不仅在为自己的嗓子担忧,我更感到自己身上仿佛笼罩了一个庞大的聚光灯。然而不管接下来有什么样的合约任务在等着我,我最好停止这种想法。否则,小问题习惯成自然了便会恶化成大毒瘤。由于带病唱歌而形成的不良习惯与困扰很容易开始恶性循环,以至于当你终于恢复健康时,你会发现自己已失去了自信心。声音这件乐器可以变得极其脆弱。有人曾就一位著名男高音的事例小声给我复述道："他感冒的时候带病演唱，可之后却再也无法相信自己的歌声了。"这样的说法甚至能令最强壮无畏的男低音在大半夜惊出一身冷汗。这些嗓子是否真的受了损，那损伤到底是在声带上还是在周围的肌腱上？是否会因此丢了演唱技巧？这个问题能被修复吗，还是说仅仅因为丧失了信念？很少有人能在这些问题上给出确切的答案。每一个嗓音都有它的保质期，所以我们必须凡事小心翼翼，以免在不经意间就过早地终结了自己的职业生涯。

照料好嗓音包括细心留意自己的身体健康、环境影响、顽强的意志力，以及高于一切的扎实技巧。我在茱莉亚的学生时代总生病，甚至还有背部伤患，直到我偶然发觉这只会发生在重大的试音甄选之前——哈，一个自己拆自己台的例子被抓了个现行。当我一年内第三次去让医界圣手古尔德医生检查我的喉咙时，他忽而握住我的肩膀说："你没有病，你只是神经紧张。"这便又叫我开启了自我探索之旅，最终使我成为一名不常生病、顶多也只患普通感冒的少数歌手之一。我一直认为身体健康更多时候是心态问题。我想象小毛刷子能清除血管里的细菌病毒，我明确跟自己的身体说本周没时间让它感冒，我时刻提醒自己紧张情绪正危害我的健康与幸福，我想方设法不去担心患了常见疾病的孩子们与其他亲人。总之无论在何种情况下，我都竭尽全力继续演唱。一些朋友得知原来我们只根据表演场次获得相应的报酬后深感惊讶。歌剧世界里没有病假一说。因此，我过着自我节制的生活，尽量不在言语、饮食或日常生活中肆无忌惮地惯着嗓子。我亦会避免头顶和耳朵过多地吹空调冷风，不在演出当天说太多不必要的话，在演出前一天晚上少喝或者不喝会使人脱水的含酒精饮料。耗费有生之年里那么多宝贵的时间以旁观者的角度来替我的喉咙担忧决计是我无法想象的。

即便如此，问题的关键无疑还是落在演唱技巧上。无论现在传播着何种过敏、我有多么疲劳，或是和孩子们在迪士尼乐园泡了一整天，扎实的基本技巧训练每日都能令我调整好自己的嗓子并巧妙地赶走歌声里的任何刺耳嘶哑。

令人惊讶的是，我这一代的顶尖歌唱家之中，我保护嗓子的方式竟是被视作保守的。我估计有一些同事甚至从来不知道"节制"是什么，他们在打了18洞高尔夫球、玩了直排滑冰，接着在城中狂欢一整夜之后依旧能跟没事发生一般照样上台纵情高歌。在我把自己逼到多任务处理和工作的极限状态下，我唯一做出的让步便是无论在说话还是唱歌时，我都会异常小心嗓子的使用。更高位置的共鸣与极小的气息压力能延长我在排练中的耐力。如果有传声需要，我会提高嗓门说话，并尽可能使用面罩共鸣。这个策略在一个嘈杂的餐馆里会特别管用——顺便说一下，这也是我尽量避免身处的地方。谁说纽约的餐厅越吵就越好了？有一半的时间我甚至都听不见桌对面的同伴说话，更不用说与他进行交流了。

收声唱是另一个具有争议性的话题。在早年的某轮演出期间，我在收声唱上学到了重要的一课——为了在排练中省点嗓子而弱声唱或降低一个八度唱。我只在那部剧中演唱一个小角色，这就给了我极佳的机会得以观察经验更老到的歌唱家们如何在排练中准备自己的角色。那是一部生僻的歌剧，但叫我失望的是两位主角从未在排练的时候放声唱出来。不过我依旧认为他们在实际演出时对嗓子的要求心里有数，在排练中只是为了省着点儿嗓子，所以当我发现在开幕之夜他俩都没有足够的耐力挺过自己的角色时，我感到相当震惊。与运动员无异的是，歌手亦必须坚持训练其声带肌肉的强度、灵活性与耐力。阿尔弗雷多·克劳斯(Alfredo Kraus)曾说，歌手应该做到每天能轻松地演唱六个小时，可两三个小时通常就到达我的极限了。理想状态下，收声唱应该仅用于最最极端的那些乐句及演唱形式：例如连续多个 high C 或是瓦格纳式的大爆发。倘若已然扎实掌握此类乐句，那便可隔三岔五地才亮一亮嗓子——我就没那么幸运了，那些通常是我最需要多加练习的乐句。虽然我发现高音域段落不可能维持太长的时间(尤其是在没有间奏的情况下)，但碰上要求不那么高的段落就该唱起来毫不费力才对。除非我受天气状况影响或处于极度疲惫的状态，否则我会尽量避免收声唱，我的许多同事亦如此。假如收声唱对一名艺人无可避免，那么很有可能是他的发声中产生了不适，这该立即引起重视，因为无视问题的存在只会换来长期得为嗓子提心吊胆的职业生涯。

即便遵循了教科书式的自律，每一位歌唱家仍会在职业生涯的某个节点面临一次嗓音危机。而我们大多数人都会有好几次。我曾在拜罗伊特首次演唱瓦格纳名作《名歌手》(Die Meistersinger)中的埃娃一角之后需要休息数周来恢复、调整我的嗓子。我兴致高昂地在那里度过了一个夏天——由沃尔夫冈·瓦格纳(Wolfgang Wagner)亲自执导、丹尼尔·巴伦博伊姆指挥——全身心地投入到这部在瓦格纳自己的剧院里上演过的最伟大的作品之一。我享受由头到尾的整段经历,更何况身边还欢乐地跟着蹒跚学步的大女儿和躺在婴儿车里的小女儿。第二幕中,我的角色是会话式的低音唱段,而我的演绎有些过分强调唱词,坚决不顾一切地要令观众听懂。一如既往的事后诸葛亮,直到演出结束后随即要灌录《唐·乔瓦尼》唱片里的安娜一角时,我才意识到嗓子有些不对劲了。这个劳神费力、音域又高的角色感觉比几个月前我在巴黎演唱时要困难得多。紧随其后还有在大都会新一轮的《女人心》演出,所以我决定休息一阵,花两周时间跟贝弗莉待在一起,以便找出问题的根源并解开症结。所幸我们做到了,亦所幸莫扎特又一次成了我的贵人。贝弗莉曾和我开玩笑说,我经常去见她就跟一年两次的牙医随访似的——只需确保一切运作正常且健康即可。最近,自她去世以来,我但凡碰上并不那么容易的角色与唱片录制时便得仰仗常驻伦敦的杰拉德·马丁·摩尔(Gerald Martin Moore)作为我的"外耳",还有我的妹妹雷切尔,现在她比任何人都了解我和我的嗓子。

在我还是新人时,我常常把那些更资深的同事拉到一旁请求他们给予我声乐上的辅导。在旧金山首次登台演唱伯爵夫人期间,我询问了伟大的法国男高音米歇尔·塞尼沙尔(Michel Sénéchal)能否在演唱马斯涅的《泰伊斯》上给予我一些指导。他慷慨地应允了,并且给我补上了声乐版图上另一块重要组成:"女高音的危险——实际上针对大部分美国女高音而言——在于她们倾向于在中高音区(即在五线谱顶线上的及其相邻的音符)唱得太厚重,而在你自己意识到这点之前,你的嗓音已经老化,高音也离你而去了,发声不稳的苗头业已出现……顶端的负重太大,以至于歌声无法在高音区绽放。这将变成一根石柱,而非本应苗壮成长的小树苗。"这一番对话启发了我把嗓音比作沙漏的想法,我很同意他的观点,因为我也的确见过不少嗓子因此遗憾陨落。

当然,每个人的职业生涯最终都会经历嗓音开始衰退的阶段,到那个时候已无法靠任何技巧、休息或是老师来帮你扭转乾坤。根据斯拉维特医生的论述,声音的自然老化是由于声带的黏膜组织产生变化而使它变得不那么灵活了。然而,能让我们肌肤焕然新生的类似疗法也许可以重塑并滋养声带上的内衬组织。目前斯拉维特医生正在研究一种可能延长我们职业生涯的安全方法。试想一下,没准将来有一天我会撑着助行架上台表演呐!

若非如此,我的目标向来是在适当的时候自行选择告别舞台,而不是要拖到我不得不退出的时候。我们万不该唱到观众们已开始遗忘曾经为何喜爱我们,又或者涌现的新一代歌手都弄不明白为何这门艺术如此令人惊叹。我当然还想再唱20年，或者再长一些呢。但假如我只剩下20天的好嗓子，那么我只希望我能够有尊严地认识到这一点，然后优雅地退出舞台。

没有人离开舞台的方式比伟大的德国女高音洛蒂·雷曼更谦和了。彼时她已告别了大部分歌剧角色，唯独留了《玫瑰骑士》中的元帅夫人一角直至年近六旬。为此她写道："每一次我演唱这部作品，我都能从中感受到纯粹的愉悦，为它蕴含的魔力、它的文字与音乐深深折服，像是已把它们揉进了这个真实的自己。加之每当我为索菲和奥塔维安关上门、任之饱尝属于他们俩的幸福甘露时，我总是感到我亦关上了自己心中的某扇门，并微笑着离开……"最终她在纽约市政厅举行的一场独唱音乐会上宣布了她将告别舞台的决定，当时她发表了一个简短而亲切的即兴讲话，更因动容而湿了眼眶，随后她在后台与当晚几乎所有的观众都见了面。"还好我没等到人们说'喔，我的上帝，洛蒂·雷曼什么时候才能闭嘴啊！'才打算退出。"她在自己的化妆间里如是说。

通常我们会跟年轻歌手多次重申的一个建议是："你的演唱万不可超越你的极限。"简而言之，不可唱得太极端，要小心别超出你嗓子所能承受的强弱力度范围。决定嗓音寿命的一个要点是明智地选择歌剧剧目。对歌手而言最难的是学会说"不"——对一切过多、过早、过重、过于戏剧、过于成熟的角色说不，以及对过于大声的管弦乐队说不。但这一切是许多歌手无法抗拒的风险。一位抒情女高音很可能做梦都想唱《蝴蝶夫人》(*Madama Butterfly*)，于是在她的嗓子还未准备好之前她就接了这个角色——之后有一天她醒来，发现她再也找不回自己的歌声了。我曾写信给卡洛斯·克莱伯，就我收到的一个看似过重的角色邀约征求他的意见。他在回信中写道："你想都不要想。不用给任何理由，就说不行！别说理也别道歉，就说不行！大写的不行！"我真该把这封信裱起来。

　　我在茱莉亚学习的那个时代，一些人会为歌剧"黄金时代"的逝去而感到惋惜，而现在人们又抱怨在较重的意大利和德国剧目上缺乏戏剧性的嗓音。如今已涌现了一批能完美驾驭巴洛克与莫扎特剧目的杰出人才，他们以自己的智慧、音乐才华与修养将这一类音乐带到了现今歌剧界的最前沿。我丝毫不信现当代歌手的嗓门能比过去几代歌手小得多，相反正是音乐表演在过去60年里发生的巨大变化影响了人们评判歌手的标准。剧院面积与现代乐团乐器的定音和音质均对嗓音的考核标准有着不容忽视的关联。唱片录音的出现同样改变了歌手与观众双方的期望值和优先考虑的因素。20世纪初，美妙歌声之外最被看重的能力在于是否能让观众听懂，人们指望舞台上的每个人都能在歌剧表演中吐字完全清晰。彼时没有字幕，歌剧亦不按今天的习惯用初始创作的语言表演，而是以观众的母语演唱。当然，彼时的观众既有闲暇时间，也愿意为了更好地欣赏一场歌剧演出而提前阅读剧本。歌剧史上早期的诠释吐字如此清晰的一个原因在于那时的音质追求的是明亮和光泽，而非温暖与圆润。

将语言融入音乐并做到词句发音正确无误对任何歌手来说都足够有挑战性，对女高音来说尤其如此。几乎不可能确保观众理解歌声里的每一个词。我们在五线谱顶线以上的区域演唱的同时想让观众听得明白就如同在打哈欠的同时进行明白易懂的对话。（不信你们试一下。）唱歌用到的高声调远远超出了实际说话的声调，而要将高声调唱得漂亮——甚至只达到尚可的标准——要求在口中留有大量的空间，这就不适用于辅音或如 a 和 e 的闭元音的清晰发音了。我的目标是在不损害音质或引起疲劳不适的前提下尽可能地把吐字的清晰程度推到人性化的合理极限，一来为了叫观众听懂，再者文字能为乐句增色不少，也为一波平淡无奇的连音平添些生命力。

当我在拜罗伊特演唱《名歌手》中的埃娃时，我得提醒自己写这部作品那会儿并不存在"瓦格纳式的"歌唱家一说。彼时有莫扎特与意式作品歌唱家，而那些嗓音恰恰就是瓦格纳创作的对象。拜罗伊特的歌剧院正是为了适应他那庞大的管弦乐队而建，这个管弦乐队被安置在一个下沉式且一部分被遮挡了的乐池里，以其丰富多变的声响环绕着舞台上的美妙歌声。打那时起，几乎每一个新建的剧院都要比当年上演这些歌剧的欧式剧院更大，在某些情况下甚至还大得多。加之科技的进步令管弦乐团中诸多乐器的声音得到了改善，人们的品位亦日益趋向于更为明亮的弦乐音色，歌手们自然需要拉高一点嗓门才能被听到。这其中最困难的一个因素在于管弦乐团基准定音的升高，由巴洛克的 430 调至 19 世纪中叶的 435、20 世纪初的 440,再到如今维也纳的 444。随着时间的推移,这个调音标准和以往已形成了一个半乐音的差别,假如一部作品本身的定音就已经很高,那么它将会带给歌手更大的挑战。我一开始并不完全了解这个事实,直到我演唱了用古乐器伴奏的莫扎特与亨德尔的作品。

另一个对歌剧演员不利的因素在于,这些年来人们在唱片录音上的品位已逐渐演变为对任何歌剧都偏好更温暖、厚重的嗓音质感,而此种类型的声音在穿透管弦乐声音纹理方面并不如一个相对明亮的音色。一个较暗的声音在传声方面需要更大的音量,因而会在气息方面增加更多压力。嗓音明亮的好处则在于,嗓音的核心或称歌手共振峰边缘使其能在一个大型演出厅里穿过管弦乐团将歌声传至观众席。除非指挥与管弦乐团给歌手伴奏时在强弱力度上拿捏得恰到好处,否则我们又要重新绕回到"内耳"的问题上,我们可能就以为是自己没有达到预期的效果了。当我们能听到、感受到身后或下方的声波如浪涌来时,我们意识到自己无法轻松如常地穿透它,于是我们自然容易直接拉高嗓门演唱来加以弥补。屈服于此诱惑的歌手很快就会失去嗓音的光泽和美感,加速将嗓子消耗殆尽。假如我能挥一挥魔法棒为当今的歌手们做任何的改变,那便是解决这些关于平衡的问题。在阅读强弱记号时要结合作品的创作环境来理解,并根据乐团种类和演出场地的大小做相应调整,这样人声便不会被期望超越这个突如其来的庞大屏障。被管弦乐团覆盖了歌声的高潮独唱段落并不会让人拍手叫好。倘若歌唱段落在其最强有力的瞬间被埋在了乐队之中,试问观众又从何感知作曲家意欲表达的波澜壮阔?一个管弦乐团其实可以在控制音量的情况下营造出极强的张力,这并不意味着演奏会缺乏活力,而仅仅给予嗓音一个机会去追寻那道激动人心的弧光,随后如一匹冲出闸口朝终点飞奔的马儿一般与其融为一体。

考虑到厚重嗓音所面临的这些考验,歌剧演员要在业内持续生存可比以往任何时候都更需要正确地看待耐力问题。耐力用以衡量一名歌手是否有能力维持长时间的演出——无论是包括返场节目在内的大约持续两个半小时的独唱音乐会或是超过五个小时的瓦格纳歌剧。歌手虽并非每分每秒都在演唱,但他们付出的精力依旧叫人疲惫不堪。我会期待在一场漫长的演出结束后自己唯一的感受是身体上的疲惫,倘若嗓子不觉得累便是最理想的状态。我说"理想的状态"是因为实践起来并不可能总是如此完美。作品时长、音域、一个角色的戏剧成分以及诸如过敏等身体状况都会对体力有影响。单是一部作品的长度倒并不一定会导致耐力问题。譬如《随想曲》中持续良久的终幕其实相对易于掌控,因为管弦乐队的间奏将那些乐句分隔了开来。相比之下,《后宫诱逃》里的《严刑酷罚千般万种》(Martern aller Arten)就太要命了,不止音域高,全程还不停。《达芙妮》中的大段独白亦很考验歌手在文字的戏剧性与高音域两者融合上的功底。许多莫扎特的咏叹调由于中间几乎没有间奏,都存在耐力方面的挑战,因此便需要在换声点进行连续不断的延长演唱。

好在通过健康的训练方式和不断重复能够逐步达到增强耐力的效果。肌肉记忆是一个关键因素，我们依赖不随意肌的运作，所以得把它们往正确的方向上引导。歌手必须像运动员一样接受训练，而重复训练的强度只会使人疲劳而非造成损伤。确保耐力持久的最佳解决办法之一在于不要唱得太厚重，因为在一个特别长的唱段上增加负重只会导致嗓子更加疲劳。同时也要小心避免掐着嗓子唱，即使成因不同也会造成相同的问题。我会试着在这些具有挑战性的音乐段落上确保自己发声轻松、自由。我亦拼命地集中注意力，确保在任何时候都避免涉及那些我并不需要的肌肉。斜方肌，脖子、脸上的紧张情绪，下巴摆的位置——所有的这些元素若处理不当，会使一部难度本就很高的作品难上加难。如果我在演唱一个高难度段落的过程中感觉到自己的下颌开始颤抖，那通常是由于我给嗓子施加了过多气息压力，这也是一个需要停下来的信号。只有将严谨的技巧和丰富的经验结合得当才能使我顺利无误地完成那些歌剧角色。

想象我在《海盗》的演出期间无法上台而只能坐在家里整日忧心着这些事情吧。最糟糕的是我的身体并无不妥。高烧不退或是喉咙痛倒还能叫我有些安慰，那样至少我不会质疑自己取消演出的决定。纵然我多想去听替角的演唱并从剧场的视角观看这版制作，但现实一点说，我唯一能这么干的方式便是用黑纱把脑袋遮起来。假设你在大都会请了病假，那么让人看到你站在大厅里聊天那种惊喜就免了吧。你就想象一下自己怎么费尽口舌向那些盯着场刊里夹的演员更换通知单的观众们解释说其实你身体无碍，就是没法唱歌而已。

多亏了我在休斯敦歌剧院演唱伯爵夫人时的成功突破，除去在大都会的首演之外，我的职业生涯大抵已能跟替角工作说再见了。既定艺人与替角之间的关系很是微妙。显然替角要在排练与演出时到场，以便在轮到她上台的情况下不至于手足无措。但理想的是，她应该要在不让主角感到死亡天使正徘徊在自己身边等待出手的情况下记好她的角色。我听说过一些关于替角的故事：主角在舞台上演唱时替角真的就站在侧台朝可怜的主角碎碎念，最终就有一位女高音在压力之下爆发了，她坚持道："我不要她在这里，我不想看见她！"——看那情况完全是一个让人无法反驳的请求啊。

当然，也有一些女高音由于不想造成任何舞台上的竞争而排挤其他女高音。这类艺人不惜以降低整场演出的水准为代价都要抢尽一切风头，但同时亦有大相径庭的另一类艺术家，他们认为每位艺人都展现出自己最好的状态并讲求团队合作才能呈现一场完美的演出。一位退休了的艺术家曾对我说："每一晚在舞台上的殊死搏斗都是为了观众的爱而战，而按照上帝的旨意，胜利必将属于我。"哈，也许我该变得更像角斗士一点儿吧。

从多方面来说，新人出道那会儿都是职业生涯里最美好的时光，因为观众与乐评人都特别偏爱后起之秀，期待着发掘下一个惊世奇才。所以作为新人便十分有幸接受了这八方而来的善意。同时，每个人到了职业生涯的某个节点也得承受由知名度带来的一丝轻视。如果乐评人的任务是给歌手挑毛病，那么把矛头指向一位已成名的歌唱家要容易得多。关于自己的大部分乐评我都会读，除了那些看起来无理取闹的抨击，但通常我都会等到一轮演出全部结束之后再看，因为假如评论特别糟糕，我很可能会对余下的演出丧失信心。而且我总让别人先替我读一读。有的乐评写得确实很中肯，且无论正面或负面的评论，我都会试着分析出它们思路上的共同点。如果我读到一条持续出现在不同城市里的特定负评，那便会引起我的重视，并思考在剧中的那个环节能否做出一些调整。到最后我也不太确定乐评会对我或是其他任何表演者的职业生涯产生多大的影响。一位炙手可热且演唱出色的艺术家并不会因为一篇糟糕的乐评而丢了工作。

几年前，我一直被批评说演唱有些寡淡，或是老把声乐价值凌驾于艺术价值之上。基于我所演唱的剧目的难度与我的职业发展阶段，这大概是事实，于是我把这些评论牢记于心。而往后的乐评却又改了方向，批评我对作品有过多"艺术性"诠释的倾向，或是在台词和乐句处理上过分地使用了技巧。这就好比是调整水平仪中的气泡，找到中心点的问题，有一丁点偏差都不可以。

我认为很少有人真的不在乎乐评人写了些什么。我们大多数人都试图在过分关注与完全无视评论之间找一个适宜的平衡点。我得不断地提醒自己，这是少数几个在晚上工作而第二天清早就能在报纸上读到你表现评估的职业之一。这的确需要时间习惯一下，还好这么多年走来确实也会让人变得厚脸皮起来。

如果你把评论分为三类，你会首先看到乐评人因发掘到新秀而激动不已；一旦歌手真正开始被关注，那么更为严苛的评论会陆续到来；再后来倒会出现一些友善而念旧的评论，这仅仅是安慰你在业内摸爬滚打了这么多年罢了。物换星移，迟早有一天一个全新的面孔会在演出中比你的表现更精彩，抢尽你的风头。在歌剧管理界就一名歌手职业生涯的五个阶段流传着一个很经典的段子：

"芮妮·弗莱明是谁？"

"我要芮妮·弗莱明！"

"我要低配版的芮妮·弗莱明！"

"我要年轻时的芮妮·弗莱明！"

"芮妮·弗莱明是谁？"

因此我会尽力为自己职业生涯中的每一个新方向都做好一步步的打算。最近马修·爱普斯坦劝我改改自己的工作心态，他解释说："你可得收收你那十足的好胜心了。你要明白保持现在的地位并不是一桩乏味的苦差事，相反，其实这比往上爬要难得多。"你必须不断提高自己的声乐造诣，令观众和你自己对你所呈现的作品和选择的曲目保持兴趣。

在试图理清如何改变这个思维倾向的过程当中，我给明星运动心理学家吉姆·利奥（Jim Leohr）致电。事实证明，原来网球运动员在温网决赛时刻与四分卫在超级碗比赛的最后一节迫切需要的那些鼓舞人心的话语亦完全适用于女高音。它的目标是帮助各个领域的尖端人才在非一般的重压之下的表现仍能达到巅峰状态。在如何处理压力问题上，他给我提了一些新奇的解决方法，可假如我不把自己代入一个站在50码线上，对身穿教练制服、脖子上挂着哨子的男人大喊来释放压力的角色，估计他的那些疗法是我连想都不敢想的。

你在成功的位置上时间越长，就越有人想把你拉下马，甚至隔岸观火看着你挣扎。他们会像秃鹰一样在你的头顶上盘旋。这跟你还在努力向上爬的时候感觉很不同，因为彼时人们会好心地鼓励你、为你欢呼喝彩。高处不胜寒，所以你感到身负重压是完全正常的。

你能轻易联想到这番话是对一个穿着一身纯白网球服的14岁女孩说的吗？

你要勇敢地走出去挑战自己的极限，去做一些你从未涉猎的事情。你要积极主动，而非被动防守。假如你的目标只是维持现状，那便与行尸走肉并无两样。你现在干这个因为你觉得它是天赐的礼物，是一种喜悦。你爱你的事业，你不断地想要变得更好,直至生命的火焰燃烧殆尽。人们容易犯的最大错误就是什么都想要,但又因不会说"不"而最终恼羞成怒(听起来很像莱昂泰恩说的"噪音")。一些人伤害自己只是为了停下来休息。你得决定自己需要多少时间去治愈、找到平衡点然后恢复。与你处境相似的每个人都需要处理这些问题。

这是一次相当有益的经历,它使我停下来考虑我真正想要实现的事情。总之,我想在艺术上进一步成长。

即使我意识到自己雄心勃勃,但要承认这个事实偶尔仍叫我感觉不自在。有野心往往伴随着负面的含义,这暗示了你必须踩在别人的身上向前冲,那样才能确保你是第一个冲破终点线的人。可以说我的抱负感是一个自我的内在动力。从某种意义上讲,与其说我想知道自己能跳多高倒不如说我想测试一下自己到底能发挥多大的潜能。我如何才能揣摩出对一个角色更为真实的诠释?我能在自己的嗓音里再发掘出多少深度、光芒与情感?当我唱一首作品的时候,我怎么做到感同身受,同时怎么做能让观众亦产生共鸣?对我而言,有野心代表了努力工作的意愿以及深度探究自己灵魂的魄力。待到职业生涯的尽头,我想在心底跟自己说,我已尽全力做了我能做的一切,而如今在声乐方面获得的成就亦是以往根本想都不敢想的。

# 第九章　个人形象

　　说到对歌剧的揣摩与诠释,我的首要目标是让观众忘记我在唱歌。这必须基于极其扎实的演唱技巧,如此我便可在一场演出的大部分时间里不用去顾虑唱歌方面的问题。当然,它肯定不能完全被忽略。每次演出总有几个地方是需要我认真思考该怎么去处理的,譬如如何诠释某个乐音或演绎某个难度特别大的乐句。进入一个角色就好比坐进一辆汽车:此刻你无须再考虑该如何开车,而是把注意力集中在你将要驶向的目的地。我估计这对运动员来说也是同样的体会——如此情况下便形成了"进入区域"的概念,当中涉及某种思维中断之感,仿佛满溢的灵感与自在的状态让你得以与音乐进行交流,而非单纯的演唱。到达那个境界在某种意义上令我不再受音乐的束缚,而是放空脑袋在那个角色里发掘之前可能被错过了的新层次。

比方说当我尽量拉长一个乐句时,我会在脑海里赋予它一个形状,然后再传播到空气中去。假如它真实可见,它会呈现重峦叠嶂的风貌。这个形状不太会如旋律一般描绘乐句的戏剧性走向。它的高潮在哪里?它最戏剧性的一刻是什么?这个乐句是否有强弱力度变化,还是由头到尾都四平八稳?我会在排练的时候事先做一些处理,剩下的便交给舞台上即兴而至的灵感。然而其间我所做的一切选择都是基于同一个目标——打造演出中我期冀的完美时刻,那些独一无二却又转瞬即逝的时刻。

完善对台词的诠释是打造一个角色必要的一项工作,我得确保观众们听得明白,并尽可能做到发音纯正地道。接着是音乐上的工作:我该在哪里换气;乐句的塑造;是该唱连音(如此音符便如行云流水般无停顿),还是按照各个小节的明确要求来,需要断音、加强音、连顿音还是重音?虽然这些都是作曲家们通常会在乐谱上清楚标注的细节,可如此细致地研究乐谱并照顾到方方面面的细微之处需要的自觉自律仍是惊人的!而且需要花上两倍的时间记住它们更是雪上加霜。尽管这个过程十分耗时,但由此增加了表演的深度;若省去这项功课,便可能出现淡化或曲解作曲家意图的解读与诠释。一位出色的指挥家亦会在排练期间鼓励我们不仅要丰富自己的表演,更要与其他演员和管弦乐队倾力合作,呈现一个统一的整体。詹姆斯·莱文(James Levine)无疑就是这样的音乐才子,这亦是令他成为一名超凡杰出的指挥家的众多原因之一。

只有所有的这些音乐元素全部到位之后我们才开始与舞台指导合作,他会就一部歌剧在视觉上和戏剧上呈现他的概念。大多数导演首先会就每一个场景给出舞台走位设计——也就是譬如费加罗演唱第一句宣叙调时坐在舞台后方中央的床上,接着苏珊娜穿过他左前方的舞台去抱抱凯鲁比诺以示回应。舞台走位设计相当于逐帧地给我们提供了如何移动的模板。这大概算得上我不太享受的一项工作。我更愿意尽快搞定舞台设计的基本细节,因为接下来便轮到与同事们交流合作的乐趣了。我们如话剧演员一般相互斗戏,除了乐调与节奏是乐谱既定的。尽管这会限制我们在诠释台词上的自由,但也有助于我们在现场设定一个标准。而剩下的则取决于我们在台词上的加强演绎,以及对每个乐句的多元化塑造。当然我们也可以通过大量的面部表情和肢体语言来传达情绪。

一个好导演会充分利用排练时间去激励演员与塑造角色,但若碰上可能只有两天彩排时间的复排剧目,我们能搞清楚从哪个口上下场已是万幸。我最喜欢的一版《玫瑰骑士》是位于伦敦考文特花园的皇家歌剧院出品的。当时我们只有两个星期的时间准备,在了解了舞台走位设计之后,基本上就由得我们自行发挥了。这肯定是我参演过的最精细复杂的制作之一,因为每场演出都有自由发挥与即兴的元素,叫我们一刻都不能懈怠,必须全身心地投入进去。这种方式之所以能在那样的情况下奏效完全是因为我们这个演员阵容之前已经一起演过同剧的至少四版不同制作,彼此之间已拥有相当的默契。

即使我们在演唱的部分拥有百分百的信心（坦白讲好了，这种情况能有多常见？），在表演中还有许多其他的事情需要我们时刻惦记着。除了舞台演员所面临的常见挑战之外，我们必须确保自己的歌声在不借助任何扩音设备的情况下穿透管弦乐团而被听到，有时甚至还得盖过一个庞大的合唱团。考虑到如今剧院的规模之大——比如能容纳四千观众的大都会——这可不是一项随随便便能完成的任务。我们得保持自己的声音定向传送给观众而尽量避免传向台侧或舞台后方。我们也始终得与乐团保持同步。好在我们有提词人的帮助，舞台周围和剧场中亦放置了多达 10 台显示屏，以便我们在任何位置、从任何角度都能看到指挥。我们必须同时演绎和控制自己的情绪表达。无论我们在某个特定瞬间感到多么痛彻心扉，我们都不能因恋人在我们临终之时离去而声泪俱下，因为我们还得继续演唱，因为唱歌与流泪是个水火不容的组合。观众感觉到是我芮妮本人在哭泣的那刻便是他们忘记维奥莱塔的伤痛之时。

我们亦依靠观众在诸多方面收起他们怀疑的审视。首先，我们要他们相信，对我们而言以唱代说是一件很自然的事情；其次，我们必须通过具有说服力的歌声与表演令他们愿意忽略我们几乎无法匹配角色外形设定的事实。人们惊叹于梅丽尔·斯特里普（Meryl Streep）的口音模仿能力及其炉火纯青、毫无违和感的角色代入能力，可她能否扮演《浮士德》（Faust）里那个纯贞的少女呢？我第一次在巴黎唱《曼侬·莱斯科》，出场时介绍自己是个 16 岁的少女，便听到观众席里传来几声窃笑，然而要知道大多数歌剧里的女主角都只有16岁，可要上哪儿去找这个年龄段的歌剧女高音！我们到达职业生涯的高峰期一般来说至少已经30多岁，没有人会为一名歌唱家在50岁甚至60岁时扮演一个天真无邪的少女而感到惊奇。这亦是我深爱这份事业的缘由之一。一个角色所需的一切人物特征都能通过歌手真实可信的表演来呈现，而比这更重要的是一个合适的嗓音。你们看有谁质疑过米雷拉·弗雷妮在她职业生涯晚期的演唱不是《叶甫盖尼·奥涅金》中年轻的塔缇雅娜呢？

敏感、富有智慧的人身上一个标志性的特征是他们不会仅根据外表就笼统地给别人贴标签——当然了，除非被泛化的人群是歌剧演员。把我放在美国任何一间音乐学院的电梯里，我几乎可以看一眼就告诉你哪些是歌手、哪些是乐器演奏者。你可能会说我这是在以固定印象评判别人，但当电梯里的那些过路人报专业时，你就会知道我准没猜错。乐器演奏者从小就开始接受长时间的训练，这样的自律性要求某种性格中自带的严肃认真与敬业精神。相比之下，歌手通常不会在十六七岁之前发掘自己的嗓音天赋，而且他们的传声能力并非仅限于剧院——在电梯里同样一目了然。我还在上学的那会儿，得克萨斯小姐的打扮看似是一个完美的女高音形象：爆炸头、浓妆、高跟鞋，恨不得把整副家当都穿上身，从头发长度到高跟鞋高度等过多元素的堆砌，如此才前去参加试音。我试着给二手店里淘来的复古礼服加上一点儿时髦的元素，直到服装上的蛀洞触及了贝弗莉的底线,跟着我的父亲又火上浇油地打击了我一番——趁我不注意把我最喜欢的一条裙子给扔了。

我们亦得面对另一些更为人熟知的刻板印象——首先自是布伦希尔德与她的胸甲、金色的麻花长辫、角盔和长矛。一说到女高音,大部分人会想象一个人高马大且相对有个大嗓门的女人,而且从歌剧史上看我们大多数人并非身材矮小。玛丽莲·霍恩说得最好:大型火箭就得需要大型发射器。我们是声乐艺术的举重者。其实唱歌有时的确近似举重,我们发出的声音得足够结实以至于能传达至剧场最远处的包厢。另外,当我见到比尔吉特·尼尔森、莱昂泰恩·普莱斯和蕾娜塔·斯科托时,我十分惊讶她们中竟没有一个是身形特别高大的。(只要我们还在陈词滥调中游走,你会发现男高音一般相对矮小,而男低音时常特别高大,这可能与他们的声带长度有关。)

唱歌是否需要一定的负重是个有争议的话题。贝弗莉的观点是需要,正如她认为是软腭上的脂肪组织使人发声或产生嗓音突变。脂肪亦能如怀孕一般提供天然的支撑。我仔细听了我在诞下塞琪几个礼拜后演唱的《奥泰罗》电视转播,发现我的嗓音变得越发厚重偏暗,而彼时我的体重无疑较平常增加了不少。所以很可能是由于强烈的激素水平变化短暂地引起了我的嗓音在音色与重量上的变化。

我曾有一段时间完全沉迷于玛丽亚·卡拉斯,并探寻她是如何失去了她的嗓音。她到底发生了什么?我问了我周围所有认识的朋友。其中许多人都提到她的嗓音在她减掉 27 公斤后就开始迅速地走下坡路了（传说她借助了绦虫）。我不得不推测，体重的骤降导致她没来得及找到一种支持气息的新方式。在少数现存的录像里可以看到，她在那段时间的演唱中常常用前臂抵住她的心窝处，仿佛她试图借助外力来支撑，而非通过真正需要的腹壁力量与技巧。当然，她自是看起来光彩照人，而且她柳条儿似的新晋好身材亦叫她成了歌剧界的奥黛丽·赫本和巴黎世家的宠儿。

从某种程度上讲，所有的表演者或多或少都被包装了起来，不管你中不中意，形象都是这个套装里的一部分。嗓音无疑得包含在内，但同时还得有台风、台型、个人魅力，或者如德语里所称 *Ausstrahlung*，亦可作"容光焕发、闪耀夺目"之解。随后须得有一个独特的声音——不仅是一副好嗓子，更是一个与众不同且极具辨识度的嗓音——而且最要紧的是向观众传达情感与意图的能力。我看过几轮试音甄选，哪些人拥有这些特质、哪些人没有，一目了然。不管他们多么有才华、有天赋，很少有人是能够真正脱颖而出的。在以往很长一段时间里，我并未把我的仪表与我的个人形象联系到一起，这也是为何我的事业曾一度停滞不前的原因之一。塞琪诞生后不久，马修·爱普斯坦开始接手我的经纪事务，那时我并未像第一次怀孕时那样控制好自己的体重。（我的原话是："我以为她会重 16 公斤。你能想象我有多意外吗？"）某天他跟我面对面坐下来，开诚布公地跟我讲："我知道你非常想要这个角色。假如你真的很想要，为了曼侬、为了维奥莱塔、为了阿拉贝拉，你必须得减肥。"

我自然知道自己体重超标,但这话从一个我敬重的专业人士口中如此直白地讲出来实在叫我汗颜。当苏珊·格雷厄姆给我讲解了低碳饮食法则后,事情终于开始有了转机。经过一段时间的试验,我发现让我感到最舒服的饮食方式是坚持低碳水化合物、低脂饮食,多吃绿色蔬菜、莓果和豆类食品以代替其他处在金字塔基的食物。最近,我在纽约寻得一位很棒的教练,把奇妙的普拉提亦加入了这个健康方案。玛格丽特·贝莱斯(Magaret Velez)以这个项目出了名的功能强度训练我,叫我感受到自己无论在舞台上还是在我至爱滑雪场的蔚蓝山丘上都变得更强大、更灵活了。其中最棒的是对于核心训练的强调与专注,我们所需的力量几乎都快逼近舞者了。如今我已成了普拉提虔诚的信徒,假如自己在多年前便开始接触它就好了。

马修并不是唯一一个对我的形象给予意见的人。当我在1995年签约玛丽·卢·法尔科内作为我的代理公关时,她也提出了自己的建议:"我希望你精简你的着装方式。印花和割绒与你不相称,你可能得考虑把你身上这件外套送人了。"

啊,从别人的眼中审视你自己!当然她是正确的,由此我回想起了关于个人形象的一些往事。比如两年前的夏天,在格兰登堡,我那刚萌芽的"女神"形象即刻被打回了原形。一直以来我的幽默感都表现在了自嘲上,但那次真的太让我受不了了。在音乐节满满的氛围之下,观看演出以吸收新剧目并从中观察学习是一名青年歌手的福利。某个观演的下午,在漫长的幕间休息时我走出女盥洗室,注意到我前面那位盛装打扮的女士那精致的高跟鞋底下拖着一大串卫生纸。啧啧，我表示不屑，甚至有些自鸣得意。我独自在大厅里随意走动，故作之前已练习多遍的优雅仪态，却不料一位绅士拍了拍我的肩膀，礼貌地说："小姐，你裙子后面卡在连裤袜里了。"他所指的当然只是连裤袜的腰头。几周后在另一场演出的幕间休息时，我正打算与赞助人们进行一场才智交流，却万万没想到遭遇了一只大鸟的偷袭，它不合时宜地在我的前额留下了它在这个对话里的那份贡献。我试图安慰自己这是一种加持，是为了下一个伟大女高音的粉墨登场而表示敬意。最终是我去看《浪子的历程》迟到入场后发生的事叫我彻底放弃了我殷切向往的那个亲切优雅的形象。演出开始后，引座员仍好心地让我入场了。包厢里实在太暗，我蹑手蹑脚、想尽办法避免发出半点声音，尽可能不干扰到舞台上正安静演唱的宣叙调。我迅速地向我前面和左边的观众看了看，接着在我的座位上一屁股坐了下去。没承想我的座位上竟然没有椅子。一声响亮的撞击声之后，墨菲定律注定了我要丢脸，前排的几名观众认出了我，他们全都关切地问道："弗莱明小姐，您还好吗？"

就在彼时彼地，我彻底放弃了要给自己塑造一个"人物形象"的想法。我不再用通常只属于顶尖女高音说话时的抑扬顿挫的尖嗓门去练习听起来跟外星文似的英语发音，同时我亦认定保持谦虚与幽默才是在这个稀有人群中立足的唯一实用策略。

与玛丽·卢和马修一起共事叫我那自动识别有益建议的本能再

度发挥了作用。我听取了他们的意见，因为我明白一名优秀的学生决计不会让自我意识凌驾于其他专业人士的经验之上。我那《施特劳斯女主人公》(*Strauss Heroines*) CD 发行时，专辑里有一张我身着华服躺在床上摆拍的硬照。唱片发行后不久，英国一名记者在采访时问我："唔，您对用美色帮助销售唱片有什么看法？"我脱口而出的便是："噢，真的吗？您认为我那样做了吗？谢谢！"我惊呆了，为此也感到很激动，因为我的形象从来就没跟性感沾过边。

安德鲁·埃克尔斯(Andrew Eccles)是我合作最多次也最有默契的摄影师。他有一双善于捕捉拍摄对象最美角度和最佳灯光效果的眼睛，我大部分专辑的肖像照都是由他来掌镜的。通常需要拍摄一整天，成片将在接下来一两年里用作封面和宣传照片。经验亦教会我，在镜头前富有感染力的传达有多么重要，因为一个呆滞、疲惫或是沉闷的表情根本成不了一张有趣的照片。多个小时的拍摄需要极强的自律与专注，可若一张迷人的照片能吸引人们选中一张施特劳斯歌剧选段的唱片，那便由它去吧。我们如今生活在一个视觉至上的社会里，消费者们以用眼睛买音乐著称。如果要特别指出现今社会对女性的期望时常令人感到失落且不切实际，那么不管我有多厌恶这些标准，拒绝承认自己屈服于其中也是无法改变现状的。

我总会被任何形式的美好所吸引。多亏我亲爱的朋友和捷克语教练伊薇塔·西内克·格拉夫(Yveta Synek Graff)，我于旧金山演出《露莎卡》期间，在一个剧后派对上认识了奇安弗兰科·费雷(Gianfranco

Ferré）的一个助手，我向她表达了我对高级时装方面的兴趣以及我对费雷作品的仰慕。我向来喜爱时尚，但也顶多就是在波茨坦的一家二手店里按照塞满每个纸袋 50 美分的价格建立起了我的古着收藏。我尤其倾心于二十世纪四十年代的男士夹克、水钻和精致的小礼服。彼时我的时尚触觉与我的歌声无异：我很有天赋，只是还未打造出自己的风格。

殊不知苏珊·梅勒（Susan Mele）这位好心的女士在接下来的两年内一直在为我引荐。1998 年，费雷本人终于答应了为我设计一套长礼服。紫红色的长裙轮廓简洁，背后是一条长长的拖裾，天鹅绒（并非割绒）与羊毛绉呢各一半，穿上它令我感到仿佛灌了一辈子的粉红甜葡萄酒之后被赐予了一杯上好的香槟。由此便开启了我们的合作关系，自那以后费雷先生每年都会慷慨地为我设计一两套礼服。这是我音乐会事业里不可或缺的一部分，在定制试装、决策与成本等多方面都是大量费时费心的工作。相反，费雷先生或其助理会在即将到来的演出季之前与我碰面，共同商讨并定下设计方案。过不多久便会有一件合身的漂亮礼服从米兰直邮到我家门口，根本不需要试穿，简直是我的时尚之鹳①。由于我近来的演出日程表侧重于音乐会，而我需要的礼服数量不是一位设计师能够包揽的，于是最近我也偶尔身穿由三宅一生（Issey Miyake）和奥斯卡·德拉伦塔（Oscar de

---

① 此处引自西方国家由鹳鸟运送宝宝的传说。

la Renta)设计的演出礼服上台。在外界眼里，我们生活在镁光灯下，光彩照人，而我的脑袋里出现的第一个画面通常是所有花在机场和排练中的时光，唯独时装是我感激并乐意接受的一个象征"名伶"的元素。作为交换，设计师们会获得宝贵的曝光率，这样的曝光能直接传达给他们的客户群，即经常去听音乐会的人。我与劳力士的合作关系亦建立于如此基础。这个品牌一直致力于为追求艺术、体育、科学和探险领域的卓越成就者提供支持。同样，我亦获得了宝贵的纸媒宣传。

真正的名伶还会有一名发型师陪同前往巴黎、伦敦、休斯敦和芝加哥为她的每次公开露面做造型。Vartali 沙龙的迈克尔·斯丁奇科布（Michael Stinchcomb）在我的形象打造上亦功不可没。毕竟现在看来，发型似乎比服装更让人费心。

经过这一系列资源的支持，最大的益处是我在舞台上感觉棒极了，并且能够全身心专注于眼下的表演。我一直对探知艺术家们在表演方面的不同需求感到着迷。一些歌唱家在上台前需要大量的时间来集中注意力，因此他们甚至会在大幕拉开前好几个钟头就到达剧院做准备。而另外有些人则会坐在后台打牌，轮到他们的时候才把牌放下，走上舞台，唱出令人头皮发麻的 high C，谋杀了女主角，然后若无其事地回到后台继续未完的牌局。一些出色的歌唱家们承认他们会在那些高难度场景的幕间整理购物清单。瓦列里·捷吉耶夫一贯要求他的司机在离马林斯基剧院几条街的地方让他下车，以便他能在演出前让脑袋放空。为此他的团队总要挂心，因为他也更爱卡着时间才出现。琼·萨瑟兰直到上台的前一秒还忙着她的针线活，我可不觉得这是因为她像拉美莫尔的露琪亚喜欢手工艺的结果。每个人都有自己的方式来应付这些高强度的表演。理想情况下我会在歌剧演出当天默默地把角色的台词再从头到尾读一遍，温故而知新。在一切可能的情况下，我宁愿待在一个安静的化妆间里，尽可能少被干扰分心，并至少留出一个半小时的时间用来开嗓与装扮。我试着给自己强制灌水，放弃我最爱的咖啡，并在演出开始前90分钟适量地吃一顿简餐。要知道从走出家门到演出结束的整个过程往往能长达6个钟头。

　　尽管与生俱来的丰富想象力能使我很快代入某个特定的角色，我仍须努力学习如何通过表演来真实地还原人物角色的身份。当我在大都会演唱卡莱尔·弗洛伊德的《苏珊娜》(*Susannah*)时，我尚在那最后一丝演出焦虑和处理离婚后期手续之中挣扎，于是第一幕里我就已经泪流满面。在这种情况下比任何时候都更容易激发我的情绪。一年前，我爆发人生危机后第一时间致电的人便是查尔斯·纳尔逊·赖利，他安慰我说："舞台是一个叫人忘却伤痛的地方，但这里很安全。对于那些在真实生活里遭受痛苦的人来说，这里便是他们的避风港。"他喜欢引用艾米莉·迪金森(Emily Dickinson)的话："我的职责就是唱歌。""把这句话作为你的人生信条。"他这么说。那天晚上我把唱歌当成了我的职责,尽心尽力,然而事后一位值得信赖的朋友却对我说:"那什么,你真得在表演方面加把劲儿。"她没意识到的是其实我已百分百投入到了角色当中,并对苏珊娜的心碎和孤独感同身受。那个瞬间我猛地醒悟:仅仅与一个角色感同身受是不够的,我必须要以观众能感受得到的方式来传达这些情绪,特别是在一个庞大的剧场里,超过十排就没人能不戴望远镜看清我的脸。情绪得通过各个层面的肢体语言、举止和动态来传达。对我来说这是一个重大的突破,也是我在之后的每一场演出里都将持续探索的方面。我生来拘谨,更别提放开演让我感到的尴尬,所以近年来我一掌控好自己的嗓子,便贡献大量的时间和精力来集中攻克这个难题。

我记得好多年前还在上学的时候看过一场话剧《呼啸山庄》(Wuthering Heights),演出后我在后台见到了扮演那个压抑隐忍的希斯克里夫的男演员。我问他怎么能做到每晚连着呈现如此高强度的表演,他回答说:"让你有这样的感受是我的职责,可假如我每晚都真的成为那个人,那我就没法活啦。"扬·德加塔尼曾说过她会在排练室和录音棚里流泪。她会在排练中释放情感,以便到了真正演出时能够让观众感同身受:"如果你沉迷于自己的情绪而无法将其表演出来,观众又怎么能跟着你身临其境体会同样的情绪呢?"扬给我的另一个绝妙建议是别再追求完美。"给自己留百分之十的余地,"她曾如是说,"以完美为目标只会令你失败。一旦你意识到自己犯了个错误,然后开始纠结因为不再完美所以演出已经毁了这个事实,下一秒你意识到演出的的确确毁掉了,因为你分心了。你不再全心投入积极的表演了。"她认为以误差范围来评判就好得多,因为毕竟我们都只是凡人。我从未经历过我所认知的完美演出。其中实在是有太多的变数:事关嗓音、阐释、戏剧性、外形。歌剧这个艺术形式简直是太复杂了。

一次绝佳的戏剧表演经历可能会极度宣泄一个人的情绪。我本不是个爱好冲突的人,走上舞台代入另一个角色能让我丢掉包袱、放飞自我。我可以体验到许多原本不属于我自己生活里的各种情绪,也能作为一种自我释放。我第一次见到多明戈是在 1994 年,在我正踏入一场《奥泰罗》对峙场面的排练之时。卡罗尔·范尼斯当时伤了背脊,而对我来说由于苔丝狄蒙娜是新学的角色,所以我一直都在拼命多要些排练时间,直到管理人员说:"芮妮,你上吧!"还来不及缓神我便站在了那里,与普拉西多在舞台上开始对峙二重唱。他在表演中的情绪爆发之强烈令我感到惊恐,我真的以为他会提前一幕就把我给掐死,吓得我双腿直发抖,差点站不起来,需要人帮忙扶着才走下了舞台。排练结束后,他握了握我的手,兴高采烈地与我打招呼,如同问候新来的隔壁邻居一般说道:"你好,我是普拉西多·多明戈,很高兴认识你。"他对表演中每一个层面的敬业与奉献令我对艺术造诣更加深了几分理解,他将我一同带到了一个比我自身所处高得多的境界。那为数不多的几场《奥泰罗》演出成了我个人发展与职业生涯中的另一个转折点。

当歌手们找到特别适合自己的角色时,他们便能享受十到二十年的演出机会以及无数版不同的制作。为了与某个角色在情感和才智上始终保持联系,我得想办法令我的诠释更深入、丰富与饱满。逐层剖析去揭示一个复杂人物细微特点的过程永远是那么叫我着迷,正如给一个刻画得不那么尽如人意的角色添加层次深度一样,都是无尽的挑战。每一版制作与每一套演员阵容都是一次全新的体验,而仅仅因为我已经唱过一打伯爵夫人并不意味着给我打个电话我就能上台。近来,歌剧制作设定在作曲家创作的时代而非他笔下所意图的时代成了潮流趋势。即使古希腊与十八世纪原是最受欢迎的设定,托加长袍和马鞍式裙撑也吸引不了那些意欲引发些争议的大导演们的摩登触觉。更有甚者以拉近歌剧与现代观众的距离为由,将时代背景设定为当代或至少是二十世纪,五十年代尤其受偏爱。彼得·塞拉尔(Peter Sellar)的当代莫扎特系列与乔纳森·米勒著名的曼哈顿"小意大利"版《弄臣》(Rigoletto)都实现了与剧本强有力的关联。

　　对于时代背景的设定我并无特别偏好,可一版合情合理的新制作依然叫我感激不尽。导演的创意跟歌剧本身要有一致的关联,还应有详尽、透彻的相关分析加以支持。我们都见过那些看似是昨晚的噩梦被肆意搬上今天的舞台一般的制作。数十年来,特别是在欧洲,歌剧制作通过激起观众的震惊与愤怒来博人眼球已是套路,被嘘反倒成了制作方喜闻乐见的回应。由于现在仍能叫人震惊的情况已经很少，这些刺激感官、骇人听闻的做法也已开始消退，并逐渐被表演者们整体的高水平戏剧表演所取代。我的愿望是有朝一日音乐价值能再次实现与视觉元素同等的重要性。

通常任何剧院的一版歌剧制作经过两到四个礼拜的排练之后，我们便准备好要上大舞台彩排，这也意味着是时候为角色装身了。试造型是个艰巨的任务，既费时又累人。脚踩高跟鞋、身穿面料厚重的紧身束腰站两小时不动给裁缝们当模特，听他们就剪裁、版型与镶边上的细微差别做巨细无遗的讨论，这可真心不容易。某年七月，我在皇家歌剧院演唱《西蒙·波卡涅拉》(Simon Boccanegra)中的阿米莉亚。临近剧院整修之际，后台的气温达到了38摄氏度。我们的运气也是好，个个身披由羊毛、皮革和毛皮共同制成的长大衣。当时我正怀孕七个月，排练一空下来我就跑去对着化妆间里的小风扇，祈祷自己别在下一次出场前晕过去。有时候一件戏服是为我度身定制的，而在其他情况下便直接拿同一制作以往的戏服来改。近期我在巴黎出演了新版施特劳斯的《随想曲》。在某次试造型期间，我突然意识到两个男人——设计师与剪线工——盯着我新式束身衣上的文胸尺码看了至少得有十分钟。假如换了是梅·韦斯特①那可不得大显身

---

① 梅·韦斯特(Mae West, 1893—1980)：美国演员、编剧。她拥有傲人的上围，后来在好莱坞凭着天赋与身材红极一时，是二十世纪三十年代中期美国薪酬最高的女人，人们称她为"银幕妖女"。

手。为我度身定制新戏服自然是一份荣耀，然而以往传承下来的亦同样惊艳。女高音每穿一次新戏服，她的名字和穿着的日期就会被缝在衣服里的一个小标签上，一条裙子很可能排列了多达八个名字。将来的某一天会有女高音兴奋地套上一件标有"芮妮·弗莱明"的戏服吗？我永远不会忘记我第一次束紧那条由奇里·特·卡纳娃（Kiri Te Kanawa）穿过的晚礼服时的感受。有承载那般荣耀历史的服装加持，试问谁不会在舞台上发挥得更好？

多年来，我一直在努力建立一种看起来与我最相称且让我感到最舒适的品位，但当然这不是一门科学。后来当我回看电视转播，发现我的直觉是完全错误的时候，我往往感到很沮丧。面料在上镜或是舞台灯光之下跟在试衣间里看起来完全不同。我经常幻想出现一位魔术师，他会与我一同出行，并在第一时间便看出在每个戏剧场景里穿什么能达到最佳效果。我发现最接近这个角色的是导演和设计师约翰·帕斯科，自斯波莱托艺术节上演的拉莫的《普拉佩》（Platée）算起，我与他曾合作过六版不同的杰出制作。他还设计了我荣获理查·塔克奖后首次在电视上亮相时所穿的立领墨绿色塔夫绸礼服——既相当于新秀出道，亦算作面对广大歌剧爱好者时的自我展示。当他在弗朗哥·泽菲雷利（Franco Zeffirelli）执导的大都会版《茶花女》中为我设计新戏服时，他会优先考量如何令我穿得不那么繁复而仍能在舞台上脱颖而出。我认为他的直觉一点没错。

试造型通常涉及服装部主管、被指定的戏服裁剪师、珠宝专员、制鞋专员、女帽设计师和精于假发制作的专员,他们最终都会陆续进来查看整个造型的制作进展,并由设计师掌舵来指挥一切。彼时我还是一个新人,仅仅站在那里而不必自己把零零散散的戏服揉到一起扔进剧场后面的大箱子里已叫我感恩。现在我更会参与服装上的决策,因为一旦我意识到自己在服装选择上有一定的话语权,我便终于不怕拒绝那些在舞台上穿超短皮裙、"恨天高"和戴粗链条的要求,抑或是在当今更可能发生的情况——裸体上阵。

然而无论表演者们如何小心翼翼地在舞台上经营自己的形象,他们最后还是会受到某一版制作的特殊性与意外事故的影响。我曾穿过鱼鳞装和每一个场景起码要滑落一次的"原汁原味"的年代长筒袜。(它们真的维持不了多久。)我涂上假血和甘油来还原发烧时的出汗状、施粉成临终之态,还有把我置身于童话世界里的那些闪粉与亮片(是我从女儿那里借来的,弄这些东西她们比我还在行)。在某场《玫瑰骑士》演出当中,我的裙边缠上了苏珊·格雷厄姆的衣服扣子,我得设法把它解开。还有一次是在《露莎卡》的彩排时,我的半裙不见了,原来是挂钩松脱,裙子便顺势滑落了,在那一刻我已然焦头烂额——或者可能因为剧院里实在太热——我甚至没注意到那意外拂过双腿的凉风。我还有被堵在门外的经历,都是拜那个气势如"横扫千军"似的法国马鞍裙撑所赐,身穿这个一两米宽的庞然大物就跟开车一样:需经多次尝试才能正确地执行三点调头。我的细高跟踩过服饰的褶边、卡进过舞台上的裂缝和洞孔以及芝加哥歌剧院版《泰伊斯》里用泡沫塑料做成的沙，等等。无数次在大片爆米花色的泡沫塑料上扎过洞之后，我终于学会了踮起脚尖走路。我亦得学习如何正确地使用一把扇子，如何身着一件全钢骨紧身束腰走路、坐下、平躺并同时演唱极弱的降B。我还得在楼梯、坡度舞台和漆地板之间来回穿梭。拿任何一个身在歌剧院的夜晚来说，我的独门绝招就是别被自己的礼服绊到，在这上面我觉得自己有一种无与伦比的天赋，即使在上过十年芭蕾课之后，我也只能庆幸情况没有变得更糟。最后我还得戴上极易卡在布景里或跟其他演员的服装发生碰撞的、高高耸起的白色假发。

我早年在德国演过《后宫诱逃》里的康斯坦茨，在那版制作里我得站到桌子上演唱《严刑酷罚千般万种》，而舞台幕布就紧挨着桌子的边缘。戴着红手套的手在我表演那炫丽的花腔绝技的同时从幕布后面伸出来给我换装。由于我真的无法很好地完成这首咏叹调，所以我万分庆幸观众会因为舞台设计而完全分心。在同一版制作里，我还被绑在了一片铁丝网中间演唱一首出奇困难的二重唱。在另一版巴洛克歌剧制作里，我得一边演唱一首同样高难度的咏叹调，一边翻过一片铁丝网（显然那是铁丝网在歌剧界盛行的一年）。我亦时常需要在任何姿势下演唱：比如在地板上倒立着演唱。不过我还从未飞起来过，也没有从舞台的活板门上下台的经历，我倒是跃跃欲试，毕竟每个人都需要一些令自己期待的东西。

2001 年，我在慕尼黑的巴伐利亚国家歌剧院演唱《阿拉贝拉》，从地域关联上讲，这无异于在圣彼得堡唱塔缇雅娜、在巴黎唱曼侬或是在拜罗伊特唱埃娃，这亦是我这个事业的一个惊喜和风险。慕尼黑是施特劳斯的故乡，年复一年，大师的音乐对我的影响与意义愈发重大，所以能够在这个城市演出这个角色令我感到好像在为大师本人演唱一般。尽管演员阵容出类拔萃，但排练任务异常繁重，因为布景是由成堆的纸张搭建而成的，而纸张则代表了阿拉贝拉一家无力支付的账单。纸张堆成了一个陡峭的小山峰，两边都升起了大约有45 度角，而我们歌手则需要边唱边翻过这座小山峰——个个都跟山羊似的。其中一个问题在于粘在山上的那些纸，当我们踩在上面的时候，纸张便会遭撕扯而脱落，所以整整六周的时间里，我们实际上是在一个滑坡上排练。我不认为美国的工会法会允许这样的事情发生，但总体来说，欧洲歌手在身体素质和剧院工作上承受的强度相对更高。果然，我腰酸背疼累到得在床上躺两天，而当一个涉及五名歌手的四分钟场景耗了九个小时搭台时，我都快爆炸了。

尽管如此，我仍不会忘记自己身在哪里，以及这轮演出对我意味着什么，在一堆账单上可劲儿折腾后，我们大家在正式演出中获得了巨大的成功。首演当晚，卡洛斯·克莱伯给我打来电话。铃声响起的时候我正准备去候场，他对我说："你知道我在哪里吗？"

"我猜不到，您在哪儿呢？"我问。

"我在加米施，"他平静地说，"我现在把手机拿高，你能听到教堂的钟声吗?"

我非常仔细地听着,果然,我能听到远处传来的钟声。

"我想告诉你,我们祝愿你今晚一切顺利,"克莱伯说。

他说的"我们"是指他与理查·施特劳斯,因为他正站在位于加米施的施特劳斯墓前。我闭上眼睛细细地聆听钟声,在那美妙的时刻我感到自己万分荣幸,同时获得了一位传奇指挥家与一位传奇作曲家的倾力支持。

# 第十章　表演艺术

在我的职业生涯里，我拜访过许多不同的演出场所。我为一小屋子人演唱过，也在大型户外舞台上演唱过，但无论我为 12 人或为 1 万 2 千人表演，我的目标都是不变的：与观众交流。每逢演出进行顺利，我感受到一股比我自己更强大的力量，就好像我身体的边界已然消逝，我可以通过歌声跟外界联系，以一种几近物理的方式去触动观众。于我而言，歌手的艺术即表达的艺术——表达音乐，表达文字，把我的歌声传递到一个更广阔的空间，并愈发缩短了我与观众之间的距离。我的歌声仿佛成了一张巨大的网，撒在所有人身上，令我们彼此更加靠近。

倘若一切顺利，演出中会出现观众保持绝对安静的时刻，你知道此时你已经掌控了全场。这是表演者们不断追求的奇迹时刻，通常只出现在某些特定的乐段、特定的歌剧当中，而有时甚至根本就不会发生。若观众们一心专注于他们听到的演出内容，我便万分感恩。由此我自知已成功吸引到他们的注意力，那么随之而来的即是自由——放飞想象力的、绝对的自由。那是我们追求的目标，亦是花这么多年练成超群演唱技巧的终极目的。自由意味着我有能力对一个乐句随心进行即兴创作。我可以在一个音符上停留更久，把它唱得更柔或更响亮，也可以心血来潮地尝试一个弱强弱（messa di voce）或者渐弱。我会将某个乐句转调或在某个词上添加重音。灵感在那些瞬间如泉水般喷涌而出，并且我研习每一个音符、斟酌每一个细节的那些勤奋自律的岁月实则叫我放开了束缚，而非将我困在乐谱里。我拥有的技能越多，我便越能信任自己的嗓音；而我越信任我的嗓音，我就更愿意冒险。有时候我会回看某场演出并思考：我当时是怎么做到的？是什么让我觉得我可以长时间停留在这个音符上，是什么让我觉得我可以如此轻柔地唱出那个乐句，又是什么让我觉得我可以在应该换气的地方不换气？由于这些都是灵感迸发的瞬间，所以它们昙花一现，下一场演出再不会如出一辙。

我在做独唱音乐会巡演的时候，演出情境每晚都有变化：城市、演出大厅、观众、钢琴。我状态如何、睡得怎么样、有多少时间排练、管弦乐团、指挥……这一切都将影响到当晚的演出效果。独唱音乐会上三角钢琴的琴盖是打开还是关闭也会令我的歌声受到影响。有时候我身旁的钢琴听起来像打击乐器般尖锐，这便需要我轻微地推挤着嗓子发声。在足够幸运的情况下我会快速地判断出这个问题，于是我们会给那架钢琴调出适合那间剧院的音质。一个空荡荡的大厅里的音响效果与一个坐满了观众的大厅亦大不相同。即使这么多年过去了，我仍会傻傻地相信我度过了一个糟糕的夜晚，而事实上只是由于这个剧场的音响效果因观众座无虚席而减弱了。还有的时候音响效果太鲜活，可能会导致我得在一个高得出奇的共鸣位置上演唱，这甚至比音响效果太沉闷还要糟糕。一个非常明亮、鲜活的音响只消一会儿即令人感到刺耳，我便也会随之紧张起来。一旦有些东西感觉或是听起来不对，我就会不由自主地在脑袋里列起了清单：我状态好吗？是不是空调开得太大了？它是不是在对着我的脸吹、让我的喉咙发干？我在推挤嗓子发声吗？如果答案是肯定的，为什么会这样？是某处的肌肉收紧了吗？

连同所有的外部因素一起，我还得考虑到我嗓音中任何需要适应和调整的细微变化。这包括疲劳、紧张以及任何坏习惯，这些坏习惯可能会从某晚演出中的一个音符悄无声息地混进我的嗓音。若我足够幸运，那么我会有时间慢慢暖身，并重温前一晚演出里自认为较弱的一些环节。大多数情况下，我会想出解决问题的策略。仿佛我的嗓音是水平仪里的一个气泡，而我必须不断地轻击一端（气泡偏离到右边了），接着再是另一端（力度太大又把气泡移到左边去了）以试图找到平衡——那个正中间的靶点。

举一个我现阶段该如何维护嗓音的例子：最近在德国举行的一

场音乐会上,当我唱《曼侬·莱斯科》里的一首咏叹调时,在两个还原 high B 处碰到了难题。不知为何它们冷不防就脱离了正轨而无故滑入了纯头声区。第二天晚上我必须把它们拉回来,在口腔与头腔共鸣之间达到平衡。由于我对唱高音总还是有点没把握,所以即使到现在我都得时刻保持警惕,避免恐惧情绪悄然混进我的歌声里。一旦我太在意一个音符以及它可能叫我失望的种种方式,那么它最后很可能真的会叫我失望。假如某一晚我唱坏了一个音,无论我的策略是什么,下一次唱到同一处时我还是会不自觉地紧张起来,所以很不幸我还是得应付这个问题。在这种情况下,我会设法理清自己前一晚做了什么从而找出犯错误的地方,即我头部位置的微小调整。在我的化妆间里,我发现自己仍会不自觉地做这件事——对着镜子唱出那个乐句,一如乌巴尔多·加尔迪尼多年前在我第一次唱穆赛塔时建议的那样。我转身背对镜子并再次唱出同一个乐句,我感到下巴微微上扬,心想,这样就对了。前一晚我可能太在意灯光效果了,所以才把下巴抬高了半寸。正是如此日复一日地在技巧上的返工和调整才能保证事业之常青。

　　一旦我找出了解决问题的方法,我便会制定一个如何使用此方法的策略。当我唱到第一个还原 B 时,我试图保持后颈打开,并在不抬起下巴的状态下唱出那个音。我还得在释放气息的同时不令自己感到紧张。在那场演出中,我给自己的任务是在连到那个有困难的 B 之前,在前一个较低的音上以微小的气息压力唱出变音,接着随音高的上升在不增加任何气息压力的同时将还原 B 水平地打开。我用这个方法练习了多次，因为肌肉记忆是唱歌的一个关键所在。在我踏上舞台的那一刻，我还真的不太确信自己能否还原之前在化妆间里做到的那些，因为我仍担心自己会紧张，而最微小的紧张感都会把音符直接发射回我的头声区。但结果这个策略完成得相当漂亮，我很欣慰自己的扎实训练令我寻获了一条管用的新途径来应对那些我以前无法解决的难题。演出的其余部分便只剩全然的喜悦，因为我终于可以专注在表达艺术上了。除了我自己并没有人看出了我的担忧，而且所幸这在接下来的几年里始终如此。

身处于舞台之上，唱歌自然不是唯一叫我惦记的事情。我亦思考表演、我的台风表现、剧本的深意、我的吐字发音以及观众。由于我本身不是一个外向的人，所以观众的反应正如我为他们所做的一样对我会有极大的帮助。有时他们的喜爱显而易见，而在其他一些演出中，我感到与他们之间像是法官和被告似的。我几乎都能看到他们手里握着记分卡，时刻记录每一个小瑕疵。

我得一如既往地提醒自己，总的来说观众是一个仁慈的群体，特别是在我的演唱曲目要求极高的情况之下。同样，我亦不会怀着有机会挑剔他人的心态去卡内基音乐厅听一场独唱音乐会。我们大部分人去听音乐会或歌剧时都希望那会是一个积极正面的体验，甚至是刷新以往认知的体验。我在演出时通常会寻觅至少一个似乎听得津津有味、嘴角微扬的人——就像伊迪丝·维恩斯在《战争安魂曲》

的彩排中与我的互动一般。而在那些我环视演出整个大厅却找不出一个合适的交流对象的夜晚，我的心真是要沉到谷底了。这种情况通常发生在独唱音乐会或是乐团合作音乐会上，因为灯光并不那么刺眼，没有下沉式乐池可供观察，演出厅的规模也小一些、更亲密一些——所有的这些因素都使我更加贴近观众。如今我往往会避开一些规模很小的演出厅，因为在我的职业生涯早期，我不时会被一群看似极富文化修养的观众吓到，这群人仿佛向后靠着椅背、双臂交叉着说"让我们看看你有多少能耐"。作为站在舞台上的那个人，我需要一张信心票——起码是一个微笑抑或入迷的神情。我曾在某一场冬季音乐会上茫然地看到将近四分之一的观众都在打瞌睡。我可不认为那场演出真有那么沉闷。

另外亦有我完全误判了观众的情况。他们在我演唱时看起来极其严肃，却在结束时欢呼雀跃地给我鼓掌。有时候观众们听得太专心、太入迷，以至于我把他们的专注误认为是批评，但之后我欣喜地发现原来他们享受这种沉浸其中的感觉。经验教我变得更加豁达，因为常常实际发生的情况是我最担心叫人煎熬的演出反倒收获了最令人欣慰的结果。

事实上我认为我们大多数表演者从事这份事业是为了赢得掌声、为了观众给予我们的反馈。我们格外需要被喜爱的感觉，而且最好是同时被一大群人喜爱。当然对于另一些表演者而言，观众完全是多余的，做音乐——以及顺便一提，谋生——才是他们唯一关心的问题。我的诉求没那么单纯。我想要并且需要爱与认可。我不是一个天生的表演者，可我是一个天生的学生，所以我想我是把作为学生拿全 A 的诉求转移到观众身上了。

长久以来，歌手与掌声之间都伴有一种微妙复杂的关系。作为任何一场演出的既定环节，谢幕这件事情并不总叫我感到舒坦。某种程度上说它像是俘获观众的一种方式。观察不同歌手的谢幕风格实在有趣。我读到过详尽描述著名歌唱家如何谢幕的长篇大论，一些伟大的女高音只用最简单的手势就给整场演出收了尾，而另一些人则以一种超越演出本身的姿态为那个夜晚画上了浓墨重彩的句号。有时候谢幕对观众的影响更甚于音乐本身。想象一下用双手紧紧拽着幕布的歌唱家拖着自己的身躯在幕布边缘徘徊张望，仿佛在经受了演出中的情绪巨变之后更要费九牛二虎之力来谢幕。甚至对她来说试图再次站上舞台都太困难了，她看似随时都要晕倒般疲惫不堪，直到她突然察觉到观众的反应。她听到他们在为她欢呼。她惊讶地瞪大双眼，纯粹难以置信地轻轻碰了碰心口，仿佛在问："是我吗？""这一切的爱都是给我的吗？"在那个瞬间，观众们当然会为之疯狂尖叫："没错，就是你！"他们以雷鸣般的掌声表达赞许，此起彼伏的"Brava"在夜色中响彻回荡。他们离开剧院时将深信他们这一辈子都从未如此动容——却未完全意识到，谢幕正如歌声一般引诱他们臣服其心。

要与观众建立起联系亦另有他法。一场演出结束之后我常常会留些时间给观众做 CD 签售，这便给了我一个与我刚才的表演对象进行面对面交流的机会。观众们有机会对我倾诉他们的故事，譬如他们在痛失家人抑或与病魔对抗之时在我的音乐里找到了安慰——又或者有时候是给悦人喜事锦上添花，比如喜结连理或是坠入爱河。而得知热爱音乐的人在其生命中最重要的一些瞬间前来看我的演出实在是非凡地荣幸。当我近距离接触观众的时候，我感到自己与他们坦诚相对，而他们亦能看到一个真实的我。我以歌声与音乐来表达我的真心与灵魂，其他的一切便皆是浮云。

观众对于舞台上女高音的普遍认知一般倾向于两种。有一群人将她奉若神明，视她为上帝赐予人类的礼物，以她金子般的嗓音造福普罗大众。另一群人——也是我认为以大多数人为代表的群体——若非将女高音像邻家女孩那般对待，也必定把她视作一个真实的存在、一个有血有肉的普通人。这亦是大多数人对我的印象——并非高高在上，却是神坛之下脚踏实地的女高音。我经常会思考自己在公众心目中的定位与形象。我想变得专横跋扈、难以相处且喜怒无常吗？我想有鲜明的意向立场吗？我想让自己看起来热情谦和，或者体贴、性感、乐善好施吗？有时候我会意识到自己在塑造"观众眼里的我"中起到的作用，而通常自我呈现亦取决于我正在演唱的作品，因此我总得作出选择。

我坚信一名歌剧演员的终极目标总是希望为后人留下一些宝贵的文化遗产。以玛丽亚·卡拉斯为例，在终其一生取得了极高的成就之后，她的传奇仍在延续，至今为世人所津津乐道。她的歌声往往听起来不那么稳定，她的嗓子亦不是通常意义上的漂亮。有人说她的嗓音甚至谈不上很大号，但是作为一个造诣极高的音乐家，她巧妙地利用自己的嗓音特点在其演绎的所有作品上都打上了她的个人烙印。某次我在巴黎就卡拉斯的演技请教了米歇尔·格洛兹（Michel Glotz）的意见。他曾是她的经纪人，亦是她亲密的朋友。是什么令她在舞台上叫人如此难忘？现存的演出视频实在是太少了。她的演绎如何扣人心弦？每一次演出她都使尽全身力气？她又是如何俘获了这众多歌剧爱好者的想象力呢？然而事实上他的回答与我的假设竟完全相反。他说她几乎什么都没做。舞台上的她只是原地站定，因而任何细微的举动或声音的变化都会产生巨大的影响。为此，人们无法把目光从她身上挪开。镜头下，她是周围一片模糊的背景里最耀眼的焦点。纯粹就歌声而言，最令我动容的是她嗓音中的一抹悲凉——这忽明忽暗的声音里似乎藏着一把直戳心尖的利刃。我们已无从得知这到底是她与生俱来的嗓音特质抑或是因其心碎的人生而染上的悲凉底色了。是她确立了当今杰出歌剧女艺人的标准。由于卡拉斯不常出现在舞台上，这更引发了公众对她的狂热，歌迷们跟在她的车子后面穷追不舍，迫使她在演出后得从歌剧院的地道撤离。卡拉斯的神话令这位女士的真实生活蒙上了阴影，以至于很难客观地对她作出评价。即便在她身上时常引发极度崇拜或极度苛刻的争议性观点，她最终仍拥有任何一名歌手都艳羡的东西：自己在历史上与众不同、无可替代的地位。

我刚开始唱歌剧那会儿，人们间或断言我们所处的时代是一个完全丧失了伟大歌唱家的时代。每个人都在依依不舍地谈论二十世纪五十年代，而那些对历史录音相当懂行的人则是痴痴地怀念着二十世纪上半叶的歌唱家们。发烧友们甚至会从更早的黄金时代寻求寄托，试图通过各种书信与描述来想象我们至爱剧目的首演者们在录音技术发明之前听上去是什么样子。

说真的，音乐本身与作曲家作品之重要性才可称为创造性才华，而歌手所扮演的角色则被归为"l'umile ancella"，意为"卑微的婢女"。从这个角度讲，歌手本身并不是艺术家，而仅仅是揣摩和诠释艺术的人。然而只有少数人能将其技艺打磨至顶级的水准，从而优化技艺与天赋才能的高效利用。一些歌手继而成为伟大的艺术家，这已甚少关乎他们的歌声，相反是因为他们的嗓子已经成为能够进行细致交流的工具。他们更进一步利用自己方方面面的才华，包括他们的生存之道，来俘获观众的想象力。完美往往会制造那样一个无瑕的表象，但这并不能令观众真正入戏，而个人风格里的独特气质就好比是进入歌手内心的窗口。我们对这些表演者怀有如此强烈情感的一部分原因正如我们的视线舍不得离开正在高空钢丝上游走的女孩抑或是把头伸进狮子大口的男子：目睹别人冒险所带来的感官刺激与战栗感。

拿我表演独唱音乐会的某些夜晚为例，所有的一切都进行得完美无瑕。我感到自己处在最佳的演唱状态,并且有能力完成从纯粹的解读到将其变为艺术造诣的质的飞跃。我与观众们建立起了真正的沟通桥梁。回顾整晚,我不会想要对任何方面做出改动。然而,那些恰恰可能是我回到酒店后感到迷茫的夜晚,因为这样的反差并存实在大得有些不真实。多数情况下,我享受在路上的时光,因为这给了我一个与自己独处的机会。手机铃响的次数不会有我在家时那么多,而且我亦不用忙着处理日常生活中的繁琐与混乱。尽管我善于突破重围迎难而上,每个人间或都需要喘息的机会。即便如此,在与一千两百名观众如此高强度的情感交流之后,独自一人身处于一个陌生的房间里让我感觉怪怪的。我睡意全无,还未从演出的兴奋中缓过神,而下一刻却感到无尽的空虚。许多音乐会表演者都谈到他们孤独的生活方式,大致上这是个极为真实的观察所得。当你为了呈现一场精彩演出全力以赴,而付出的心血换得了来自观众席的积极回应与能量之时,登台之夜便会给予你巨大的震撼和快感。可一旦我回到酒店,那种欢欣并不能延续,仿佛酒店房门在"啪嗒"一声上锁的瞬间便将这一整晚抹了个精光,使一切回归原点。而下一秒我就会因那些自己可能犯了的最细小的错误进行自我评判与否定。不过通常第二天清晨我就恢复常态了,因为我明白,这是歌手漂泊的生活里所不可避免的。

好在歌剧世界里的社交生活能让我们活得不那么孤独。我们至少每隔几年就会和一群同行朋友以及后台的一些熟面孔重新聚到一起，为我们一起共事的那一两个月组建一个大家庭。这样的奇遇固然叫人翘首期盼，而潜在原因则是那个与家和家人保持联系的不变愿望。我们能继续在这条光荣的艺术道路上前进正是拿这个最高境界的牺牲交换而来的。正如一位睿智的同事曾对我说的，"我们的工作是那么令人喜悦、令人满足，以至于我们甚至愿意不计酬劳免费做这件事。因此我们离开亲友的痛苦实际上是给予了补偿的。"

# 第十一章　选角与诠释

我在学习任何新角色时都会面临一个难题:如何能从每天满满当当的时间表里抽出两个小时来练习。坐在客厅里的钢琴边排练令我格外感激自己多年来练就的极佳专注力,因为电话铃差不多隔两分钟就响一次,门铃声响起的频率大概也就相对低点儿。我的助理玛丽·卡米列里会尽量不打断我,可时而亦会有一些需要我立刻处理的事情。她在兼顾三条电话线的同时还在翻找我需要的乐谱,以及为我接下来的德国之行收拾行李。我的另一名助理艾莉森·希瑟是我与外界沟通的联络人,她替我计划出行路线、试图根据我在各地的不同时间的演出等细节优化整合我的行程表,她亦得安排访问、试造型、与朋友的午餐会、女儿学校的戏剧演出、大都会的会谈以及偶尔的约会日程。我的助理们称我为优雅亦闯劲十足的"丝绒鞭"

（velvet whip），或者干脆叫我"飓风"，但假设我没那么雷厉风行、那么难缠，我敢肯定那些排山倒海般涌来的多任务处理需求会叫我向"超完美天后"①靠拢。当我的孩子们放学回到家，她们会朝钢琴飞扑过来快速地给我一个吻，然后汇报她们的一天，话题涵盖从随堂测验的成绩到玩伴和派对邀请，以及午餐时谁坐在谁旁边说了些什么之类的八卦。小家伙们瞬间点亮了我这一整天。我们交流过后，她们会吃点儿点心，然后回房间开始做功课。目前我正在排练《达芙妮》，同时亦处于公寓进行彻底翻修的期间，所以不仅得与大量的灰尘作斗争——这显然不是理想的练歌环境——还有无尽的乒里乓啷声，头戴棒球帽的人进进出出，工人多半在用俄语嚷嚷，这倒叫我但愿自己在学习塔缇雅娜的时候正好需要装修个新厨房呢。与此同时，孩子们的保姆正在洗衣服，而我的骑士查尔斯王猎犬罗茜正暴躁地对着刚来给我的内置式储物架量尺寸的两名设计师狂吠。这样的混乱并不是偶然的例外，而是常态。待厨房完成之后，还会有其他事情接踵而来。假如我生性脆弱，需要一个安静和专注的环境才能工作，那我的余生注定只能跟《费加罗的婚礼》里的伯爵夫人过了，因

---

① 　超完美天后（Stepford diva）：取名引自美国作家艾拉·莱文（Ira Levin）于1975年撰写的讽刺惊悚小说《超完美娇妻》（Stepford Wives）。故事讲述了年轻夫妇乔安娜与丈夫从曼哈顿搬到有钱人聚居的斯戴佛后发现邻居太太一个个都不像真人，她们性格太完美以至于缺乏情绪及个性，于是与其新认识的好友芭比合伙调查邻居家庭真相，发现她们个个都是完美的机器人，继而与小镇上的丈夫们斗智斗勇的故事。

为我将永远没机会学习新角色。我所处的世界惊心动魄、有成就感、要求严苛，而且几乎从不安宁。当我需要完成一项工作时，无论周围发生什么事情，我都需要找到一种途径来完成它，而且很可能不存在第二种途径。

尽管我一向很乐意尝试有助于塑造一个歌剧角色的各种不同元素，音乐也好，戏服也罢，然而在刻画角色的过程中最令人喜悦的是刹那间的发现与领悟。每当我自认为已经对我扮演的那位女性了若指掌的时候，总会发生一些事情，继而揭示其人物性格的另一面。你可以称之为天赐的灵感或归功于创意肌肉在发挥作用，可每当我忽然想到一种新颖的方式去回应一个对话、一个不同的举动或一个不明动机时，我会感到在这个角色里获得了新生。相似的情况可能在排练抑或演出期间发生，也可能会是跨越多版制作的多层次成长体验，然而塑造角色的这个过程从未停止且永无止境。这个过程令人兴奋的地方在于你有机会阅读歌剧剧本所基于的书籍或戏剧原著、研究故事发生的年代与历史背景，以及最重要的一点——完全沉浸于剧本和音乐本身，通过以上种种能帮助你在舞台上塑造出一个有血有肉的、完整而复杂的人物。一分耕耘，一分收获，你投入越多，相信你与观众都会受益匪浅。

像水仙女露莎卡或女巫阿琪娜那样的神话人物通常很难演得丰满鲜活，因为他们潜在的需求和渴望必须经过细致入微的逐层剖析与揭示。首次演唱阿琪娜似乎像是一系列鲁杰罗版的《离开情人的

50 种方式》（Fifty Ways to Leave Your Lover）以及表达阿琪娜痛失爱情的 50 种方式——或者明确地说是 5 首异常棘手的咏叹调。以今天的标准来看，那些故事情节可疑、复杂甚至荒诞至极的巴洛克歌剧与十九世纪意大利歌剧要求最天马行空的舞台效果，并会得益于一位能从创意概念里玩出花儿来的导演。一些女主人公则如圣贤一般完美得不真实，始终端坐在一个虚构的神坛之上。相反，如元帅夫人、曼侬或维奥莱塔那样拥有真实人生的复杂角色对我来说反倒容易上手，通常演活这些人物亦是叫我最有满足感的。

我还记得自己第一次观看一版《奥泰罗》歌剧的时候，苔丝狄蒙娜曾在童年深受额叶白质切除术①之害的想法在我的脑海里挥之不去。还有什么能解释她竟然丝毫意识不到丈夫的因妒成恨，对他质疑自己忠贞美德的真正动机完全一无所知？可是在为这个角色做准备的时候，我终于看到她实在是一个纯真的无辜受害者：她毫无保留地信任她与奥泰罗彼此间的爱情，以至于她根本无法想象他们之间会产生任何的隔阂。领悟到这一点后，我便满怀了爱意与信任去拥抱这个角色。芝加哥这版制作的导演彼得·霍尔爵士（Sir Peter

---

① 额叶白质切除术（lobotomy）是一种切除脑前额叶外皮的连接组织的神经外科手术。脑白质切除术在 1930—1950 年主要被用来医治一些精神疾病，这亦是世界上第一种精神外科手术。治疗客体包括精神分裂症、临床抑郁症及部分忧虑紊乱症，还包括一些被人们认为有精神疾病征象的人。手术后，这些患者无不变得非常驯良和温顺，但损伤前脑叶会带来不可避免的影响，比如反应迟钝、性格变化或患上精神幼稚病等。

Hall）把她对婚姻的信赖更推进了一步，在剧中暗示了奥泰罗将她视作唯一能抚慰其心灵的一剂良药。随后她把他对她的动怒视为他焦虑的表征，只需她的柔情蜜意加以安抚。当她意识到他那指控的严重性之际已然太迟。如今每当我再次演唱这个角色，我都会留心在她身上展现更多的善良与信任，并由此希望我的诠释有助于向观众深层次地阐释她的天性本真。

演唱德沃夏克的《露莎卡》犹如沐浴在撩人月色之下，但如何演活角色和故事情节是一个不小的挑战。尤其是这部歌剧的结局叫我花了大量的时间和讨论去理解。她将会何去何从？那王子又会怎样呢？加之第二幕中露莎卡基本处于无法发声的状态，从而迫使她只能借助脸部表情和肢体语言来表达她正在经历的一切，而且坦白地讲，我确实需要通过自己以往参演过的所有七版制作来揣摩出这个角色的精髓。巴黎歌剧院版的导演罗伯特·卡森（Robert Carsen）抓住了这个故事隐含的性主题以及露莎卡试图"成为一个女人"这一关键点，将这部歌剧精心打造成了一场心理剧，其中水妖和女巫成了露莎卡的父母。我求助了几版制作里的编舞师，试图寻到一种肢体语言来表达她内心的绝望以及她转化成半人类时自嘲"既非仙女亦非女人"的状态，让我表演无法唱歌的一整幕实在同小提琴演奏家在没有小提琴的情况下演奏一场音乐会别无二致啊。

我演得最多的一版《露莎卡》是奥托·申克（Otto Schenk）执导的作品，其中贡特尔·施耐德-西姆森（Günther Schneider-Siemssen）

设计的最后一幕是我最爱的场景还原。露莎卡看起来似漫步于水上，可底下实际上是一片有机玻璃，上面镶嵌了金属缎带和丝线，并巧妙地运用了灯光效果。转动布景下的机器便可轻轻地移动同样装饰着金属缎带和丝线的聚脂薄膜来模拟月光下的水波粼粼。完整的效果呈现出来的确很令人信服，况且哪个女高音不愿体验一下在水上漫步的感觉呢？最终，她既不能立刻死去亦无法再做回水仙女，所以她注定要耗尽余生去诱惑男人，并引他们堕入黑暗的深渊而死去。正如所有我至爱的戏剧作品一样，爱与救赎是《露莎卡》的核心主旨，但我们得深入探寻方能获得歌剧里所蕴含的真意。露莎卡发誓她不会杀死她的恋人，但她却通过一个吻叫他永远合上了双眼，因为是他求她这么做的。他想以死亡的形式令自己从对她造成的耻辱和痛苦中得到解脱，而她请求上帝接受他美好的人性灵魂，自己则回归那无尽的黑暗深处，这亦是歌剧史上最动听的终曲之一。德沃夏克的水仙女与迪士尼电影里活泼的小美人鱼大相径庭，尽管两者都是基于既获得了双腿又获得了有情人的温蒂妮的童话故事。

有时候接下一个高难度角色带来的挑战倒可能令一版制作大放光彩，继而成为观众的挚爱。1999 年我在加尼叶宫的巴黎歌剧院演唱的《阿琪娜》(*Alcina*) 就是这样一个例子。苏珊·格雷厄姆饰演鲁杰罗，那是我在剧中爱慕的对象，或者说近乎迷恋。我们两人都是第一次尝试亨德尔的歌剧，可幸好有罗伯特·卡森担任导演、威廉·克里斯蒂带领他的巴洛克繁盛艺术古乐团 (Les Arts Florissants) 坐镇乐池。我第一次见到克里斯蒂时，我全然以为他会要我弃用颤音，以一种纯粹明净的音质演唱这个角色，我亦十分乐意做这样的尝试。可他似乎态度坚决："这部作品首演时，它的音乐是那么的令人神魂颠倒。人们都激动得晕了。这就是我们要做的！"他要我把所有的演唱本领都用到乐谱中，丝毫不放过任何极富冲击力的诠释、两性关系、爵士元素等所有的一切。我紧张地直抗议："不，不，不，你肯定是弄错了。你不是说真的吧？从风格上讲，这不太对劲。"我仍是说不动他，所以最终我试着像演唱爵士乐那样这里转个调，那里降半音。我会先从不加颤音的音调着手，然后再为其装饰润色。如此表演实在太令人惊讶了，因为这是亨德尔的作品啊，我终归认为他在风格上与莫扎特是一致的，不过克里斯蒂却有着不同的看法。结果演出非常成功，因为我们都乐意冒着失败的风险去做新的尝试。

我与克里斯蒂的羽管键琴师埃曼纽尔·哈姆（Emanuelle Haïm）和杰拉德·马丁·摩尔一同就阿琪娜咏叹调的每一个返始部分商讨了装饰音和华彩乐段的处理。这是一个度身定制的装饰处理，传神、有趣，并与我的声乐技能完美契合。到目前为止，在美声歌剧或亨德尔歌剧的准备过程中最费时的方面在于熟记、实践，再改编这些拟定的装饰处理，通常这个过程会一直持续到开幕之夜。如果可以的话，我会在每场演出中自己即兴创作。演唱莫加娜的杰出女高音娜塔莉·德赛（Natalie Dessay）便能在整个排练期间做到如此地步。当我向她提及我被她的歌声与音乐想象力深深震撼时，她笑着摇了摇头道:"喔,我每天都唱得不一样只是因为我不记得昨天是怎么唱的啦。"

我向来觉得排练是一种乐趣,因为我们并没有衡量自己的参照标准。这完全关乎探索与发现。为一群观众表演的感觉十分美妙,因为你可以借助他们的活力,但同时你亦把自己交予他们来感知与评判。当你正在摸索着去建立一个角色的概念之时,最好不要考虑这些外界因素。罗伯特·卡森的才华基于他丰富的文化底蕴和无可挑剔的品位。他精通多国语言、想象力超凡,并从不吝惜鞭策我做到最好,即使这意味着可能会在排练中造成紧张的氛围。这种氛围不会持续很久,因为我知道他的本意是激发我的潜能,让我放胆去唱,而且这样一来他的确能够得到他想要的结果。亨德尔给导演们提出了巨大的挑战,因为他的歌剧里很少出现合唱甚至是二重唱,而那些令人费解的复杂情节通常只能靠大段的长咏叹调之间短暂的宣叙调来缓慢地推进。这对需要在具象现实中执行的导演来说是近乎不可能的任务,但对于一个抽象且想象力丰富的思考者来说则是一个绝佳的机会。这版制作不仅在音乐上完美无瑕,而且在视觉上巧夺天工,这得归功于设计师托拜厄斯·霍埃泽尔(Tobias Hoheisel)。《阿琪娜》的舞台布景是一个装饰成了简约欧式房间的白色盒子,打开房门后映入眼帘的是青翠的森林和绿地,幽美迷人的自然景象在阳光底下一闪一闪,将这般影像投射到后墙上,给人以无限深邃的遐想。舞台上排列着的三四十名男子扮成"石头",象征阿琪娜魔爪下的受害者(亦充当真实家具用),身为女巫的阿琪娜认为诱惑并摧毁男人是她的天职,直到她爱上鲁杰罗。其中许多男子都是赤裸上阵,尽管时不时让我和苏珊有点儿分心,但必然不会叫舞台显得沉闷了。《阿琪娜》是一个集合了真正的新鲜创意的奇妙邂逅,而且同时得到了乐评人和观众的喜爱——如此同声同气可真是太罕见了。

通过接下新角色,不断地尝试更好、更新颖的声乐表现方式来推动自己身为一名艺人的创造力与把自己的嗓音推往极限——即应允一个最终会损害嗓子的角色之间是有明确界限的。任何一名歌手都必须清楚地了解自己的嗓音并一如既往地忠于这个认知。听到剧院经理人们的首肯说我将会是一个完美的莎乐美或伊索尔德的确令人感到荣幸,而且如今我也确实能毫无困难地唱出这些角色里的所有音符——但仅限于满足如下前提:没有交响乐团、不带任何情感、不与大号嗓歌唱家同台并且脑子里没有嗡嗡作响的小声音告诫我"最好别拖以往那些高水准演出的后腿",所以说,我最好还是"大胆唱出来,露易丝"①。

我在声乐上面临过的最大挑战无疑是美声歌剧,也就是以贝尔尼、多尼采蒂和罗西尼为首的作曲家为十九世纪登峰造极的名歌唱

---

① "大胆唱出来,露易丝"(Sing out, Louise)是音乐剧《玫瑰舞后》(Gypsy)中,露易丝和琼小时候在台上演出时,露易丝不敢表现自己,母亲露丝在台下大喊令其放声唱时的台词。

家们创作的那些角色。当我为我的《美声精选》(*Bel Canto*)唱片挑选咏叹调时,我惊讶地发现原来很多这类角色我都已经在职业生涯的早期演唱过,而且每一个角色于我都是一次声乐与戏剧方面的学习提升:所有在莫扎特调性与风格上的必要完善,以及在更广音域的实践、实打实的花腔技巧、颤音以及在华美乐段上的大胆表现力。另外还要再算上那些经不起推敲的情节和我最不喜欢的约定俗成——女主人公总是身为受害者——对戏剧真正的承诺才是这些作品的卖点。尽管如此,这些剧目最吸引我的是演绎那些行云流水般唱段的自由空间,既令我回想起了爵士乐的往昔体验,亦重新思索了威廉·克里斯蒂的格言,即只要一个极富表现力的完整音域便已足够。歌手通常能引导管弦乐团最小程度的参与,尽情地将旋律延伸拉长,只要不偏离得太久并保持其内在活力即可。作曲家们只在乐谱上标示了极少的表情符号,所以剩下的是什么? 想象力! 若《梦游女》(*La Sonnambula*)中的阿米娜在我最喜欢的场景里熟睡或醒来,她的歌声听起来会如何呢? 怎样在歌声中表达心碎的感觉呢? 绝望呢? 眼泪又能如何通过歌声来传递? 歌声能做到直接由心出发而毫无阻隔地向外传递吗? 这就是诠释美声作品的自由度,这就是为什么在我的《美声精选》唱片里收录的宣叙调段落《满园鲜花凋零/啊,我不相信》(Ah! non credea)是我迄今最为自豪的作品。我与已故的伟大制作人埃里克·史密斯(Erik Smith)花了大量的时间在录音棚里寻求最有力的表现形式,如此我们才能最巧妙地演活这些场景。

对于女高音而言,演唱美声作品还需要熟练掌握换声点的演唱技巧,并拥有完成无间奏的超长戏剧场景的耐力——以《海盗》为例就有六个之多。当然终幕一向是难度最高的,简直要叫喉咙提到眼睛上来了似的。不夸张地讲,这的确叫人感到不适。我总是告诫青年歌手们要有意识地去引领嗓子的音质调性而不要去用鼻子两边的那些小点使劲推挤嗓子,并尽可能多地运用头声以保持发声的集中而修长。(正如对待一件行李,你拉着它走的效果一定比推着它走更好。)当嗓音受到推挤时,很有可能会给过小的空间施加过多的气息压力。在早年的课堂上通常用一个哈欠来表示所需的空间,但注意"哈欠"也不能打得太夸张,这样会把喉部往下压。最后,在这个执行过程中必须要有足够的气息支持来将嗓音毫无压迫感地托起来。在演唱一段高难度乐段时,我会不断地调整气息的流动变化。实际上这个过程是不自觉的,但努力的意图依然存在:"不对,刚才这个声音变得有点儿粗糙,现在缓和一下呼吸","别再挤压嗓子了","保持气息支撑","挺胸,放松你的后颈和斜方肌","好,再多用点儿气息","保持高位共鸣"。正是这样细致用心的技术管控才能助我顺利完成如《随想曲》终幕一般的超长乐段。我们一向以尽可能不费力且更高效的演唱为目标。这需要时刻关注自己演唱时的感觉以及歌声听起来的感觉。其中的难点在于技巧缺陷带给你的伤害并不会即时显现出来,甚至有可能会发生当下并未感到出错的情况。

保护好自己的嗓子并不意味着我就得去寻求轻松的角色来唱，而是要唱与自己完美契合的角色。所谓甲之蜜糖，乙之砒霜，适合我的角色可能对他人是近乎不可能的任务，反之亦如此。我是在巴黎的一轮排练过半时才发现自己的确有能力演唱马斯涅那音域宽广且篇幅漫长的曼侬。在那之前，我曾想象自己会在开幕夜的皇后庭场景开演前向观众道歉，就我对自己极限的无知发表一番谦卑的讲话，并在溜之大吉前向他们保证以后再也不会见到我。好在我发现自己已逐渐适应了这个角色，而且很快就成了我一个绝对的至爱。这是一场多么华丽的盛宴！我与曼侬又在对法国歌剧的一段长时间探索中邂逅了：玛格丽特、泰伊斯、露易丝、《白衣夫人》(*La dame Blanche*)里的安娜、《希罗迪亚》(*Hérodiade*)里的莎乐美，以及《普拉悌》和《美狄亚》里的角色。法语是继英语之后我最喜爱表演的语言，因为它的鼻元音有助于维持对我嗓音最安全的发声高位，加之其乐句的流畅性特别适合吟唱。我亦发现自己屡屡被曼侬复杂的人物性格所吸引。相较于那些我一贯饰演的品德高尚、善良贞洁的典型女主人公，她勇于承认自己的肤浅并随之肆意挥洒肤浅的能耐确实叫人耳目一新。曼侬极尽丰富的人生阅历对我亦是一个极大的挑战——从天真的轻佻女孩到私奔的冒险家、从攀附显贵的掘金女郎到悔不当初的落难恋人，最终她对名利富贵的贪恋使她走向了监禁与死亡之路。

当我扫清了曼侬的声乐障碍之后，耐力成了一个重大的课题，这意味着我得仔细权衡在开头的一些场景中如何分配我的精力和嗓音。在巴黎的第一个演出季，我差点熬不过头几场演出的终幕，并不得不放弃几个乐音才得以幸免。最终我找到了自己的节奏，彼时我正于大都会做曼侬角色首秀，在某场演出中我发现自己身处于一段意料之外的二重唱中。在让-皮埃尔·波奈儿那版制作的皇后庭场景中，我身着上有紧身束腰、下有宽大裙撑的巨型红色礼服入场。当我开口唱歌时，我似乎听到后台有人在跟我一起唱，可他在嘲笑着模仿我的歌声。这是一个男人的声音，我认定他是某个尚未习惯于歌剧特有声音的舞台管理新手。随着那个声音的喋喋不休，我为注意力的分散而越发感到恼火——直到我突然间意识到观众们正在低头窃笑，因为那个声音其实已经传到剧场里来了。在那个场景里，与我同台的合唱团构成舞台造型，即不产生移动的静态画面，而我用余光看到其中的一名成员羞怯地牵着一只超大的俄罗斯猎狼犬走下台去。那一刻我才意识到跟我一起开唱，或者确切说吼叫的伙伴原来是一只狗。（此时观众们也吼了起来，虽然吼的方式不太一样。）从我的角度来说，我对那只狗的高音唱得挺不错这件事略有担心。幕布拉下的那刻，我态度坚决地对从后台飞奔而来的艺管人员说道："有我就没有那只狗。"我确信自己察觉到了对方的一丝犹疑。

从某种意义上讲，理查·施特劳斯已取代莫扎特成为了我的核心作曲家。我从未能完全理解"莫扎特/施特劳斯女高音"这个标签,因为两者的音乐是如此不同。可纵观历史,许多伯爵夫人和费奥迪丽姬的确都成了阿拉贝拉、元帅夫人和《随想曲》中的女伯爵,况且这些角色也确实需要类似的嗓音厚度以及更加重要的东西,那便是气质。对我来说,间或适度地延伸自己的极限亦十分重要。《达芙妮》中的同名女主角就是一个很好的例子,谱曲难度之高给我抛来了一个巨大的挑战。这部歌剧的五个要角里有四个被我称为"极端施特劳斯角色",谱曲分别考验了各个嗓音类型在音域范围、常用音域和音量方面的绝对极限。

达芙妮的常用音域实在高得令人不适。尽管我唱过单个乐音更高的其他作品——达芙妮的定音高最高只到 high C——但平均音高可能会低得多。恰到好处的常用音域绝对是判断角色是否合适的一个关键考量,而非执着于实际定音过高或者过低,这是次要考虑因素。我发现处理过高常用音域最重要的一个策略在于采用同样更高的共鸣。换句话说,我会少用口腔与胸腔共鸣而更多地使用头声演唱,以保持身体放松且嗓子不受压力。

换作十年前,我大概是挺不过这部歌剧的。随着演唱技巧的提高,我将曼侬、维奥莱塔、达芙妮和美声歌剧里的女主人公等角色更加舒适自在地一一收入囊中。通常歌手会选择在还很年轻的时候扮演这些角色,因为随着年龄的增长,嗓音会变得越发低沉黯淡。我的经验倒与之相反。回想一下声乐挂毯的画面,在高常用音域持续期间,鲜亮的音色被织进音调,而较低沉的音色则被编排在外罢了。演唱类似的角色时保持身体放松便比任何时候都来得重要,这通常是指要时刻警惕演出中以及周遭可能会经受的压力。

就音乐而言,达芙妮比其他施特劳斯角色略微丰富多彩些,所以需要花更长的时间去研习定音高,而且即使剧本本身很简单,但和声移动得太快,以至于需要一个杂技演员的精准度与速度才能跟上乐谱。当我首次学习一个角色时,我会同时处理剧本和音乐。在一个理想的世界里会让我有足够的时间更细致用心地分配这些任务,可我通常会给自己施加比那更大的压力。在一个月之内学会这么个吃重的角色并通过一个极高常用音域的考验并非我在准备这部作品时唯一的障碍。《达芙妮》的总谱复杂到我的首要任务竟是找一个视奏能力强或是熟悉这部歌剧音乐的钢琴伴奏。我还记得彼时(而且似乎也并不是很久之前)我的难题不是找不到伴奏而是负担不起啊。我一向鼓励所有年轻歌手去学钢琴,因为这样一来他们能为自己省下一大笔钱,而自习音乐的能力亦是一个极其实用的技能。说真的,我有很多同事都是出色的钢琴家,因此他们的音乐造诣使他们有能力攻克各类高难度作品(即便历史上仍有一些最顶尖的歌唱家们甚至都不识谱)。

在我们开始排练前的一个月,为了提前开始揣摩角色,我专门请将在科隆指挥《达芙妮》的谢米扬·毕契科夫(Semyon Bychkov)给我开了个读谱小灶。如谢米扬一般伟大的指挥家会与一名歌手合作,共同在嗓音中寻找丰富的音质色彩、轻重变化、弹性速度以及令表演脱颖而出的所有其他元素。举个例子说，谢米扬建议我在唱 Sonnenschein（"阳光明媚"）一词时"嗓音里带着微笑"地突出 schein（"明媚"），并可能在 sch 的发声上留有余韵。（"嗓音里带着微笑"是我最喜爱的音调创意之一，通过抬起颧骨或发自内心的微笑即可达到这种效果。维多利亚·德·洛斯·安赫莱斯是这个技巧的最佳代表，可以说这不失为一种为乐句增色的极佳方式。）同样，我会轻快而有弹性地演唱带有附点节奏的 tanzen（"舞蹈"）一词。倘若这个词是 Trauer，意为"令人忧伤的"或是"忧伤"本身，而它又在一个小三和弦上，那么我会以那个音高为依靠，并赋予我的嗓音一种暗得多的音色特质来把这个词唱得更加生动。

达芙妮一角最有趣的一点在于歌剧刚开始那会儿她是一个彻头彻尾天真无邪的女孩——不食人间烟火、只求成为大自然的一部分，这让她对自己的成年感到十分不安。不幸的是，她意识到自己童年时代的朋友留基伯本会是她的合适追求者时已经太迟了——为了争夺达芙妮的爱意，阿波罗在他与留基伯的情敌之战中用一道闪电杀死了他。我们共同见证了达芙妮在留基伯死后的独白里忽然间变得成熟，她的主题音乐呈现出极强的戏剧性冲击，加倍渲染了她的悲痛之情。人物性格在音乐上的这般转变亦体现了施特劳斯在编剧方面的非凡才华。达芙妮终于得偿所愿，完成了从一个人类个体到一棵扎根大地的永恒之树的变形。在歌剧结尾处，那些听起来神秘怪异的重复乐句总叫我联想起她的歌声与小提琴描绘出的树叶簌簌作响的景象。

阿拉贝拉是施特劳斯创作的另一个杰出女性角色，她完全真实、人性化且内心强大。她很清楚自己要什么，并在财务困难时期撑起了整个家，为经历的每一次心碎寻找解决方案。当我一开始学习这个角色的时候，我发现自己很难喜欢上她，因为一旦她认定曼德里卡是"der Richtige"，即真命天子，她拒绝其他追求者之冷酷无情似乎叫我的现代理念无法认同。然而，自我研究了她所处的时代背景之后，我才开始体会到她非同寻常的洒脱且不受传统束缚。在那个很少有基于爱情或自愿结合的婚配年代，她却自己决定谁将成为她的伴侣。她理智且富有责任感，并认为有义务与其他潜在的暧昧关系断绝来往。最后一幕中，阿拉贝拉掌控了全场——既不是曼德里卡，也不是她的父母。她原谅了曼德里卡的不信任，并鼓励她的家人接受马泰奥作为兹丹卡的合适伴侣。阿拉贝拉那一飞冲天的高音消解了当晚的误会以及她家人的羞耻，并且大度地原谅了曼德里卡对她的忠贞的误解与质疑，令其很好地应对这个紧张局面，从而印证了那句永恒的谚语——异性相吸。从声乐上讲，这个角色类似于《最后四首歌》，像是第一幕中出彩的二重奏、阿拉贝拉的独白与最后一幕里同样出现了的持续高歌。我会把阿拉贝拉想象成一个年轻的元帅夫人：一名极其正直坦诚且有一个仁慈灵魂的女子。

《随想曲》中的女伯爵或许介于两者之间——年纪轻轻却聪慧通透、人情练达，同时寻觅着爱情与艺术的本质。作品总谱的种种微妙叫我非常崇拜。火花迸发的对话式剧本之下藏着从任何一部施特劳斯歌剧中都能找到的渴慕狂喜。我第一次在巴黎歌剧院扮演这个角色时，女伯爵在弗拉芒和奥利维耶你来我往的爱情宣言中穿插的台词，在整个排练期间无时无刻不深深困扰着我。而诀窍其实是得对作品烂熟于心，因为这些转瞬即逝的时刻在第一次听的时候实在太容易被忽略了。可以想象施特劳斯在 1942 年创作这部作品时将自己埋藏在了"心灵渴望憧憬的美好"之中，一如女伯爵在倒数第二场中抒发的那般。

最叫我心碎的是那个表现孤独的角色。我在演唱元帅夫人的时候很容易能将自己代入角色。别再纠结于她和奥塔维安的情人关系终结的必然性了：这是她孤立无援的时刻，她对时间和容颜、岁月流逝和自我价值渐失的危机感，这是致命的打击，亦是在女性中普遍存在的焦虑。当她看着时钟并要求它停下来时，我对她的艰难处境感同身受，因为那个时钟对我的影响并不亚于她。我死于肺结核或是被我丈夫掐脖子的几率很小，因此饰演这些戏剧性的角色虽叫人兴奋，但她们并不会如明镜般令我透过角色看到自己的生活。然而要演绎元帅夫人的落寞、恐惧以及最后那令人心碎的尊严——那些是我感触最深、仿佛把自己完全暴露于人前的瞬间。在某些夜晚，我甚至对着自己都难以坦承这些恐惧，更别提对着一大群陌生人了。也是那些个夜晚，她的哀伤与失落即使在落幕后亦同样叫人难以放下。

我于 1998 年取消了原定在大都会的《茶花女》角色首演,可打那时起我便很后悔退出了那版制作,一如所有勤奋的学生,我对按时递交论文一向自律。维奥莱塔是一个难度极高、人物又极复杂的角色,她有一段不乏大师出色演绎的悠久历史,而且我打心底里明白,当我真的开始接触这个角色时,我希望自己不遗余力地专注于此,而不愿叫它落入我人生中最糟心的那一年年末。当大都会好心地重新安排了 2003 年秋季的演出后,休斯敦大剧院同样善意地应允我在大都会演出前的六个月左右先在那里做角色首秀。

　　我曾多次看过《茶花女》的演出,我一直强烈地认为这个角色对女高音的声乐造诣要求太高,以至于技艺纯熟到能越过演唱部分而直接专注于维奥莱塔的角色塑造成了一道难题。这个角色通常公认需要近乎三种不同的嗓音类型:第一幕为抒情花腔女高音;第二幕第一场则为重抒情( lirico spinto )女高音;第二幕第二场与第三幕均为抒情女高音。若有女高音像我一样在演唱《永远自由》( Sempre libera )时感到嗓子不那么舒适,那么剩下的两幕将如天赐的礼物;相反,中意第一幕的女高音会发现此剧的其余部分得叫她的嗓子在戏剧性方面多多费力了。从一名观众的角度上讲,我也总想要多爱维奥莱塔一些。我想要看到她的柔弱,支持她,为她那痛苦无奈的处境而心碎,我愿意相信阿尔弗雷多的爱能令她恢复健康。作为一名歌手,我想要在自己完全掌握了音乐的部分之后更进一步去探寻维奥莱塔的戏剧精髓,为我的想象力与角色的互动打开一切可能性。譬如说，我总以为阿尔弗雷多会在第二幕一开始给她送一朵花，而她会温柔地把花插在自己的发间。若非如此，这对恋人在歌剧中甚少有机会展现他俩的甜蜜瞬间及其炽热爱意的基础。每当我揣摩这个角色时，我便会想起那朵花，思考它如何体现维奥莱塔与阿尔弗雷多在乡间开启崭新的生活，以及她如何深切地感受到活在人世间的喜悦。我常常在学习一个角色的过程中想象那些戏剧性时刻的舞台空间设置，尽管在实际演出中很难实现我为自己设定的所有目标。

我渴望饰演维奥莱塔的其中一个主要原因是为了能有机会演唱《请告诉那位纯洁美丽的少女》(Dite alla giovine)，这个唱段发生在第二幕中杰尔蒙要求她离开阿尔弗雷多而她无奈屈从之时。对我来说，这是剧中最令人心碎的音乐。威尔第似乎把他笔下的女主角的牺牲变成了一个完全私密的时刻，而非我们通常预计的激烈对峙。透过音乐，我们洞见了她坦荡的灵魂，感受到她伤痕累累的心。我总是脑补维奥莱塔从发间摘下那朵花，无意识地把它碾碎在手心里，正如她的幸福亦被碾碎了一地，亦自知死亡正一步步向她逼近。维奥莱塔是一个品德高尚的女子，她不像曼侬那样光顾着快活而堕落得理所当然，只有起不了丁点作用的零星道德观念。维奥莱塔牺牲自己做出了正确的选择，所以阶级、境遇以及爱她的男人对她造成的不幸令我们唏嘘。她是我曾演过的最善良的人物角色之一，同时个性又相当立体，因此夜复一夜地"住"在这个角色里给我带来了无限的乐趣。

塑造一个角色需要的大部分信息都来源于音乐本身。威尔第的谱曲总给人以无法喘息的印象，完美呼应了维奥莱塔所患疾病的症状和坠入新爱河的激动之情。经历了以往多场演出后，我开始充分探索唱段中的这些微小停顿。每一个场景、维奥莱塔音乐里的每一个乐句都提供了一系列音乐和戏剧上的选择可供斟酌，而第二幕和第三幕我唱得最为自在——虽然大致上讲，开场演唱亦是乐趣所在，而且某种程度上那是在为歌剧剩余的部分暖身。可不寻常的是威尔第选择了把维奥莱塔独自一人留在舞台上来结束第一幕，这是极需耐力与毅力的一幕，更不用说它极高的常用音域和中间没有给人喘息机会的间奏了。最终，我确定唯一能让我从这一幕挺过去的方式便是在卡巴莱塔（cabaletta）中提亮那些 high C 的音色并减轻它们的重量，然后谨慎地处理此幕在乐谱上的最后几页。结尾需要我全神贯注地应对这些声乐技术挑战，而变化自如的气息要求令这些挑战难上加难。顺利完成第一幕之后的奖赏自是我视若珍宝的其余二幕。

我在准备维奥莱塔一角时找到的几本有关十九世纪法国高级妓女的书籍对我塑造角色提供了巨大的帮助。我惊讶地发现那些人其实并非我们今天意义上的妓女，而是那些与社会顶层精英一起生活在纸醉金迷中的女性。在她们精致典雅的屋子里，座上宾包括了一些彼时最顶尖的大人物——诗人、作曲家、权力阶级。她们成了引领时尚的风向标，她们拥有最好的马车和珠宝，并手握左右其爱慕者的大权与影响力。倘若她们足够幸运,便设法储够了钱安享晚年,又或者有慷慨的金主愿意在她们晚年继续出资帮她们维持生活。她们中不幸的那些可能在二十出头的时候便死于肺结核或是某种消耗性疾病,如彼时记载的,这种疾病令她们日渐消瘦,苍白的面容上颧骨高高凸出——总之看起来形容枯槁、面目全非。随后我的研究把我领向玛丽·杜普莱西斯(Marie Duplessis)这个名字,这位现实中的名妓常被认为是维奥莱塔的原型。玛丽是一个法国农村姑娘,她的父亲在她十五岁那年母亲去世后抛弃了她。她继而成为巴黎之花,甚至与弗朗茨·李斯特(Franz Liszt)维持过一段情人关系,而那段关系亦成了李斯特之后的漫长人生里都格外珍视的回忆。她在如花似玉的二十三岁便已香消玉殒。

为了进一步有助于我的表演,我还如常地采用了群众调研,用投票方式征询大家对维奥莱塔的看法。查尔斯·纳尔逊·赖利心细地谈到了她在公寓里四处放置的痰盂。他还设计了一些小任务给她演,比如为杰尔蒙斟茶,并在她染有血迹的手帕里藏起药片。甚至电影《茶花女》(Camille)亦提供了宝贵的见解。我喜欢葛丽泰·嘉宝(Greta Garbo)的表演,她那易碎的美,她的悲伤相较于男爵的冷酷无情是如此令人动容。从所有可用的资源中汲取灵感并运用到自己的表演中是十分管用的办法,因为我准备得越充分,我便越有可能即时从脑袋里蹦出自己的创意想法。

当然了,女高音寻求灵感的时候,最佳切入点之一便是研习其他女高音的版本。历史录音是必不可少的资源，每当我着手准备一个新角色时，我想要细听我能找到的每一个版本的诠释。聆听历史录音的美妙之处在于你能听到地道的意大利语，亦能对从泰特拉齐尼（Luisa Tetrazzini）、穆齐奥（Claudia Muzio）、梅尔巴（Nellie Melba）、奥里维罗（Magda Olivero）、法勒（Geraldine Farrar）、卡尼利亚（Maria Caniglia）、卡尔特丽（Rosanna Carteri）和庞塞尔等到如今女高音的风格变化了然于心。彼时的表演更加个性化，在今天的标准之下甚至可能有些离经叛道，然而能在我们熟知的作品中一睹这众多个性化演绎的耀眼光芒实在令人喜悦。我不太喜欢卡拉斯在录音棚灌录的那版《茶花女》，听上去异常小心翼翼，几乎是最平淡朴实的状态，缺乏一切她最出名的招牌特质。然而她与卡洛·马里亚·朱里尼（Carlo Maria Giulini）一同在斯卡拉演出的现场录音却相当扣人心弦。我最喜爱的《茶花女》录音是由卡洛斯·克莱伯指挥、普拉西多·多明戈饰演阿尔弗雷多、艾琳娜·科托鲁巴斯（Ileana Cotrubas）饰演维奥莱塔的一版，在她闪烁的歌声里微妙地透着弱不禁风的气质。我聆听这些录音，分析各版演出，试着从中挑出些诀窍。我不介意借鉴一个特别动人的乐句处理或是戏剧性创意，而同时我亦知道什么不可取。

我可能用功过头了，因为我仍旧在作为一名演员上不断地自我斗争，我到底应该保持简单还是复杂多层次，是戏剧化表演还是直截了当？我几乎是逐字逐句地徘徊于这两个选项之间。一位著名的维奥莱塔则直接对我伸出了援手。我一向认为蕾娜塔·斯科托展现了一位艺术家非凡的音乐智慧与艺术造诣。她的表演、想象力以及对剧本的解读使她成了一位对观众极有吸引力的杰出艺术家。她慷慨地应允在我飞去休斯敦之前在维奥莱塔一角上给予我指导，尤其在语言关上对我帮助极大，比方说如何最大限度地有效运用台词。由于我会讲法语和德语，用这两种语言演唱对我来说要比唱意大利语作品来得容易，因此能得到一位母语是意大利语的老师指导叫我格外感激。

维奥莱塔的一个奇妙之处在于她是一个非常多变的人物，可以用多种不同的方式去演绎。当我首次在休斯敦演出时，很幸运导演是弗兰克·科萨罗（Frank Corsaro），他对这个角色有许多原创的想法。比方说这版制作中的维奥莱塔在第一幕表现出生气、苦闷的情绪，她一手举着香槟瓶、一手握着酒杯，喝醉了酒在舞台上趔趔趄趄，这叫她看起来并不十分迷人。可如此诠释是相当合理可信的，因为事实上也的确有很多东西能令维奥莱塔感到生气呀。光是换一种揣摩的新思路便给了我更多自由去继续探索人物角色，与她携手可比我独自上路要走得远多了。大都会制作中的维奥莱塔又是一名完全不同的女子，我知道自己已做好准备，表演的灵活性亦足以适应这个版本，这着实归功于我在休斯敦获得的经验。

如果我对身为一名表演者有任何愿望，那便是一晚上把自己分成两半,这样我就可以一边在舞台上演出,一边坐在观众席观看自己的表演。如果我能够从观众视角客观地评价自己,并判断哪个乐句、哪身装扮、哪个姿势的处理最为成功,我便可进一步提高我的演出水准。尽管对着镜子演唱很有帮助,观众席里若坐着老师亦能多一个批评的声音,可没什么比录像带更能清晰地揭示一场演出的优劣了。我仍记得我与一位女朋友第一次在意大利(又回到了意大利!)的斯波莱托艺术节上演唱伯爵夫人的情形。当地的报纸称我们为"来自巴尔的摩的两位女士",这显然在暗示我们缺乏某些贵族特质。当我有机会回看那场演出的录像带时,我为舞台上的自己有多笨拙、多难看而感到震惊。很大一个问题归咎于我的手部动作,我完全没有意识到自己的双手整个绷着,五指张开,大拇指伸得笔笔直。观看录像教会了我观察其他歌唱家如何运用他们的双手传达一种纤细的美感。我得学会释放紧张情绪,尤其在于我的大拇指,并保持姿态优雅。

运动员们的优势在于他们有即时回放和比赛录像可供事后研究。我由衷地认为假如我有机会观看更多自己的演出录像,我能成为一名比现在好得多的表演者。可惜出于杜绝盗版销售的考虑,剧院里规定不允许录音或者录像。尽管如此,每逢大都会的电视转播,在最终的录制之前都会先制作三个草稿版本,而研究这些录像能让我在演技与舞台表演艺术上更上一层楼。我在看了《奥泰罗》电视转播的第一版草稿带之后连跳窗的心都有了,所幸之后布莱恩·拉奇（Brian Large）导演给了我巨大的帮助。从最初的努力到最后实际录制之间有着天差地别的改善，在他的帮助下我找到了面对镜头的最佳角度以及对灯光的利用。此外，在每一次检视录像之后我都会做大量的演出笔记。我看这些录像带就好比大多数人在电话答录机上听到自己的声音一般嫌弃。但是我必须强迫自己这么做，若没有这样直接的反馈，除了猜测便还是猜测，这叫我如何继续进步呢。

# 第十二章　舞台背后

　　正如我渴望了解从台下观看一版制作的情形,大多数观众亦会好奇一场演出在后台的筹备过程。幕布背后的世界之于天鹅绒座位上的观众有点儿像忙得热火朝天却完全有条不紊的五星级餐厅厨房之于正在享用餐点的优雅客人。这两个场面看似两个世界,若不是在那里的每个人都为了同一个理由——一是美食,二是歌剧,你几乎想象不到它们会发生在同一个夜晚、同一座建筑里。

　　大都会的后台入口位于我们都得依次排队进入的停车场里。我很幸运有一名值得信赖的司机,他叫理查·伯恩斯(Richard Burns),我甚至能把孩子们托给他照看。(我有一次从大都会回斯坦福德的半路上才意识到忘了去接女儿,理查猛地掉头往回开,我们差点都把脖子扭了。）通常我会在大幕拉开前的一个半小时至两个小时到达剧院为演出做准备，因为进入角色需要各方面的配合，包括造型装扮，安静了一整天后的开嗓暖身，以及最重要的是从精神上代入角色。

我问候了门卫师傅，接着穿过一条排满了储物柜的长水泥过道往化妆间区域走。对比歌剧院正面那绚丽夺目的巨型水晶吊灯与镀金包厢，背后的这片区域的天花板很低，在日光灯的照射下确实不怎么起眼，不过叫人感到安心、熟悉。深红色的地毯已被磨得老旧，化妆间外等候区放置的桌椅像是从上世纪五十年代的牙医候诊室搬来的。走廊的尽头已经有其他歌唱家在我之前到达了，因为我听到他们在练习音阶和剧中的唱段了。

开嗓暖身是我每次演唱前都需要做的事情，除非我连着每天都在长时间用嗓子。在一部歌剧的排练期间，我发现排练本身就等同于二三十分钟的暖身练习了。开嗓这件事从来没有一个既定的方式，因为每天的身体状态都是不同的。影响嗓音健康与舒适度的因素有很多：睡得如何、吃了什么、空气湿度、疲劳与否、海拔高度、气候变化、手头上的音乐有多难、压力，甚至对食物、宠物毛发或天气的细微反应。坐飞机可能会对嗓子造成损害，因为要在飞机上感染某种呼吸道疾病简直是易如反掌。即便没有生病，你也得应付机舱里极度干燥的空气，更别提时差了。每一次坐飞机时，我都会特意跟自己说：没事的。我会喝大量的水并尽量远离咖啡因和酒精。如果到达后需要补充睡眠，我亦会遵从身体的意愿。

这么多趟旅行下来,我发现每天都得找一个最佳发声位置可真是一门艺术。它要求对身体、对声音的感官协调极其敏感。我一边仔细聆听自己的发声,一边注意协调自己的身体。什么地方肌肉紧张了?我的气息运用正确吗?给肌肉暖身来增强气息是这个过程里重要的一个环节,尤其当我没有太多时间时,只要放松下巴和面部肌肉,这样便能释放自由的声音在面罩中产生共鸣。接着我放松颈部、斜方肌、肩膀和胸口,并确保背部不紧绷。这个过程要求最最精细的调整,失之毫厘便可能差之千里。

有时候我会借助一面镜子。我挺起软腭,放松舌头,反复做打哈欠状。我信赖亚历山大技术(Alexander technique),它确保了我的体态——尤其在背部和颈部的肌肉——保持放松、打开,还有最近的普拉提训练对增强我的核心力量与耐力,甚至是气息控制都非常有效。我认识的许多歌唱家偏爱做瑜伽,也就是说我们早已脱离了躺在贵妃椅上享用巧克力的娇贵女神形象。这两者并无绝对的好坏之分,只是你起码得保持身体适当健康来应对这种生活方式。我十分注重放松腹壁和肋间肌来吸入最适量的空气。我会确保下巴摆到正确的角度以便口腔后方能打开到合适的位置。这些都是极细微的调整,只有通过年复一年积累的演唱经验才令我如今能快速高效地完成这项任务。我仍惊讶地发现自己时常还会在这上面出错,譬如说推断正确调整一个降调音高需要运用的某种策略,可事实上它完全应该是另外一回事。有时我只是度过了糟糕的一天,可能额外再花三分钟专注在放松气息或共鸣上没准就能达到我一直在寻求的效果了。我一向认为对嗓音这般不懈的精益求精是有一种迷人魔力的，它既是一门本领，展现了歌手的声乐造诣，它更是一门艺术，叫我受益匪浅并相当有满足感。

接下来，我得把脑袋清空还原，专注于研究唱词以及它们在另一门语言中的含义。但凡我为第二天即将出发的旅程或是功课碰到难题的女儿感到焦虑，我便无法让自己保持应有的冷静状态。任何叫人分心的事情都会妨碍一场圆满演出所需的流畅性。

近期，我一直在关注角色诠释和音乐情绪及其转移变化方面的问题。我总尽量最大限度表达出既定乐句的情感深意。一场演出中的诠释性要素应该通过精心解读、编排呈现给观众，还是该以一种自然而有机的方式传递，让观众自己去感受？我与詹姆斯·莱文一同探讨过这两者间的差异。他说我们的目的在于，在不涉及歌手自我意识的情况下完整地呈现人物个性。我一直纠结于众多不同版本的《绿树成荫》(Ombra mai fu)：贝尼亚米诺·吉里(Beniamino Gigli)的嗓音处理简单直接却摄人心魄，相比之下迪特里希·菲舍尔-迪斯考和伊丽莎白·施瓦茨科普夫等歌唱家的演绎则展现了兼顾细节、妙趣与想象空间的艺术造诣。谁能说哪种处理就一定是最好的呢？这不过是个主观评价与品位的问题罢了。

在演出前的整个准备过程中，我会独自待在化妆间里平静地度过一段时间——也许能有整整五分钟。之后便陆续有各种人员进进出出，墙上那拖着长长电话线的分机响个不停，我包里的手机没准还会在一片人声鼎沸中加入自己的噪音贡献。摆着大块化妆镜、古老的空间加热器、两个加湿器和破旧沙发的小房间瞬间变成了中央火车站。还会有人探个头进来问我是否有任何需要呢。已在大都会担任了35年化妆师的维克多·卡列加里（Victor Callegari）拎着他巨大的化妆箱走了进来，他要给我画一个至少能在100米开外让人看得清的妆容。

"他们今晚会照相，"我告诉他，"多打些腮红让我看起来气色好些吧。"

"像之前那样看起来就很美啊。"

"之前看起来太苍白了。"

他只是摇了摇头，开始给我涂上白得跟幽灵似的粉底。光凭他常年看惯了演员如何在舞台灯光下呈现最佳妆容效果的经验，我实在不必与他争论。他在给我贴假睫毛的时候阿米莉亚来电了。她说她生病了，所以不想去看今晚卡内基音乐厅的詹姆斯·高威（James Galway）的演出，可由于她比弥留之际的维奥莱塔听上去更糟，我怀疑她在装病。我跟她说她必须得去，她叹了口气说，唉，好吧。果然值得一试。

随后，朱丽叶·维尔特里（Juliet Veltri）进来给我佩戴假发套。她担任这个职位已经有10年了，而在她之前这个职位一直由她母亲担任。在这里就职的任何人都会告诉你，大都会总体上是个很棒的工作场所兼公司雇主。上班的时候的确每日每夜都很漫长，可歌剧季一结束便会有充足的时间让你休息充电。朱丽叶先用发夹固定了我的鬏发，接着套上第一幕造型搭配的假发套。有几根发夹似乎直接戳到了我的头皮，但至少我确信这个假发套今晚不会给我出什么意外。我感到自己还需要再开开嗓，于是我走向角落里的雅马哈小型立式钢琴，而朱丽叶还跟在我身后准备把珠宝发饰插入我的发鬏。我从第一幕的咏叹调里弹了几个音符后便张口唱了起来。詹姆斯·莱文来电说一周前我们一起演出的舒伯特曲目叫他欢喜非常，我们有说有笑地聊了一会儿，可他并未打算继续占线，因为他知道时间不早了。我还没准备好要上台，我一点儿都没准备好。我和两个女儿前一天去滑雪了，现在我担心那清冷冰凉的空气和体力的消耗已夺去了我健康的嗓音状态。

德米特里·霍夫斯托夫斯基（Dmitri Hvorostovsky）敲了敲门，探头进来。

"这一身还得体吧？"

"得体。"我说。

他从腰到脚已经是杰尔蒙了——灰色西装长裤和锃亮的皮鞋，可上半身还穿着一件白色 T 恤，背带挂在腰间。而且他还没有叫人粘上胡子呢。

"亲爱的，你好吗？"

我高兴地叹了一口气，告诉他我很好。我可以想象那些每天晚上都堵在后台出口外痴痴等他签名的女孩们，她们要是听到一句从他嘴里说出来的"亲爱的"那还不得疯了，即使那仅仅是出于同事之间的问候。德米特里大概就相当于歌剧界的理查·基尔（Richard Gere）吧。当他回到他的化妆间时，我透过薄墙能听到他正在开嗓。真是个鼓舞人心的声音。

下一个进来的是维姬·坦纳（Vicki Tanner），她是我的服装师兼全能助手。跟维克多一样，她也在这个岗位上工作 35 年了。她问我有否进食，我才想起来晚餐在我背包最底下的塑料盒子里。如果我再不吃那便太迟了。我绝不可能在上台前 5 分钟还在吃饭，尤其是像第一幕这样的挑战，可如果现在不吃，不用等到 11 点演出结束，我早就虚脱了吧。这时有人进来要我在一些赞助人的场刊和几张 CD 上签名，同时维姬递给我一个泡沫塑料杯，里面装着热水，她说她找不到任何茶包，我说没关系，我的手提包里有。

假如一名歌剧演员想变成负面意义上的所谓"天后"，比如要求整个商场在七月份关掉空调以免她喉咙痛，我觉得，行吧，可以理解。可若是在后台耍大牌，那我便无法容忍了，可惜那是最有可能看到这类行为的地方。作为歌手，我们有责任对大都会的专业工作人员回报以礼貌与尊重。我非常敬佩如维克多和维姬那样的人，因为我十分清楚他们在自己的岗位上奉献了多少时间与忠诚。我对此心存感恩，诚然他们亦激励了我。制作一部歌剧好比一个巨型机器，即便我的名字被印在了场刊封面上，光靠我一个人也无法办成一场演出。

在这一切忙碌进行的间隙，我忽然想起明天一早得给致敬影视明星弗雷德·罗杰斯（Fred Rogers）先生的节目录一小段音，可我都还没来得及看一眼我要唱的那首曲子。维姬用微波炉加热了我带来的食物，我匆忙地扒了几口便坐上琴凳开始边弹边唱。这是弗雷德自己写的一首歌，是一首很棒的作品。我幻想着在理想世界里，我能先排练几天，最好跟一个钢琴比我弹得好的人一起练。可现在时间紧迫，除了感激、珍惜手边的可用资源之外也没什么别的可做了。能挤出一分钟把那首曲子过一遍甚至都叫我感到很幸运了。饰演阿尔弗雷多的拉蒙·巴尔加斯（Ramón Vargas）身穿蓝色丝缎马甲，打着红条纹领带，鞋子上覆着古典鞋罩，双手捧一顶礼帽走了进来，仿佛一名彬彬有礼的追求者。他看起来风度翩翩，已做好了上台的准备，这才叫我意识到自己落后了一大截。他给了我一个吻。

"你状态还好么？"他问，"你看起来气色不错。"

我告诉他我的实际状态比看起来好，因为此刻我从脖子以上是维奥莱塔，脖子以下还是芮妮·弗莱明。拉蒙离开了，维姬又回来了，她告诉我是时候该换戏服了。

没有丝绸礼服装身我便唱不了穆赛塔的日子早已一去不复返了。虽说我现在穿着运动裤就能唱维奥莱塔，但我对戏服仍是真爱。首先维姬给我从头上套进了一个巨大的衬裙，接着用力抽紧了我束腰上的系带。我不是斯嘉丽·奥哈拉（Scarlett O'Hara），也没有床柱来给我支撑，而且我更不可能被束成 43 厘米的蜂腰，可这东西还是勒得慌,即使比起我在《普拉梯》里穿的紧身束腰这已经算不上什么了。有些歌手会把束腰系得宽松些,有些则喜欢勒到快要窒息的感觉。我偏好绑得舒适贴身,能在演唱的时候使它抵住我的身体,进一步为我提供气息上的支持。现在维姬又将一件巨大的奶白色丝缎礼服裙从我头上套下去,并将它用带子系紧。约翰·帕斯科设计的这个庞然大物看似一个可口的巨型奶油甜点。接着是手套、大到坐在剧院顶层后排都看得见的水钻、鸽子蛋大小的三枚戒指、两只手镯、一条项链和一个胸针。这估计得是任何一个八岁小姑娘梦寐以求的首饰套装吧。维姬把扇子和丝帕递给了我,我对着镜子后退一步来检视这个造型的整体效果。唔,我就是个裹着层层糖霜还裱满了玫瑰花的婚礼蛋糕嘛。如何来评判这些华丽繁复的元素——是恶俗不堪还是艳惊四座完全见仁见智——我觉得它很美就是了。

我又从我的私人化妆袋里取了点腮红抹在脸上,因为不管维克多如何坚持,我还是觉得自己看起来太苍白了。随后我回到钢琴边,想着把第一幕里一些棘手的乐句再过一遍。我现在只能站着,因为一旦穿上了戏服,再坐下来就要费很大力气。时间所剩无几,我像是在演绎快进版本的《茶花女精选集》。从这一秒起,我才开始认真地与自己对话,因为周围也没有其他人能来给我打气了。我开始专注于第一个我唱坏了的音符。

"你看——这是你上次唱错了的地方!你在那个乐句上气息不够用。可别再让自己难堪了啊。记住,这句结束之后还有很多'小蝌蚪'等你接着唱呢。"我再次敲击琴键,"芮妮,我们在哪个调上？好,来唱出那个 high C。"我照唱了,听起来倒没太糟。"这就对了！刚才那个唱得有点意思。所以现在把那个 high C 变成你的本能！"

也许有人站在走廊里听着,可我才不信之前在这个房间里发生的所有事外面都没听到呢。于是我又唱了两句。

"那个地方纠正一下。再来一次。吸一大口气。哎,这才对嘛。"

扬声器里传来了催场的声音。"维奥莱塔拿着丝帕准备上台。"维姬再次敲响我的门,该我上台了。

维姬像伴娘一样为我提着裙摆走在我的身后。在化妆间外的候场区里,"身处上流社会的名妓、侍女还有绅士们"齐聚一堂,相互交流着各家宠物狗的趣事以及他们上周末做了些什么。身着鲜亮丝缎礼服裙、妆容精致的年轻女子们会再套一件旧旧的棉质浴袍以保持戏服的整洁挺括。每个人都打扮得华丽光鲜。我零星地听到意大利语、西班牙语、俄语。"祝你好运！"他们说,我亦祝他们好运。我一路上经过假发组、排满铁质挂衣杆的戏服组、木工组,窄长的水泥过道两旁堆满了梯子和手推车,墙上覆盖着如响尾蛇般的一盘盘黑色电线圈。很难想象这就是通向那个我所熟知的灿烂世界的路径,而且过去 40 年里每一位伟大的歌唱家均经由此地。我在越发接近舞台的地方碰到了各式各样忙碌的身影穿梭往来——头戴耳机、手拿笔记板的人,用手机打电话的人,一些身穿戏服和另一些套着黑色 T恤和牛仔裤的人,在脚手架上提着榔头干活的工人们,在灯光控制台边就位的女职员与提着便携式补充光源的男职员,还有穿紧身连裤袜的芭蕾舞演员和拿着手鼓的姑娘们。

想想一版制作几乎每天晚上都要把这么多错综复杂的细节汇聚到一起来呈现一场完美的演出,这种感觉实在太奇妙了。大幕拉开,灯光亮起。即便是相当少见的情况,我们仍无法排除出现巨大舞台事故的可能性。彼时,我在皇家歌剧院首演《美狄亚》,一片坡度很大的布景中靠前的部分并未被牢牢地固定在舞台上。到我演唱剧中的第一首咏叹调时,我恰好直接坐在了那个松脱的布景上,并被它带着往前倾。观众席里齐齐发出倒抽气的声音,因为只差一步我就要翻到下面的乐池里去了。1991年大都会的《凡尔赛的幽灵》中,一块沉重的悬挂式布景突然掉了下来。假如我们正在排练歌剧中闹腾的部分,我们必定躲不过,所幸那是个安静的时刻,所以我们一听到布景的开裂声便四下跑开了。我与另外两名青年歌手恰好就站在布景掉下来的那个位置排练,我们可差点儿就被砸得稀烂了。一想到这样的可能性,特蕾莎·斯特拉塔斯就格外感到后怕,她泪流满面,根本没法再继续排练。两年前在巴黎的一版《露莎卡》中,一座近两米宽、两层楼高的巨型布景墙轰地倒塌在了舞台上。我并没有意识到原来我能跑得那么快。尽管如此,通常后台工作人员在确保我们人身安全上做得还是非常出色的。他们能在五分钟之内完成换景,将一组摇摇晃晃的楼梯通过一对能负荷整个合唱团重量的夹子固定到另一块布景板上,不曾想那还挺管用。

维姬在临近舞台边缘处放下了我的裙摆，轮到我上台了，于是我踏上了区分台前与幕后的桥梁。

舞台上的世界实在有些过大。正如我们的歌声和首饰那样，它得方方面面地照顾到每一排座位，给所有的观众都提供一个满意的观剧体验。布景天花板上赫然挂着一盏巨型水晶吊灯。家具上到处堆满了松松软软的花式大靠垫。泽菲雷利的这版制作红墙迷醉、镀金镶边，直接描绘出一个能叫你身临其境且沉迷其中的场景，华丽、柔美、撩人心弦。我开始了我的演唱，从台下的观众和台上其他表演者那里汲取我的能量，同时亦将我的能量传递给他们。

尽管这已是我第二次饰演维奥莱塔且目前也已到了本轮倒数第二场演出，但我依然在第一幕里新发现了五六个可以精益求精的诠释点。在与阿尔弗雷多的第一段二重唱中，我意识到自己在花腔部分的探索仍不够充分。理论上我们唱出来的任何东西背后都有一定的目的。光唱好音符是远远不够的，每一个乐句都必须有它存在的意义。以第一段二重唱结尾的华彩为例，它可以被理解为欢声笑语、气氛热烈抑或歇斯底里；它亦可以表达阿尔弗雷多意欲接近维奥莱塔而她却要把他推开——所有这些阐释都是合情合理的。威尔第并没有在总谱上的任何一处特别指出说："这是我在此所指的含义。"这恰恰构成了其音乐如此激动人心的理由：它不可触碰，它神秘，它给了我自由延伸和试验的空间，在不同的夜晚以不同的方式演绎并找出我认为的这个角色之本质，甚至是某一场演出的有机精华。在今晚的演出中,我决定把维奥莱塔的消耗性气喘视作她臣服于爱情的表现,所以我以一种几近情欲的方式来演绎她喘不过气来的情状。我明白自己如何把这两个想法联系到了一起:她生病了,可她同时为一名年轻男子的魅力所着迷。创造力就好比一块肌肉——你越常使用它,它就变得更强壮,而且你能越发信赖它,甚至在你无意识的情况之下。我相信每个人都是有创造力的,但我们得训练自己以一种舒适且自信的方式去运用创造性思维。倘若我经常锻炼自己的创造力,使它如嗓子一般保持健康灵活,那我更可能会有新发现并由此改进自己的表演。这才是表演艺术带给我的真正的快乐:你已如此自律地坚持做一件事,久到它甚至开始看似时而叫你自己都感到毫不费力。

另一个给予歌手发挥的机会在于那首大咏叹调中的抒情短调(cavatina)结尾处的华彩,这为我提供了歌剧里最强有力的一个机会:让观众等待。一场成功的演出会让观众身临其境,仿佛体验着一些真实的、第一次发生在他们面前的事情。舞台上的我们同样经历着相似的现实感。从最大程度上加强这种潜在的感同身受的一个方式在于时间和惊喜。弗兰克·科萨罗又一次安排了我至爱的惊喜——在《多奇怪!多奇怪!》(È strano! È strano!)唱段之前设计了一段时间的停顿。宴尽,人散,夜沉如水,一切回归到最初的平静。按说关了门,维奥莱塔转过身来,在可能会忘记调子之前即刻唱起"多奇怪!多奇怪!"可弗兰克对这个场景有不同的看法。"我想让你脱掉鞋子，"他说，"然后去看一眼壁炉里的火。"如此做是试图营造出一股令观众屏息期待的张力氛围，而张力在表达音乐的戏剧性方面起着至关重要的作用。

从音乐的角度讲，是哈特穆特·霍尔教给了我张力的运用，他称之为 tragen，即德语里的"承载"。把音乐想象成一块可以延伸拉长的太妃糖。与以常规、陈旧的方式去演绎相比，殊不知演唱力度的强弱与连音的变化、对下一个音高表现出的小小期盼或巧妙的延迟便构成乐句的张力，它倾诉歌声里的渴望与向往，时刻牵动着观众的心弦。这般引人入胜的演绎能将观众从情绪上与你紧密地联结起来。在另一种情况下，一个直接、纯净、朴素处理的乐句有时同样能以其纯粹如天使般的音质承载真情实感。当哈特穆特谈到 tragen 时，他可以弹奏出经过钢琴处理的乐句来给我演示，这可比用嗓子难得多，因为器乐音无法延续。张力是表达我们内心深处的本真的另一种方式，却很少有歌手掌握它的精髓。一旦他们真正做到了，会比任何精妙绝伦的舞台布景更令我这个观众动容。

即便一场演出中的某些时刻，舞台上只有我一个人，譬如《茶花女》第一幕的结尾，我也从来都不是孤军奋战，因为提词厢里坐着琼·道纳门（Joan Dornemann），这让我备感安心。她避免了表演过程中出现火车脱轨的情况，在歌手抢拍或者落拍子时把他们拉回正轨，在他们忘词的瞬间给予提示，亦会在千钧一发之际直接把台词喊出来。在我们作为青年歌手演出时从未有过提词员这般奢侈的待遇,可如今在这些顶尖剧院里,我们完全依赖于他们提供的额外的安全感,以至于一旦他们缺席,那可不是一点点叫人伤脑筋了。我在巴黎做《曼侬·莱斯科》的首演时根本没有提词员一说,而这部作品中又有相当繁琐的对话,为此我感到压力特别大。作为巴黎歌剧院新任音乐总监的詹姆斯·康伦(James Conlon)上任时做的第一件事就是在舞台上安装一个提词厢。毕竟,提词员是歌剧世界里的一个传统,它能追溯到表演者每晚都得演唱不同角色的时代。

第一幕结束时,我大大地松了一口气。并不是说歌剧剩下的部分就很容易,但开头那一幕不仅令我感到焦虑,也是最消耗精力的一幕,假如我没有适当地调整好自己,我定会在晚些时候体力不支。同时我亦担心演唱一个高难度角色可能给我的嗓子带来的伤害。惊奇的是即便现在我仍会在小有失误地唱了一个乐句之后心想:完了!一切都结束了。我的嗓子毁了。可能这听上去有点神经质,但这样的可能性确实存在啊:你永远无法准确地预知自己何时会用嗓过度,使得声带再也无法正常工作。试想一名花样滑冰运动员整晚都完美地完成了阿克塞尔两周跳接后外点冰三周跳的联合跳跃动作,却偏偏在做直线接续步时脚滑失误而因此拉伤了肌腱。

大幕落下,在向热情鼓掌的观众们鞠躬示意后我回到了化妆间。唔,可以跟第一幕的奶油色婚礼蛋糕裙说再见了。维姬给我套上了对应第二幕第一场的蓝绿相间的条纹连衣裙,我此时的身份是:生活在乡间的名妓。夸张的水钻被换成了一个大十字架,精致盘起的假发则被一头松散的长鬈发所取代,而珠宝发饰亦被替换成了一顶草帽。普拉西多·多明戈敲响了我的门。我事先并不知道今晚他会坐在观众席上。我前一晚刚观看了他演唱的《黑桃皇后》,因为我的小女儿塞琪作为童声合唱团的一员有份参演。他给了我一个吻并握住我的双手,认真地看着我说道:"你知道我有多欣赏你的嗓音。"他离开后,化妆间里的电话响了,是指挥瓦列里·捷吉耶夫打来的。他跟我说,我做得非常好。即便到了职业生涯的这个阶段,我仍需要且感激所有人给予我的积极正面的影响。

维姬为我提着裙摆,我们又一次回到那蜿蜒的走廊,途中经过贴着《众神的黄昏》(*Götterdämmerung*)和《路易莎·米勒》(*Luisa Miller*)大写标签的木制储物箱。第一幕里华丽的布景道具已被拖走,水晶灯亦被包起来吊在了我们头顶上方两层楼高的地方,安全地远离了观众的视线。背景从上流生活切换到了乡间风情,阳光透过无尽的落地窗洒满了整间屋子。

若你足够幸运,你会在职业生涯里多次感叹:这是我合作过的最棒的导演;这位指挥家真是个天才;这个男高音、女中音、男低音——我从未见过如此杰出的人才。某种程度上讲,身为一名歌剧演员就好比是一个浪漫的 16 岁少女,每个月都会满怀激情与信念地坠入爱河。我爱极了与德米特里一同演出,强大的气息控制和延长乐句的能力是他的拿手好戏。他是一个充分理解 tragen 并懂得用它来触碰、撩拨并直击你心灵的完美典范。假如你把他与歌剧史上所有的杰尔蒙放在一起比较,你一眼便能认出他与众不同的天赋才华:他拥有完美的气息支持和声乐技巧。此外,他还有一副天赐的好嗓子,他亦懂得如何处理一个乐句,因此与他的那场对手戏感觉像是经历了一场梦。而且那个场景还涵盖了这部剧中我最钟爱的一些演绎瞬间,因为它将表演的微妙之处与悲剧之不幸表现得淋漓尽致。那一刻我们看到了维奥莱塔真正的内在本质,那一刻她的善良光芒万丈,那一刻她亦激起了观众的恻隐之心,无不为她的自我牺牲深深动容。

当第二幕第一场结束后,我再次前往后台换装,途中一位女士拦住了我并递给我一个信封。大都会总是在每场演出中的某个时间点给主要演员支付薪酬,尽管发薪水是件高兴的事情,可我却老是心不在焉,或者至少在我急于脱掉一件戏服并穿上另一件的节骨眼上不太会记得自己把支票塞到哪儿去了。直到演出结束数天后,我的助理玛丽通常得问我一句:"呃……他们到底给你发薪水了吗?"——那一刻我们才开始到处搜索那张支票的"藏身之处"。

第二幕第二场以凸显合唱团与舞者的盛宴开场。我一开始不需要出现在舞台上,而这空当刚好够我换上浑身都诉说着"我已回归纸醉金迷的上流生活,如今我又成了一个悲惨的高级妓女"的黑色礼服裙。这是剧中有最多群演的大场面,服装人员直接在舞台边上设置了工作台,熨衣掸裙,好不热闹。这一幕结束后,我又奔回化妆间换上睡裙,预备在终幕死去。

我一直都很苦恼如何让自己在最后一幕里看起来弱不禁风、憔悴不堪，今年我从苏珊·格雷厄姆那儿得到了一个巧妙的小贴士——穿一件束胸衣。那是她在反串亨德尔和施特劳斯笔下的裤装角色时常穿的，而我忽然想到束胸衣大概能让我看起来更瘦弱些，所以我把它穿在了浅紫色睡裙里。维克多进来擦掉了第一幕开始前我自己额外往脸上抹的腮红，并给我画上黑眼圈。接着我戴上一个蓬乱披散的长假发套，它传递了明确的信息——我已经好些天高烧不退，汗水湿透了发丝。我把十字架换作一个叫我万般思绪涌上心头的大盒子，这个盒子里无疑装着阿尔弗雷多的相片，还有一张要留给他作为爱情信物的我的肖像。现在我手里握着的是一块血迹斑斑的大手绢。我看起来神似爱德华·戈雷（Edward Gorey）画里的人物。维姬陪我一起走回舞台，并扶我躺到床上。木工们在布景中间插入一根巨大的木杆，还在我头顶上方大声地钻着什么东西。这已是第三幕了，我躺在床上，一切都准备就绪。木工们卸下木杆、清理完现场便离开了。我听到幕布的另一边响起了音乐，我得打起精神了。

多次有机会与瓦列里·捷吉耶夫合作叫我万分感恩。我们对艺术的感悟相辅相成，我们亦合作无间。瓦列里很有自己的一套，他能赋予乐团大气磅礴的阳刚之美，这真叫人惊喜。作为回应，我的演唱便更加充满激情，如此又能反过来激励他。相较于我习以为常的那些版本，他呈现的音乐更着重于作品节奏的处理。我们在1994年一起合作了《奥泰罗》，由于我是第二组里的演员，我有机会看到许多彩排的过程。暴风雨那场戏可着实把我吓坏了，因为瓦列里把它呈现得太激烈、太真实了。我不必时时看向他，因为当他把一个乐句拉长时，我听到后会由内心深处的感觉告诉我，需要推进下面两个乐句来平衡前面延长的部分。正是这种持续不断、你来我往的相互迁就、冒险与信赖才能使这版《茶花女》制作成为一部令人感到耳目一新的歌剧。

我听过最妙的对表演艺术的类比是关于爱情的。伦纳德·伯恩斯坦有句名言说得好：指挥就好比同一时间在与一百个人一起交欢。我亦听闻克莱伯在指挥艾琳娜·科托鲁巴斯饰演的维奥莱塔时——他从未把视线从她身上移开，他们在音乐上相互回应的那种方式——似乎给人一种他爱上了她的错觉。一位爵士音乐人曾告诉我，迈尔斯·戴维斯（Miles Davis）讲过，若他不能令观众席上的女士爱上自己，那么他的表演就不算到位。难怪我们要争相复制人世间最伟大的情感了。

这部歌剧中最考验诠释技巧的一处便是第三幕，也就是维奥莱塔阅读阿尔弗雷多的来信之时。这个读信的场景既能造就一个成功的维奥莱塔，亦能轻易地毁掉她，因为这一切都是如此不加掩饰地展露在观众面前。在休斯敦的版本里，弗兰克让他的女主人公因阿尔弗雷多即使知道她即将死去却仍不前来相见而表现出恼怒崩溃的状态，于是这个强有力的概念便适时地引爆了她接下来那声撕心裂肺的怒吼："太迟了！"然而在大都会的版本里，我将这个场景诠释得更忧郁伤感些，也比较符合这版制作中维奥莱塔温和仁慈的整体形象。

读信一幕关乎语言传达出的意境与美感,因为用外语说话要比用外语唱歌更容易暴露语言掌握的不足之处。在演唱时,每个元音都被拉长了,因此你得以巧妙地避开很多发音问题而依旧听上去正宗地道。但在说话时,你无处可躲。它所涉及的细节之微小会叫我犯强迫症似的耿耿于怀,程度甚至超越一段高难度的声乐选段。

最终,阿尔弗雷多和杰尔蒙还是回来了。阿尔弗雷多和维奥莱塔重申了他们对彼此的爱意,一切都得到了宽恕。她闪过一瞬间的欣喜,以为自己已经完全康复、将与阿尔弗雷多一起美好地生活下去,然后她在降 high B 处突然断了气——无论如何这让人有些难以置信。我们从幕布后面走出来的时候观众们沸腾了。这听似一片汪洋大海,似一个承载着爱与认同的巨浪那样向我们席卷而来。人们激动地撕碎场刊并将它们抛向空中,即使这在大都会是明令禁止的行为,但此刻我并不想成为叫他们停下来的那个人。洋洋洒洒的纸片落在我们身上,持续不断的掌声似乎都要跟歌剧一般长了。那一瞬间,我忽然感到今夜可以幸福地无眠了。

在同事朋友们的陪伴下我再一次回到亲爱的观众面前谢幕,而故事到这里也该告一段落了,但这个夜晚并未就此结束。我回到化妆间,脱下的假发套被固定到泡沫塑料制的人头模型上,睡裙亦被挂上衣架。我从头上挨个取下发夹,用力擦掉"黑眼圈",然后换上自己的便服。待我稍稍平复心情后便打开房门,迎接每一位出现在后台名单上的人,从大都会的赞助人到我小学三年级的同学、其他歌手、从外州或国外前来的粉丝、要好的朋友、友善的相识以及介于这些身份之间的几乎所有人。迎接、问候并保持整个队伍的有序行进绝对是一门艺术，因为尽管我很感激这些来访，但我也要确保队伍末尾的人不必站在那里等到凌晨两点。这个过程中有合影、拥抱和小礼物。在我与每个人都聊上了几句之后，我回到后台入口，那些未被列入后台名单的粉丝们正在那儿排着长队等候。这都是些老票友、真正的剧迷。现在已经很晚了，天气又冷，可他们仍等着我在场刊上签名。他们中的许多人都是青年歌手，而我亦记得曾经的自己也如他们一般在门口等候着告诉某位歌唱家我是多么仰慕她的表演。我尽量和每个人都聊了一会儿。到第二列队伍结束时，已过了午夜 12 点。我最中意纽约的这个时段了。这个城市还在等着我，它不会令人感到孤独或是显露一丁点儿的睡意。我想起了早些时候一个朋友约我演出完若还有精力便一起去吃个沙拉、喝杯小酒，忽然间我似乎感到自己拥有了全世界的能量，起码还能撑到更晚些。我沿着百老汇大道往前走，渐渐离林肯中心远去，心中默默记下这个美好的夜晚。

# 第十三章　尾　声

　　我无法想象还有什么比自己现在的职业更令人满意的了：每一天都充满了美好、人文和历史，以及与之结合的恣意唱歌的乐趣。作为一名古典音乐人，倘若我能维护好嗓子，我便可奢侈地拥有一段漫长的职业生涯。这门艺术形式的复杂性与歌手持续提高艺术造诣的能力可以为其在二十至四十年间牢牢地吸引一批忠实的追随者，但对流行乐歌手而言，情况可能并非如此。我从中获得的最大优势是选择权：接什么角色或音乐会，何时演出，以及某种程度上还能选择跟谁合作。

　　我将会继续探寻富有挑战性的新曲目，亦会另外发展一些歌剧与音乐会曲目的世界首演。假如输送新素材的溪流干涸枯竭，那艺术要如何在这里继续成长？想象一下如果每年我们有机会录制两三部全明星阵容的新歌剧,而嗷嗷待哺的公众对这些新发行作品的兴趣能赶上他们对安·帕契特的新书或佩德罗·阿莫多瓦(Pedro Almodóvar)的新电影那样狂热该多好呢。当我作为一名独唱歌手不断成长时,我会在浩瀚无垠的歌曲文学中尽情探索,同时继续细致地品味每一个创造文化遗产的录制机会。作为一名学生时,具备勤奋好学的优点同样能令我开阔视野,不懈地探索戏剧、艺术、对教育的兴趣以及音乐与艺术在我们文化中的重要性。

直到最近,我才十分确信自己一路走来是何其幸运。我回想起每次扬·德加塔尼对我们重申成为一名音乐家、一名艺术家是何等的荣幸与荣耀时都会动容落泪的情景。当时,我们几乎很难与这种情绪产生共鸣,因为在我们职业生涯的那个阶段,我们光能不出差错地唱完一首咏叹调已是万幸,可现在我对那句话已深有体会。通常在一场演出过程中,我发现自己会彻底臣服于一种强烈的情绪之下,即对有机会表演那部作品心怀感恩之情以及深深的满足感。音乐曾令我这个脆弱的年轻人学会用歌声去表达那些我几乎难以名状的情感,如今它又在我的嗓音里激发出了一股善于与他人交流、传达情感的独特而隐秘的力量。

我亦有幸身边围绕着一群对我倾力支持的好友们,他们给我提供了相互沟通交流的机会,令我的身心恢复活力,亦让我为应对每日的重重压力积聚了坚实的力量——这简直是我的世外桃源。我珍视的这些朋友里有发小,有同事,有面临类似挑战、从事高曝光率职业的新朋友,也有来自社会各个阶层、受过高等教育并懂得艺术鉴赏的仰慕者和朋友们。我是个反刍思维的好手,假如没有这个友爱、关怀入微的朋友圈,没有我妹妹、我家人这些可倾吐的对象,我不知道自己还能否承受生命中的那些艰难险阻。

在所有的这一切中,我面临的主要挑战在于确保我有足够时间陪伴我的孩子们。我会与阿米莉亚和塞琪公开地谈论关于我的工作和出行的一切。她们确切地知道我何时离开、何时回家,以及她们何时能与我一同踏上旅途。我们一起制定行程,每天都会互通邮件和电话。我们从不会失去情感上的联系,我亦完全清楚地了解她们正在经历的一切。我会很努力地向女儿表明,她们对我来说永远是排在第一位的,而她们似乎对这一点很明确。如今她们也到了一定的年龄,能够意识到我极致的敬业精神和多任务处理的迫切需要,但她们也深知若是遇到迫不得已的紧要关头,我不会有第二种选择:我必定以她们为先。我在家排练的时候从不对她们关上房门。她们可以进来坐在我的腿上。如果有需要她们也可以随时打断我。我从不希望让她们感到自己需要跟音乐竞争来赢得我的注意力,到目前为止看来还不错。她们喜爱音乐。我没有刻意去推动什么,但音乐一直在那儿,她们可以随意涉猎。通常我的育儿经是在人力所及的范围之内尽可能多地让她们接触不同的领域——尽可能多的兴趣爱好,尽可能多样的人群、地方和情境。

我对女儿投入了数不尽的爱以确保她们每一天的需求都能得到

满足,而且很幸运,现在我发现自己可以更好地在个人生活和事业之间找到平衡。我很庆幸并感激我的母亲是一名职业女性,她让我认识到一点:尽管她和我朋友们的母亲不同,但我依然能为她感到骄傲。如今我们再也不会教育自己的女儿去依附他人,但母亲那一代并非如此。最近,塞琪作为童声合唱团的一员参演了一部俄罗斯歌剧,谢幕完毕后我去后台接她,我对她说:"宝贝,你在舞台上玩跳绳,那就该玩得开心点。下次请你展现你最闪耀的笑容好吗? 还有,大胆唱出来!"哈,我不得不笑着说原来历史总是那么惊人地相似。我不仅承担照顾她们生活的角色,我同时也是她们的榜样。我告诉她们,我希望她们将来找到一个能让她们像让我一样充满幸福的人生抱负:一份令她们热血沸腾的事业。

那是康涅狄格州一个阳光明媚的好天,我正开着车带孩子们出去办事,我 10 岁的大女儿忽然唱起了《魔笛》里夜后的一段技巧超凡的女高音咏叹调,她的完成度极高,那些 high F 完全都在调上。我常年在车里备一根定调管,因为我常在开车的时候开嗓暖身(记得离路上开车的女高音远点啊)。我用定调管检验后发现她甚至连调都没有错。我看着她说:"阿米莉亚,这太神奇了! 你是从哪儿听来的?"我虽带她们去看过这部歌剧,可那已经是一年前的事了。

她笑着回答:"哦,是一天晚上我在电视上看到的,是一部电影里的音乐。"

"哦,所以你在一个星期里看了好几次?"我问,心想那肯定是迪士尼频道里播的。

她耸耸肩，似乎对此完全不以为然。"没啊，就看了一次。"

音乐记忆真是个有意思的天赋。毫无疑问，一周之后，每次我们坐进车里，这两个小家伙都会唱起夜后的咏叹调，而且每次都把调越推越高。我听得捧腹大笑，却令她们同行的其他小伙伴感到相当困惑。

阿米莉亚每一次唱起歌来我都会告诉她，她唱得格外出色，直到她终于对我说："哎，妈妈，你别说，我还真的在考虑以后做个歌剧演员呢。"

当然，成为一名歌剧演员的想法估计在她的脑袋里最多待三天，但起码有一个瞬间她已经看到了这个潜质、这个我向来都知道是流淌在血液里的东西：在我自己的歌唱音域里至少有一个音符一定是属于我外祖母的，当然我的女高音母亲和热爱新音乐的父亲亦为我的声音平添了更多色彩与深度。他们的声音是我们得以继承的馈赠，是构成我们今天的个体身份与学识整体的一部分。我们每个人的声音都是独一无二的，并非因为我们完全自生，而是归因于我们如何选择组建我们的无数因素。我的歌声是对我之前一代又一代人的承载与传承，包括我家族的先辈、我敬仰的杰出歌唱家以及亲爱的朋友们。纵观整本书，它并不关乎我唱歌的声音，而是关于在克己自律上下过的苦功以及对它的思索和热爱。我歌声中的微小闪光点可能会被我在大师课指导过的学生或是善于仔细聆听的年轻歌手吸收、掌握并融入他们的歌声,正如莱昂泰恩·普莱斯闪耀夺目的 high C 和迪特里希·菲舍尔-迪斯考极致扩张的气息如闪闪微光点亮了我的歌声一般。如果这是我声音的过往,那么我必须相信它也是未来。我的歌声将以同样的方式继续前进,不仅通过录音,更通过我的女儿、通过她们的儿女一路传承延续。这并不意味着每个人都会成为一名歌手,但是我们每个人都会在生命中找到一份热爱来推动我们进步,或许这份爱会给声音留出一个位置,并且甚至能在简单的一个词里听出前人在音乐里留下的无限价值与它带来的超凡奇迹。

Author：Renée Fleming
Title：The inner voice：the making of a singer
Copyright © 2004 by Viking Penguin，a member of Penguin Group（USA）
Simplified Chinese edition copyright：2019 Guangxi Normal University Press
All rights reserved.

著作权合同登记号桂图登字：20－2018－161号

**图书在版编目(CIP)数据**

内心的声音：一位歌唱家的成长／（美）芮妮·弗莱明著；
丁玎译.—桂林：广西师范大学出版社，2019.7
书名原文：The Inner Voice—The Making of A Singer
ISBN 978－7－5598－1629－0

Ⅰ.①内… Ⅱ.①芮… ②丁… Ⅲ.①芮妮·弗莱明－自传
Ⅳ.①K837.125.76

中国版本图书馆CIP数据核字(2019)第032663号

出　品　人：刘广汉
策划编辑：李　昂　徐　妍
责任编辑：刘孝霞
装帧设计：李婷婷
广西师范大学出版社出版发行

（广西桂林市五里店路9号　　　邮政编码：541004
网址：http://www.bbtpress.com　　　　　　　　　　）

出版人：张艺兵
全国新华书店经销
销售热线：021－65200318　021－31260822－898
山东鸿君杰文化发展有限公司印刷
（山东省淄博市桓台县寿济路13188号　邮政编码：256401）
开本：890mm×1 240mm　　1/32
印张：9.75　　　　　　　字数：200千字
2019年7月第1版　　　　2019年7月第1次印刷
定价：58.00元